수학과제가 수학수업을 만났을 때

Implementing Standards-Based Mathematics Instruction:
A Casebook for Professional Development, 2nd Edition

메리 케이 스타인 · 마거릿 슈완 스미스 · 마저리 A. 헤닝슨 · 에드워드 A. 실버 지음
김남균 · 조완영 · 권성룡 옮김

KM 경문사

역자의 말

수학교육의 경쟁력은 국가 발전의 초석이다. 더욱이 기계와 제품의 지능화와 사물 인터넷으로 요약할 수 있는 4차 산업혁명 시대에 수학교육은 더욱 중요해지고 있으며, 수학을 왜 가르치고, 어떻게 가르치는가에 대한 관점도 달라져야 한다.

수학의 중요성이 더해짐에도 학생들의 수학에 대한 흥미와 자신감은 떨어지고, 수학의 교육적 가치를 부정적으로 인식하는 학생들이 많으며, 그 결과 수학을 포기하기까지 한다. 이러한 문제를 해결하기 위해서는 수학 교사가 중요한 역할을 해야 한다. 즉, 수학 교사는 수업 시간에 학생들이 수학을 탐구하고 잘 이해할 수 있도록 가르쳐야 함과 동시에 수학학습과 관련하여 심리적 불안으로 힘들어하는 학생들이 용기를 갖고 자신감을 회복하여 능동적으로 수학을 탐구해 갈 수 있도록 도울 수 있어야 한다.

수학 교수법에는 왕도가 없기 때문에 수학 교사는 어떻게 가르치는 것이 잘 가르치는 것인지에 대해 끊임없이 연구하고 전문성을 개발해 나가야 한다. 수학교육 전문가로서의 수학 교사는 교과서에 세시된 수학 과제를 비판적으로 분석할 수 있어야 하며, 필요하다면 수학 과제를 개발 또는 선택하여 학생들에게 제시해야 한다. 수학 과제는 학습목표를 달성하는 데 도움이 되어야 하며, 특히 실세계와 수학의 연결, 수학 표현 사이의 연결, 수학 개념 사이의 연결 등을 강조해야 할 뿐만 아니라 학생들이 능동적으로 탐구할 수 있도록 동기를 유발하고 이를 유지할 수 있어야만 한다. 수학 교사는 수학 과제를 학생들에게 제시했을 때 학생들이 어떻게 반응할 것인지, 수학 과제를 탐구하는 과정에서 예상되는 어려움은 무엇인지 등을 미리 생각해 보아야 한다. 이러한 예상 활동을 통해 학생들에게 어떤 발문을 할 것인지, 어려움을 겪는 학생에게 어떤 힌트를 줄 것인지 등을 수업 전에 준비할 필요가 있다.

이 책은 M. K. Stein, M. S. Smith, M. A. Hennigsen, E. A. Silver가 2009년에 National Council of Teachers of Mathematics에서 출판한 *Implementing Standard-based Mathematics Instruction : A casebook for Professional Development* 제2판을 번역한 것이다. 저자들은 수학 교사의 수업전문성 향상을 목표로 수학을 어떻게 가르치는 것이 더 효과적인지에 대한 수학과 교수법을 구체적으로 논의하고 있다. 앞부분

에서는 인지 요구 수준에 따라 수학 과제를 분류하는 과제분석지침과 수학 과제분석틀을 이용하여 교사들이 수학 과제를 분석한 사례를 소개한다. 이런 사례를 통해서 수업 중에 처음의 인지 요구 수준이 어떻게 변하는지를 설명한다. 이 책의 중심이 되는 이론적 틀과 사례는 예비 수학 교사나 현직 수학 교사 스스로 수학과 교수법 연구와 수업 분석을 실행할 때 도움이 될 것이다. 책의 후반부에는 교사의 전문성 신장프로그램에 수학 과제에 관한 사례를 적용하고 활용하는 방법을 기술하고 있는데, 수석 교사와 학교의 관리자들이 교사의 수업을 코칭하거나 교사학습공동체를 통하여 수업 전문성을 개발하려고 할 때 훌륭한 참고 자료가 될 것이다. 더불어 수학 교사 교육자들이 수학과 교수법을 강의할 때도 좋은 지침서가 될 수 있을 것이다.

다른 교수법에 관한 책들과 달리 이 책에는 저자들이 수행한 연구에서 발췌한 사례를 분석할 수 있는 기회를 제공하고 있다. 사례 속 교사의 수업에 대한 생각, 수업 중 의사결정 과정, 수업에서 학생 및 동료 교사와 상호작용, 수업 후 협의회 과정을 일인칭 시점에서 기술하고 있어 마치 독자가 스스로 수업을 하고 있는 듯 생생한 경험을 할 수 있다. 역자들은 이 책의 내용을 원문의 의미 그대로 전달하고자 노력하였다. 그러다 보니 원서의 생생함이 다소 감소한 감이 있다. 책 속에 묘사된 상황과 의미를 현장 경험과 접목하여 생동감 있게 이해해야 하는 숙제를 독자의 몫으로 남겨 놓는 데 대해 사과 말씀을 드리고 싶다.

부족한 번역에도 불구하고 역자들은 독자들이 이 책에 담긴 수학 과제분석틀과 다양한 예시를 통해 수학 과제 분석, 수업 시간에 수학 과제를 활용하는 방법 등을 이해하여 수업 전문성을 신장시키고 수학 교육 연구에 발전을 있기를 기대한다. 수학 과제와 수학 수업을 구성하고 분석할 때, 이 책에서 제시하고 있는 인지 요구 수준 외에 다른 요인 즉 수학적 연결성, 수학의 과정 등을 추가적으로 고려하여 수학 과제를 분석한다면 더 바람직한 수학 교수법 연구가 될 것이다. 무엇보다 수학 수업을 어떻게 할 것인지에 대한 독자들의 고민을 해결하는 데 작은 도움이 되기를 희망한다.

끝으로 이 책의 출판을 위해 노력해 주신 경문사 사장님과 편집자에게 감사의 인사를 전하고자 한다. 특히 작업이 더딘 역자들을 기다려주고 교정의 수고로움과 번거로움을 마다 않고 즐겁게 진행해 주신 성윤조 씨에게 다시 한 번 감사의 인사를 드린다.

2017. 2.

역자 일동

추천의 말

미국 학생들의 수학적 능력을 향상시키고자 하는 사람들이 직면한 도전 과제는, 교수법이 바뀌어야 한다는 사실을 진지하게 받아들이는 것입니다. 교수법은 학습을 향상시키는 데 핵심적인 역할을 하는 것으로 인식되고 있지만, 교수법의 변화는 일반적인 생각과 다른 것을 의미합니다. 교사 자격증 취득, 대체 경로 선택, 유자격자 모집 등의 의미는 아닙니다. 재능 있는 교사를 모집해야 하지만, 교수법의 변화는 교사를 바꾸는 것과는 다른 처치들이 필요합니다. 교수법의 변화는 교수법을 연구 대상으로 삼고 공부하며 향상시켜야 하는 복잡한 기술들이 요구됩니다.

교수법을 연구 대상으로 삼는 것은 미국에서 일반적이지 않습니다. 일반적으로 교수법은 개별 교사의 특권으로 간주됩니다. 흔히 강의실 문 뒤에서 각 선생님이 자신에게 가장 적합한 것이 무엇인지 알아내야 한다고 합니다. 이 말은 영재성을 타고난 교사 혼자서 유능한 교사가 되어야 하며, 전문성은 자신에게서 조금 더 끌어내면 된다는 것입니다. 그러나 이 견해는 소수의 교사가 자기 자신에게서 스스로 전문성을 깨달아 간다고 하는 것으로, 이에 따르면 전문성은 결코 발전해 가지 않을 것입니다. 더욱이 이 견해는 교수법에 관한 두 가지 기본 진리를 부인합니다. 첫째 교사가 그들이 사용하는 방법을 발명하지 않으며 스승이 가르치는 것을 전수받는다고 봅니다. 이는 재능을 타고난 교사가 다른 교사와 같은 방법을 흔히 사용한다는 것을 의미합니다. 둘째 진리는 재능이 있든 없든 모든 교사들이 자신의 실천을 향상시킬 수 없다고 봅니다. 교사는 자신이 하는 일을 신중히 연구하고 더 잘할 수 있는 방법을 배우며 향상되어 갑니다. 교수법을 연구하는 데 모든 교사를 참여시킴으로써 전문성이 향상될 수 있으며 모든 교실에서 학생들의 학습 기회가 향상될 수 있습니다.

이 책의 가치는 교수법을 연구 대상으로 취급하는 방식에 있습니다. 교사를 가르치고 향상시키는 데 모든 교사를 참여시킵니다. 교사에게 수업의 세부 사항과 학생들이 내용을 이해하는 데 사용된 방법에 직접 초점을 두게 합니다. 세부 사항이 차이를 만들게 됩니다. 교사가 학생들에게 문제를 제시하는 방법, 학생들과 관련된 문제에 대처하는 방법, 학생들이 문제를 분석하고 토론하고 해결하는 방법을 배우는 것은 교수법의 세부 사항입니다. 교수법의 세부 사항이 중요합니다. 그래서 이 책에서도 이 세부 사항을 다룹니다.

왜 수학과제를 다루는 세부 사항이 교수법에 중요할까요? 학생들은 수학 수업 시간에 문제를 해결하면서 대부분을 보내고, 과제가 학습의 한계를 설정하기 때문입니다. TIMSS 1999 비디오 연구팀은, 전 세계(호주, 체코, 홍콩, 일본, 네덜란드, 스위스, 미국)의 8학년 학생들이 수학 문제를 해결하면서 수학 수업 시간의 평균 80%를 보낸다는 것을 알아냈습니다(Hiebert et al., 2003 참조).

여기서 세부 사항이 중요합니다. 국가 간의 차이점은 학생들이 수학 문제에 어떻게 대처했는지에 있었습니다. 일부 국가에서는 학생들이 대부분의 수학적 활동을 수행했습니다. 일부 국가에서는 선생님이 학생들을 위해 대부분의 작업을 했습니다. 어떤 나라에서는 학생들이 해결 방법을 모르는 문제에 대해 고군분투해야 했고, 어떤 나라에서는 먼저 교사가 해결 시범을 보이고 나서 학생들이 유사한 문제에 대해 동일한 절차를 수행했습니다. 이 서로 다른 교실의 학생이 되었다고 상상해 보십시오. 그 경험들은 완전히 다를 것입니다. 수학의 주체가 완전히 달라 보입니다. 학습의 기회도 완전히 다릅니다. 교수법이 얼마나 중요한지를 알 수 있습니다. 동일한 주제라도 가르치는 방식에 따라 학생들이 배운 것은 완전히 다를 수 있습니다.

이 책의 저자가 수업 중에 문제를 어떻게 지도했는지를 분석하기 위해 제시한 틀을 통해 TIMSS 비디오 연구는 국가 간 주요 차이점을 잘 포착해 내었습니다. 이 틀은 학생들의 학습 기회를 형성하는 교수법의 세부 사항, 즉 문제를 해결하기 위해 요구되는 수학적 사고가 무엇인지, 문제가 어떻게 제시되는지에 따라 사고에 어떤 영향을 미치는지, 수업 중 선생님과 학생이 상호 작용하는 방식은 어떻게 학생의 사고를 지원하거나 결정하는지에 주목합니다. 반복해서 강조하는 중요한 질문은 다음과 같습니다. 문제는 어떤 수학 학습 기회를 제공하며, 수업 시간 중 문제가 제시되고 작업하는 동안 이러한 기회가 유지되거나 감소되는가?

미국 수업의 학습 목표에 개념 이해하기, 절차를 유연하게 적용하기, 심지어 절차를 오랫동안 기억하기를 포함시키고 수학 교실에 대한 많은 연구와 TIMSS 비디오 연구를 하게 되면, 미국 학생들이 이전과 다른 학습의 기회를 가졌다는 연구결과를 얻게 될 것입니다. 수학 문제를 다른 방식으로 다루어야 합니다. 이 책에서 강조하는 대로 교수법이 변화하여야 합니다.

하지만 어떻게 교수법을 변화시킬 수 있을까요? 현재의 지도 방법과 다른 교수법을 배울 수 있을까요? 그 답을 말하기는 쉽지만 실행하기는 어렵습니다. 하지만 교수법을 연구하고, 날마다, 매주, 매달 조금씩 수업을 향상시키고, 다르게 가르치는 법을 배움으로써 가능합니다. 이 책은 교사가 다르게 실천하기 위해 배워야 하는 교수법에 주목하게 합니다. 교사가 학생들과 함께 수학 문제를 해결하는 방법에 관한 교수법을 연구하는 것에 초점을 둡니다. 이 책은 교수법의 세부 사항을 인식하게 하며, 교사의 신중하고 세심한 배려가 가져올 수 있는 교수법의 변화와 그에 따른 학생의 학습 기회를 알게 해줍니다.

저자들은 교사가 교수법의 세부 사항에 집중하게 하는 것 이상을 제공합니다. 저자들은 교수법의 복잡성과 교사의 능력을 존중합니다. 그들은 교수법을 연구의 대상으로 삼고 교사를 자신의 실천을 연구하고 향상시킬 수 있는 전문가로 취급합니다. 물론 교사는 교수법을 향상시킬 수 있는 유일한 사람입니다. 아무도 교사를 대신할 수 없습니다. 그러나 너무 자주, 교육자들은 교수법을 개선하는 것이 쉽지 않거나 교수법을 향상시키는 것이 교사의 "급여 수준"을 넘어서는 것이라고 말하기도 합니다. 이 책의 저자들은 교사가 자신의 교수법을 바꾸고 실천의 전문성 표준을 변형시키는 어려운 작업에 참여한다고 신뢰합니다.

저자들은 교사들이 교수법에 대해 더 심도 깊게 배우도록 돕기 위해 학생들이 수학을 보다 깊이 배우도록 돕는 원리를 성공적으로 적용하였습니다. 학생들의 학습이 어떻게 촉진될 수 있을까요? 학생들의 학습 목표를 분명히 하고, 이러한 목표에 맞는 활동을 계획하고, 활동의 인지 및 수학적 요구를 줄이지 않는 방식으로 구현합니다. 교사의 학습을 어떻게 촉진할 수 있을까요? 교사의 학습 목표에 대해 명확히 하고, 이러한 목표에 부합하는 활동을 계획하고, 교사가 수업의 지적 요구를 감소시키지 않게 함으로써 가능합니다. 저자들은 두 맥락에 이들 원리를 효과적으로 적용합니다.

가르친다는 것은 복잡하고 인지 요구가 높은 기술입니다. 자신의 실행을 연구하며 오랜 시간에 걸쳐 개선하는 교사의 굳건하고 끊임없는 노력을 통해서만 개선될 것입니다. 이 책의 저자들은 교사가 실제 수업의 세부 사항을 연구하도록 하는 안내서를 제공합니다. 이 책은 교사가 핵심적인 교수법을 안내하고, 이 작업의 지적 도전을 줄이지 않고, 전문성 향상에 투자하게 하는 데 최고의 도움을 제공합니다.

제임스 히버트(James Hiebet)

저자의 말

"보라색 책"의 초판이 출판된 이래 10년간, 우리는 그 책에서 제시한 아이디어가 가진 매력과 견인력에 놀랐습니다. 미국 전역의 전문가들과 다른 나라의 전문가들도 이 자료들이 다양한 용도로 유용하게 활용될 수 있다고 동의하였으며, 이 자료가 어떻게 그리고 누구와 함께 성공적일 수 있는지에 대한 우리의 시각을 넓혀주었습니다. 우리는 지역, 주, 국가 및 국제 회의에서 이 책의 아이디어를 발표하도록 초청받았으며, 그 과정에서 우리는 교사, 교사 교육자, 연구자, 관리자와의 상호작용을 통해 계속 배웁니다.

우리는 우리에게 특별히 영감을 주었던 두 그룹의 교사들과 협력하여 이 두 번째 판을 집필하게 되었습니다. NSF지원 ESP 프로젝트에 참여한 서부 펜실베이니아 주의 선생님들과 BIFOCAL 프로젝트에 참여한 미시간 주 선생님들이 협력하였습니다. 수년에 걸친 선생님들과의 작업을 통해 교사 학습을 지원하는 방법에 대한 중요한 통찰을 얻어 11장의 토대를 마련하였습니다. 그리고 전국의 도시 지역에서 관리자와의 협력을 통해, 교장선생님이 이 책의 자료를 통해 더 나은 수업의 리더가 되는 방법을 알게 되었고 12장 저술을 위한 정보를 얻었습니다.

우리는 교사, 코치, 관리자와 우리의 작업에 대해 빅토리아 빌(Victoria Bill)의 통찰력에 힘입어 정보를 얻었습니다. "실제" 작업을 수행하는 데 사용할 수 있는 실용적인 도구를 교사들에게 제공하는 것이 중요하다는 그녀의 의견에 힘입어, 우리는 생각을 정리하고 좋은 자료를 만들어냈습니다. 빅토리아 빌과 피츠버그 대학교의 학습 연구소(Institute for Learning)의 동료들 덕분에 전국의 도시 교육구에 있는 수백 명의 교사들에게 수학과제틀을 제공할 수 있었습니다. 또한 Valerie Mills, Judith Flowers, Diane Briars, Susan Friel, 그리고 우리의 자료를 사용하고 자료의 유용성에 대해 의견을 준 여러 전문가에게 감사드립니다.

차례

서론

평면도형과 입체도형의 측정 단원을 막 시작한 7학년 교실을 상상해보자. 선생님은 전날 내준 숙제를 검토하고 나서, 용어를 정의하고 직사각형의 둘레와 넓이를 구하는 공식을 복습하면서 수업을 시작한다. 그 후 선생님은 칠판에 가로의 길이가 7인치, 세로의 길이가 15인치인 직사각형과 네 변에 각각 50야드라고 적힌 직사각형의 둘레와 넓이를 계산하는 방법을 설명한다. 그러고 나서 선생님은 교과서에 있는 유사한 문제 20개를 풀라고 한다. 학생들이 정리된 공식을 적용하여 문제를 해결하는 동안, 선생님은 교실을 돌아다닌다. 돌아다니면서 선생님이 하는 일은 (1) 두 자리 수의 곱셈 계산을 돕는 것과 (2) 둘레 공식과 넓이 공식 중 어떤 것을 사용해야 하는지 상기시키는 것이다. 수업 시간이 끝나가자 선생님은 학생들에게 20문제 중 못 푼 문제는 숙제라고 말한 후 아래에 있는 문장제를 풀라고 한다(그림 I.1).

[그림 I.1] 평면도형과 입체도형 측정 단원의 문장제

→ 카펫 과제
마사는 가로 10피트, 세로 15피트인 직사각형 모양의 카펫을 깔려고 한다. 마사가 사야 할 카펫의 넓이는 얼마인가?

연구에 따르면 일반적으로 위와 같은 형태로 수업이 이루어진다(Fey, 1981; Stodolsky, 1988; Hiebert et al., 2003). 숙제 검사, 선생님의 강의와 시범, 학생의 연습으로 진행되는 수업의 순서 그리고 과제를 해결하는 데 필요한 학생의 참여와 사고의 수준(학습한 절차를 유사한 문제에 적용하기)은 미국의 중학교에서 흔히 볼 수 있다(Stigler & Hiebert, 1997).

이제 다른 중학교 교실을 상상해 보자. 이 교실의 7학년 학생들도 평면도형과 입체도형의 측정 단원을 학습하고 있다. 하지만 학생들에게 필요한 사고의 유형은 매우 다르다. 학생들이 교실에 들어오면 선생님은 칠판에 제시된 과제(그림 I.2의 울타리 과제)를 모둠별로 해결하게 한다. 선생님은 이번 수업시간에는 칠판에 제시된 과제만 해결하면 된다는 것과 필요하면 종이, 도구, 조작물을 사용할 수 있다는 것을 말해 준다.

[그림 I.2] 학생의 반응을 예측할 수 없는 수학 과제

→ 울타리 과제

브라운 선생님 반에서는 봄에 열리는 과학의 날 행사를 대비하여 토끼를 기르기로 하였다. 학교에서 브라운 선생님 학급에 울타리 24피트를 주었고, 이 울타리를 이용하여 직사각형 모양의 우리를 지으려고 한다.

a. 토끼 우리의 넓이를 최대로 하려면 가로와 세로의 길이를 얼마로 해야 하는가?

b. 울타리의 둘레의 길이가 16피트일 때, 토끼 우리의 넓이를 최대로 하려면 가로와 세로의 길이를 얼마로 해야 하는가?

c. 울타리의 둘레의 길이가 얼마이든 토끼 우리의 넓이를 최대로 하려면 어떻게 해야 하는가? 해결 과정을 친구들에게 설명할 수 있도록 정리하여 보자.

두 번째 교실에서 학생들은 첫 번째 교실의 학생들과는 달리 공식을 이용하여 문제를 푸는 것 이상의 활동을 해야 한다. 학생들은 울타리의 길이가 24피트(나중에는 16피트)일 때 토끼 우리의 넓이가 최대가 되는 직사각형 모양을 알아내기 위해 서로 다른 모양의 울타리를 만들고 체계적으로 검토해야 한다. 학생들은 또한 울타리의 길이가 얼마이든 넓이를 최대로 하는 방법을 알아내는 수학적 일반화의 과정을 수행하여야 한다. 학생들은 다른 사람이 이해할 수 있도록 자신들의 방법을 조직해야 하며, 과제를 해결하면서 자신의 사고와 추론을 설명하는 법을 배워야 한다.

수업 중에 선생님은 모둠을 돌아다니면서 다양한 질문을 한다. 다음에 무엇을 해야 하는지에 대해서는 힌트를 주지만 문제를 해결하는 정확한 방법은 알려주지 않는다. 수업이 끝날 때쯤에도 과제를 모두 해결한 모둠은 없고, 울타리의 길이가 일정할 때 다양한 모양의 토끼 우리를 체계적으로 그리는 모둠이 몇몇 있다. 그중 어떤 모둠은 울타리의 길이가 일정할 때 넓이가 최대인 경우는 정사각형이라는 것을 발견한다. 모든 학생들이 그 과제 해결에 깊이 참여하며, 자신들의 사고를 정당화하고, 조직화하고, 소통하는 방법에 대해 짝과 적극적으로 이야기한다.

울타리 과제는 중학교에서 볼 수 있는 전형적인 과제는 아니다. 학생들은 이러한 과제에 익숙하지 않다. 따라서 학생들은 선생님이 의도한 유형의 사고와 추론으로는 답하지 못할 수도 있다. 학생들은 선생님에게 문제를 해결하기 위한 공식이나 방법을 알려 달라고 요청할 수도 있을 것이다. 또 학생들이 토끼의 크기, 필요한 공간, 울타리의 가격과 같은 문제와 관련 없는 내용에 관심을 기울일 수도 있다. 그뿐 아니라 토끼와 울타리의 그림을 상세히 그리는 학생들도 있을 것이다.

울타리 과제는 미국수학교사협의회[1](이하 NCTM)에서 권장하는 유형의 문제이다(NCTM, 1989, 1991, 1995, 2000). NCTM의 수학 교수학습에 대한 규준을 기반으로 하는 대부분의 교육과정에서 비슷한 유형의 과제를 찾아볼 수 있다. NCTM의 개혁에 동의하고 이러한 교육과정을 이용하는 선생님들의 수가 늘어감에 따라 울타리 과제와 같은 도전적인 과제를 수학교실에서 더 많이 볼 수 있을 것이다. 그러나 첫 번째 교실의 카펫 과제와 같은 유형의 과제를 만나는 선생님과 학생들도 여전히 많을 것이다.

우리 연구진은 QUASAR[2] 프로젝트(Silver, Smith, & Nelson, 1995; Silver & Stein, 1996), ESP 프로젝트와 BIFOCAL 프로젝트[3]에서 작업한 교사들로부터 교실에서 도전적인 과제 사용의 어려움과 성취감에 대해서 많은 것을 알게 되었다. QUASAR는 6개 도시 중학교 수학 교수학습 방법을 향상시키기 위한 5년간의 프로젝트로 수업의 본질 및 수업과 학습 간의 관계를 이해하려는 노력이었다. 프로젝트 참여 교실에 활용된 수업 과제[4]의 일부분을 연구하였다. 수업 과제가 학생의 수학 학습 기회의 바탕이 되기 때문에 활용된 과제의 유형과 학생 참여의 본질을 탐구하는 것이 적절하다고 생각되었다.

주요 연구 내용은 다음과 같다. 첫째, 앞의 두 교실의 사례와 같이, 과제마다 요구되는 사고의 수준과 종류가 다르다. 우리는 문제해결에 필요한 사고의 종류를 **인지 요구**라고 정의한다. 둘째, 과제의 인지 요구는 수업 중에 변할 수 있다.[5] 울타리 과제처럼 도전적인 수준에서 시작된 과제가 의도했던 높은 수준의 사고와 추론을 이끌어내지

---

1) National Council of Teachers of Mathematics

2) QUASAR(Quantitative Understanding: Amplifying Students Achievement and Reasoning)는 미국 전체의 프로젝트로, 수학적 사고, 추론, 문제해결, 의사소통을 강조하여 경제적으로 낙후된 지역에 있는 중학교의 수학 수업을 개선하는 것을 목표로 한다. 이 프로젝트는 포드 재단의 지원으로, 피츠버그 대학의 학습연구와 개발 센터의 Edward A. Silver가 연구 책임을 맡았다. 이 책의 저자는 QUASAR 프로젝트의 연구진들이다.

3) ESP(Enhancing Secondary Mathematics Teacher Preparation)는 미국과학재단(National Science Foundation; NSF)의 지원을 받아 Margaret Schwan Smith가 책임을 맡아 진행한 연구이다. BIFOCAL(Beyond Implementation: Focus on Challenge and Learning)은 NSF의 지원으로 Edward A. Silver가 책임을 맡았다. 두 프로젝트는 조금 더 엄밀하게 수업을 실행하고 학교나 교육청에서 리더십 및 멘토링의 책임을 맡은 교사를 지원하였다.

4) 수업 과제를 수학 아이디어의 발달을 이끄는 교실 활동의 부분이라고 정의한다.

5) 우리의 연구는 수학 아이디어와 개념의 발달을 고려하면서 동시에 교실의 에피소드에서 학생의 사고 발달에 초점을 두었다.

못할 수도 있다.

그림 I.3의 수학과제틀(The Mathematical Tasks Framework; 이후 MTF)은 수업을 분석하기 위해 QUASAR 프로젝트에서 개발하였다. 수학과제틀은 교실 수업 중에 과제가 어떻게 전개되는지를 세 단계의 그림으로 나타낸 것이다. 첫 번째 단계는 교육과정자료와 수업자료에 제시되거나 교사가 만든 과제이다. 두 번째 단계는 교실에서 교사가 설정하거나 소개한 과제이다. 세 번째 단계는 학생이 수행하거나 활동한 과제이다. 세 번째 실행 단계의 과제는 학생의 실제 학습(그림 I.3의 삼각형 부분)에 중요한 영향을 미친다.

이 틀은 1990년에서 1995년까지 프로젝트에서 이루어진 많은 수업을 분석하는 데 사용되었다. 이 연구에서 얻은 주요 연구 결과는 다음과 같다. 첫째, 인지 요구 수준이 높은 수학 과제는 교실에서 실행하기 매우 어려우며, 수업 중에 인지 요구 수준이 낮은 과제로 변형되는 경우가 많다. 둘째, 수업 과제가 높은 수준의 사고와 추론을 지속적으로 요구하는 교실에서 학생들의 학습이 극대화되고 수업 과제가 일관되게 절차적으로 진행되는 교실에서 학생들의 학습이 최소화된다.

우리는 이러한 연구 결과를 교사 및 교사교육자와 공유하였고, 그들은 이 결과를 이용하여 수학 수업의 과제를 특징(과제의 인지 요구)짓고 수업 중에 과제가 전개되는 양상을 표현(수학과제틀에 설명된 과제의 단계)하였다. 수학과제틀을 알게 된 교사들은 이 틀을 이용하여 자신의 수업을 반성하고 동료들과 수업에 대해 논의하였다. 교사들이 이 틀을 인정하였다는 사실에 힘입어 우리는 이 틀을 현장을 개선하려는 교사 및 교사교육자를 돕는 도구로 만드는 연구를 하게 되었다. 연구를 현장에 투입하려는 노력을 책에 소개하고자 한다.

[그림 I.3] 수업 중 수학 과제의 전개 과정(Stein & Smith, 1998)

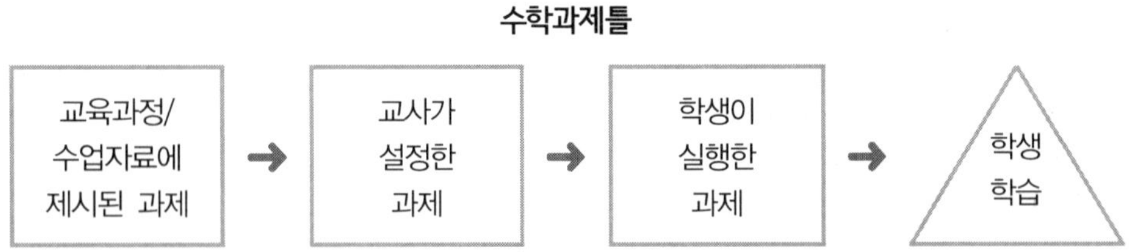

(NCTM의 *Mathematics Teaching in the Middle School*, 1998의 허가를 받아 인용)

2000년에 초판을 발행한 후 우리는 예비교사와 현장교사의 연수에서 수학과제틀과 이 책에 포함된 자료를 활용해 왔다. 우리는 초등학교와 중학교에서 수학을 가르치기 위해 준비하는 예비교사와 현장교사들을 대상으로 이 자료를 활용하였다. 교사교육 프로그램에서 교수법과 수학내용을 지도하는 과정에서도 활용하였다. 우리는 도시와 도시 주변 학교의 교사 전문성개발 프로젝트에서, 크고 작은 교육청의 교사들, 초임교사와 경력교사, 개혁적인 교육과정을 활용하는 교사 및 전통적인 수학교과서를 이용하는 선생님들에게 이 자료를 활용하였다. 그뿐 아니라 이 자료는 교장자격연수 프로그램과 교장 전문성개발 프로그램에도 활용되었다.

이 책의 초점

이 책은 수업 사례들로 이루어졌다. 모든 사례가 그렇듯이 이 책에 소개된 사례들은 장소, 시간, 주제, 교사와 학생의 교실 일상이 모두 다르다(Shulman, 1996). 우리는 독자들이 "효과적인 교수 행위"에 대한 일반적인 개념과 "교사의 의무" 이상의 의도, 불확실성, 기회, 판단 등을 읽어내기를 바란다.

사례는 "이것은 무엇의 사례인가?"를 질문할 때 비로소 수업의 도구가 된다. 슐만(Shulman, 1986)에 따르면, 이 질문은 사례를 활용해서 가르칠 때 중요하다.

> 사례는 단순한 한 사건의 보고가 아니다. 무엇을 사례라고 하는 것은 이론적인 주장을 하는 것, 즉 "어떤 것의 사례"라고 주장하거나 더 큰 학습의 한 사례라고 주장하는 것이다(p. 11).

이 책에서, "이것은 무엇의 사례인가?"는 매우 중요한 질문이다. 각 사례는 수학과제틀의 관점을 활용한 연구에 바탕을 둔 교수학습 패턴의 "한 사례"이다. 또한 그 사례들은 도전적인 인지 수준의 수학 과제가 수업에서 실행되는 모습을 보여준다.

특수한 시간과 장소에 국한되는 사례를 더 큰 일련의 아이디어와 관련지음으로써 사례가 가지는 한계를 보완할 수 있다. 수학과제틀은 학습한 것들에 일관성, 기억가능성, 일반화가능성을 더해줌으로써 사례에 대한 논의와 반성에 교수학적 의미를 부여한다.

이 책의 개관

이 책은 세 부분으로 구성되었다. 첫 번째 부분에서 사례의 배경이 되는 개념 및 틀과 연구 결과를 다룬다. 1장에서는 학생들에게 요구하는 사고의 종류(인지 요구)에 따라 수학 과제가 얼마나 다양한지를 예를 들어 설명한다. 이 아이디어는 교사가 과제를 선택하거나 고안할 때(수학과제틀의 첫 번째 단계) 또는 교장이나 리더가 교육과정을 검토할 때 특히 유용하다. 2장에서는 과제의 인지 요구가 교실 수업 중에 어떻게 발달하고 변화(수학과제틀의 두 번째와 세 번째 단계)하는지를 상세히 설명한다. 3장에서는 교사들이 수학 수업의 사례와 그에 대한 논의를 통해 자신의 수업 실제를 어떻게 개선하는지를 개괄한다.

Ⅱ부는 수업, 세미나, 수업 상황에서 활용될 실제 자료로 구성되어 있다. 4장에서는 자료와 그 활용법에 대해 소개한다. Ⅱ부의 나머지 장은 사례를 내러티브적으로 구성하고, 독자가 수학과제틀을 사용하여 사례를 분석하는 기회를 갖도록 하였다. 모든 사례에 교사의 수업 목표와 수업 중 의사결정의 사고과정이 일인칭 시점으로 기술되어 있다. 따라서 독자는 교사의 사고와 감정을 읽고 이러한 방식으로 지도할 때의 어려움과 성취감을 생생하게 느낄 수 있을 것이다.

사례는 다음과 같이 만들어졌다. 사례는 실제 교사와 교실 수업에서 일어난 사건을 교실 수업의 상세한 기록과 교사 인터뷰를 기초로 재구성한 것이다. 그리고 연구를 기반으로 교수학습 패턴을 이끌어내기 위해, 한 교사의 여러 수업을 통합하거나 한 수업에서 일어난 사건을 풍성하게 하여 사례를 만들기도 했다. 그러나 수학 과제는 교체하지 않았다. 또한 사례 속의 교사의 경향과 일반적인 지도 습관을 충실하게 반영하였다.

Ⅲ부는 2판에 새로 추가된 내용이다. 두 개의 장으로 구성되어 있으며, 이 책에 소개된 자료를 교사와 행정가의 학습에 어떻게 활용할 수 있는지를 논의하고 있다. 11장에는 교사교육자와 전문성 개발자들이 교사의 수업 실제를 직접적으로 개선하는 방법을 포함하여 교사의 전문성 신장을 돕는 다양한 방법을 예시하고 있다. 12장에는 교장(또는 연수 중인 교장)이 이러한 자료를 활용하여 인지 요구 수준이 높은 과제로 지도하려는 교사들의 수업 리더가 되는 방법에 대해서 논의하였다.

이 책의 독자

이 책은 의미 있고 도전적이며 가치 있는 수학적 경험을 학생들에게 제공하려는 교사와 교사교육자들을 위한 것이다. 그러나 12장은 특별히 교장을 위한 것이다. 학교와 교육청 수준에서 개혁을 어떻게 실행하는 것이 좋은지를 배우려는 행정가와 지도자들에게도 적합하다.

이 책은 혼자 읽어도 얻는 점이 있지만 여러 사람이 토론을 할 때 진가가 발휘될 것이라 생각한다. 특히 경험이 더 많은 동료와 함께 읽으면 과제가 어떤 어려움을 야기하는지, 교실에서 발생한 사건이 과제 진행에 어떤 영향을 미치는지, 교사가 자신의 관행을 어떻게 생산적으로 반성하는지에 대해 더 많은 통찰을 얻을 수 있다.

이 책을 여러 명이 함께 활용할 때, 교사나 교장은 일반적으로 참여자가 되며, 교육전문가는 교사와 교장의 개선 노력을 지원하는 촉진자의 역할을 하는 것이 적절하다. 이 책은 촉진자와 참여자 둘 모두를 대상으로 집필한 것이지만, 특히 촉진자에게 유용할 것이다.

이 책에 제시된 수학과제들과 수업 사례를 통해, 교사가 수업 중에 높은 수준의 과제를 활용할 때 어려움을 겪는 것은 자신만이 아니라는 것을 알게 되기를 바란다. 이 책을 동료와 함께 읽고 논의하면서, 참여 교사가 언제 수업의 가능성을 살려내었고 언제 그렇지 못하였는지 또한 인지적으로 도전적인 과제를 얻기 위해 무엇을 할 수 있는지를 인식하게 되기 바란다. 그리고 학교장들이 자신의 학교에서 수업의 관행을 판단할 새로운 기준을 세우고 변화를 시도하는 교사를 지원하는 좋은 아이디어를 얻는데 이 책이 도움이 되기를 바란다.

I
수학과제들

1 수학 수업 과제 분석하기

수학 과제는 얼마나 다양하고 많은 표현을 유발하는지, 해결 방법이 다양한지, 학생들의 의사소통을 요구하는지 등의 다양한 관점에서 검토할 수 있다. 이 책에서는 수학 수업 과제를 인지 요구의 관점에서 조사한다. 인지 요구란 과제를 성공적으로 수행하고 해결하기 위해 요구되는 사고의 종류와 수준을 의미한다.

이 장에서는 교육과정 또는 수업자료에서 나타나는 과제([그림 I.3]의 수학과제틀(MTF) 1단계의 교육과정/수업자료의 과제)의 인지 수준을 분석하는 방법을 논의한다. 교육과정 또는 수업자료 과제는 **수업을 시작하기 전의 과제**로 인쇄물로 제시되거나 교사가 만든 과제로 구성되며, 수학과제틀(MTF)의 2, 3단계인 **수업 중에 발생하는 과제**와는 다르다.

과제의 인지 요구가 이렇게 중요한 이유는 무엇인가? 학생들을 소집단으로 나누고, 교구나 계산기를 나누어 준다고 해서 학생들에게 학습 기회가 생기는 것은 아니다. 학생들이 무엇을 학습하는가는 학생들이 참여하는 사고의 수준과 종류에 의해 결정된다 (NCTM, 1991). 암기한 절차를 기계적으로 적용하는 과제가 제공하는 학습 기회와, 개념, 의미, 수학적 아이디어를 연결해야 하는 과제가 제공하는 학습 기회는 다르다. 학생들이 어떤 수업 과제를 경험하느냐에 따라 수학의 본질 즉 그들이 이해해야 하는 수학은 무엇이고 수학을 이해하기 위해 얼마나 열심히 공부해야 하는지에 대한 생각이 달라진다.

학생들이 수업시간에 경험하는 과제는 수학 학습의 기회를 제공하는 토대가 되므로, 먼저 학습목표를 명확히 하는 것이 중요하다. 학생들을 위한 학습목표가 명확히 정해지면, 학습목표를 달성하기 위한 과제를 선택하거나 만들어야 한다. 이 과정에서 가장 중요한 것이 과제의 인지 요구를 고려하는 것이다. 예를 들면, 학생이 풀이 과정을 정당화하고 설명하는 방법을 학습하기를 원하면 그런 기회를 제공하는 과제를 선택해야 한다. 반면, 계산 속도와 유창성이 주요 학습목표라면 그에 맞는 과제를 선택하면 된다. 이 장에서는 과제의 인지 요구 수준을 구분하는 방법을 알아보고 이를 바탕으로 수업목표에 부합하는 과제를 어떻게 선택할 것인지에 대해 논의한다.

수학 과제의 인지 요구 수준

[그림 1.1]에는 1보다 작은 양(fractional quantity)을 표현하는 방법들 간의 관계를 묻는 네 개의 과제가 제시되어 있다. 각 과제를 해결하는 데 필요한 인지 요구 수준이 다르다. 그림의 왼쪽에 제시된 과제는 $\frac{1}{2} = 0.5 = 50\%$로 분수의 동치 표현을 암기하면 해결할 수 있고, "분수 $\frac{3}{8}$의 분자를 분모로 나누어 0.375를 얻고, 소수점을 오른쪽으로 두 자리 옮겨 37.5%로 바꾸는 것"과 같이 맥락 또는 의미와 연결하지 않고 알고리즘을 이용하여 분수를 백분율이나 소수로 바꾸면 해결할 수 있는 과제로 인지 요구 수준이 낮다. 인지 요구 수준이 낮은 이러한 과제는 **암기 과제, 이해·의미 또는 개념과 연결되지 않은 과제(이하 연결성 없는 절차)**로 분류된다. 이런 유형의 과제를 활용할 때는, 일반적으로 한 차시에 10~30문제를 학생들이 해결하게 된다.

분수, 소수, 백분율의 관계를 묻는 또 다른 방법은 절차를 이용하지만 배경이 되는 개념과 의미를 연결시켜야만 해결할 수 있는 인지 요구 수준이 높은 과제를 이용하는 것이다. 예를 들어, [그림 1.1]의 오른쪽에 제시된 과제는 10×10 모눈종이를 이용하여 분수 $\frac{3}{5}$이 0.6 및 60%와 같다는 것을 설명하게 하는 것이다. 학생들은 분수, 소수, 백분율의 여러 표현들을 서로 관련짓고 각 과정을 그림으로 나타냄으로써 의미를 부여하여 설명할 수 있다. 이러한 과제를 **이해, 의미, 개념과 연결된 절차 과제(이하 연결성 있는 절차)**로 분류한다.

1보다 작은 양을 나타내는 방법의 관계를 묻는 과제 중 다양한 표현 사이의 관계를 탐구해야 하는 과제는 **수학 행하기**[1] 과제로 분류된다. 적어도 처음에는 분수를 소수로 변환하는 전통적인 절차를 학생들에게 제시하지는 않는다. 학생들은 10×10이 아닌 다양한 크기의 모눈종이를 이용한다. [그림 1.1]에서와 같이, 학생들에게 10×4 모눈종이

1) '수학 행하기' 과제에는 암묵적이든 명시적이든 과제 해결을 위한 방법이 제시되지 않기 때문에 비알고리즘적 사고가 필요하다. 이 범주의 과제는 본질적으로 비정형적이며 수학개념의 심층적 탐구, 실생활 상황의 복잡성 구현, 수학적 추상화의 표현과 관련된다.

[그림 1.1] 분수를 소수와 백분율로 나타내기에 대한 인지 요구 수준이 낮은 과제와 높은 과제 (Mathematics Teaching in the Middle School(NCTM, 1998)에서 인용)

인지 요구 수준이 낮은 과제	인지 요구 수준이 높은 과제
→ 암기 분수 $\frac{1}{2}$과 $\frac{1}{4}$을 소수와 백분율로 나타내시오. 예상되는 학생 반응 $\frac{1}{2}=0.5=50\%$ $\frac{1}{4}=0.25=25\%$ **→ 연결성 없는 절차** 분수 $\frac{3}{8}$을 소수와 백분율로 나타내시오. 예상되는 학생 반응 분수 소수 백분율 $\frac{3}{8}$ $\begin{array}{r} 0.375 \\ 8\overline{)3.000} \\ 24 \\ \hline 60 \\ 56 \\ \hline 40 \\ 40 \\ \hline 0 \end{array}$ $0.375=37.5\%$	**→ 연결성 있는 절차** $\frac{3}{5}$을 10×10 모눈종이에 색칠하고 소수와 백분율로 나타내시오. 예상되는 학생 반응 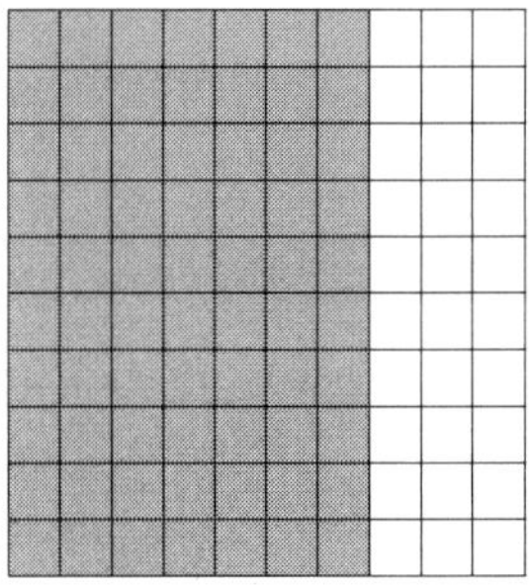 분수 $\frac{60}{100}=\frac{3}{5}$ 소수 $\frac{60}{100}=0.6$ 백분율 $0.6=60\%$ **→ 수학 행하기** 10×4 모눈종이의 단위 정사각형 6개에 색칠하시오. 모눈종이의 색칠한 부분을 a) 백분율, b) 소수, c) 분수로 나타내시오. 예상되는 학생 반응 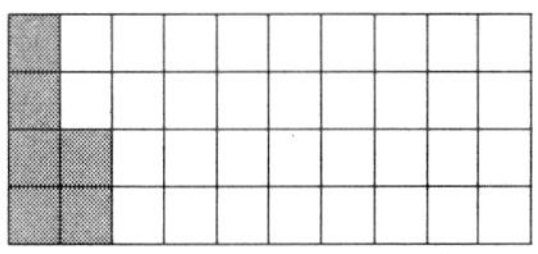 a) 가로 한 줄에 정사각형이 10개이기 때문에 정사각형 4개로 된 세로 한 줄은 전체의 10%이고 정사각형 2개는 세로 한 줄의 반이므로 10%의 반인 5%이다. 따라서 색칠한 정사각형 6개는 전체의 15%이다. b) 가로 한 줄에 정사각형이 10개이기 때문에 정사각형 4개로 된 세로 한 줄은 0.1이다. 두 번째 세로 줄에서는 정사각형 2개만 칠해졌기 때문에 0.1의 반인 0.05이다. 따라서 색칠한 정사각형 6개는 0.15이다. c) 전체가 정사각형 40개이므로 정사각형 6개는 $\frac{6}{40}$, 약분하면 $\frac{3}{20}$이 된다.

에 정사각형 6개를 색칠하게 한 후 이를 백분율, 소수, 분수로 나타내게 한다. 도형을 이용하여 이 문제를 해결하면서, 학생들은 분수, 소수, 백분율 개념을 새로운 방식으로 적용해야 하는 도전에 직면하게 된다. 예를 들면, 6개의 정사각형을 색칠한 학생은 모눈의 전체 정사각형의 개수와 색칠한 정사각형의 관계를 파악해야 한다. 이 과제의 의미 있고 정당화 가능한 답을 얻는 데 이용된 수학적 추론의 예가 [그림 1.1]에 제시되어 있다. 인지 요구 수준이 낮은 과제와 달리 이처럼 연결성 있는 절차 또는 수학 행하기 과제의 경우, 학생들은 한 차시에 2~3개 정도의 문제를 해결하게 된다.

과제와 학습목표의 연결

앞에서 논의했듯이 수학 과제에 따라 학생들의 학습 기회는 달라진다. 복잡한 사고와 추론을 해야 하는 과제도 있고, 암기한 규칙과 절차의 활용에 초점을 둔 과제도 있다. 교사들과 함께 한 QUASAR 프로젝트를 통해서 우리는 과제와 학습목표를 연결시키는 것이 중요하다는 것을 알았다. 존슨 선생님의 사례를 살펴보자(Silver & Smith, 1996). 존슨 선생님은 학생들이 서로 협력하여 과제를 해결하는 다양한 방법을 논의하고 풀이 과정을 정당화하기를 원했다. 그러나 그가 활용한 과제(예. $\frac{15}{25}$를 기약분수로 나타내시오)는 학생들이 협력하여 다양한 문제해결 전략을 탐구하고 정당화할 수 있는 기회를 거의 제공하지 못했다. 따라서 학급 토론도 잘 이뤄지지 않았으며 학습에 도움이 되지도 못했다. 대화의 초점이 정답과 절차에 대한 설명에 맞춰졌기 때문에 학생들이 비와 비례에 관련된 의미 있는 아이디어를 추가적으로 생각하고 추론할 수 있는 기회를 전혀 제공하지 못했다.

존슨 선생님처럼 우리와 함께 연구한 여러 교사들의 경험을 통해, 학생들의 사고, 추론, 문제해결 능력 신장이 수업 목표라면 복잡한 형태의 사고가 요구되는 인지적으로 도전적인 과제를 수업에서 활용하는 것이 필요하다는 것을 알게 되었다. 인지 요구 수준이 낮은 과제로 학생들의 수업 참여도를 높이기는 어렵다. 물론 인지적으로 도전적인 과제가 학생들의 높은 수업 참여를 보장하는 것은 아니지만 이를 위한 필요조건이므로 적어도 인지 요구 수준이 높은 과제로 수업을 시작할 필요가 있다(Stein, Grover, & Henningsen, 1996).

그렇다고 교사들이 사용하는 모든 과제의 인지 요구 수준이 높아야 한다는 것은 아니다. 학습 목표에 따라 서로 다른 종류의 과제를 활용하는 것이 더 효과적이기 때문이다. 기본적인 사실, 정의, 규칙을 잘 기억해 내는 것이 목표라면 **암기**에 초점을 둔 과제가 적합하다. 정형 문제를 빠르고 정확하게 해결하는 것이 수업의 목표라면 **연결성 없는 절차**가 적합하다. 이런 유형의 과제는 인지 요구 수준이 낮은 문제들로 평가를 구성하여 학생들의 성취도를 높인다거나 복잡한 과제의 정형적인 부분을 간단한 절차를 이용하여 해결함으로 시간과 노력을 줄이는 데 활용할 수 있다. 그렇지만 이러한 과제에만 전적으로 의존하면 수학이 무엇인지, 수학을 어떻게 하는 것인지를 충분히 이해하지 못할 수 있다. 게다가 이러한 유형의 과제에 지나치게 의존하면 규칙과 절차를 일반화할 때 어려움을 겪을 수 있다. 즉, 학생들은 유사한 상황에 규칙과 절차를 적용하거나 상황에 따라 어떤 규칙과 절차가 적절한지를 파악하는 데 어려움을 겪을 수도 있다(NCTM, 1989; 2000). 따라서 수학적 과정, 개념, 관계의 본질에 대해 깊이, 더 생산적으로 이해할 수 있는 과제에 정기적으로 참여할 수 있는 기회를 학생들에게 제공할 필요가 있다.

인지 요구 수준의 분류

[그림 1.2]의 과제분석지침(TAG)에 앞에서 설명한 인지 요구 수준에 따라 분류된 **암기, 연결성 없는 절차, 연결성 있는 절차, 수학 행하기** 과제의 구체적인 특성을 제시하였다. 이 지침은 학생들에게 필요한 사고의 종류에 기초하여 수학 과제를 평가하는 기준(일종의 채점 기준)의 역할을 할 수 있다.

예를 들어, 울타리 과제(서론의 [그림 I.2])는 이 지침에 제시된 수학 행하기 과제의 특징에 해당된다. 적용하기만 하면 전체 문제가 해결되는 절차나 규칙이 없으며, 해결의 단계들도 구체화되어 있지 않다. 따라서 학생들은 다양한 모양의 토끼 우리를 탐구하여 울타리의 길이가 일정할 때 넓이가 최대인 울타리를 일반화해내어야 한다.

수학 과제의 인지 요구 수준을 결정할 때, 과제의 표면적 특징보다는 어떤 학생들을 위한 과제인지를 생각해야 한다. 이러한 두 가지 고려 사항은 아래에 설명되어 있다.

[그림 1.2] 인지 요구 수준별 수학 과제의 특성(Stein & Smith, 1998)

과제분석지침(THE TASK ANALYSIS GUIDE)

→ 암기 과제

- 이전에 배운 사실, 규칙, 공식, 정의를 재생하거나 이를 암기하는 것과 관련된다.
- 관련 절차가 없거나 과제 수행에 주어진 시간이 짧기 때문에 절차를 이용해서 문제를 해결할 수 없다.
- 이전에 경험한 자료를 그대로 재생하는 과제이며 재생할 내용이 직접적으로 명확히 언급되어 있기 때문에 불분명하지 않다.
- 학습하거나 재생할 사실, 규칙, 공식, 정의의 기저가 되는 개념이나 의미와 관련이 없다.

→ 연결성 없는 절차 과제

- 알고리즘적이다. 구체적으로 절차를 이용할 것을 요구하거나, 이전의 수업, 경험 또는 과제의 배치로 볼 때 절차의 이용이 분명해서 절차를 따르기만 하면 된다.
- 과제의 성공적인 수행에 필요한 인지적 요구가 제한적이다. 무엇을 어떻게 해야 하는지가 불분명하지 않다.
- 이용할 절차의 근거가 되는 개념이나 의미와 관련이 없다.
- 수학적으로 심도 있게 이해하기보다는 정답을 구하는 데 초점을 맞춘다.
- 설명이 필요 없거나, 이용한 절차를 기술하는 것에만 초점을 맞춘다.

→ 연결성 있는 절차 과제

- 수학적 개념이나 아이디어를 깊이 이해시키기 위한 목적으로 학생들이 절차 활용에 초점을 맞추게 한다.
- 근거가 되는 개념이 분명치 않은 특수한 알고리즘이 아닌 근거가 되는 개념적 아이디어와 밀접하게 관련된 일반적이며 광범위한 절차를 명시적으로나 암묵적으로 제안한다.
- 다양한 표상(예. 시각적 그림, 구체물, 기호, 문제 상황)을 활용한다. 의미개발을 돕기 위해서 다양한 표상들을 연결짓게 한다.
- 상당한 인지적 노력이 필요하다. 일반적인 절차를 따르더라도 아무 생각 없이 따를 수는 없다. 과제를 성공적으로 수행하고 이해를 심화하기 위해서 학생들은 절차의 근거가 되는 개념적 아이디어를 경험해야 한다.

→ 수학 행하기 과제

- 비알고리즘적인 복잡한 사고가 필요하다(과제, 과제 안내, 예제에 예측 가능하거나 미리 연습된 접근방법이 명확히 제시되어 있지 않다.)
- 수학적 개념, 절차, 관계의 특성을 탐구하고 이해해야 한다.
- 자신의 인지과정을 스스로 점검하고 조절해야 한다.
- 관련된 지식과 경험을 접하고 과제를 수행하면서 이를 적절히 활용할 수 있어야 한다.
- 해결전략이나 해답을 제한하는 과제의 조건을 분석하여 단서들을 능동적으로 조사해야 한다.
- 상당한 인지적 노력이 필요할 뿐 아니라 문제해결과정을 예측하기 어렵기 때문에 학생들에게 어느 정도의 불안을 유발할 수 있다.

표면적 특징을 넘어

과제의 표면적 특징 때문에 인지 요구 수준을 결정하기 어려울 수 있다. 인지 요구 수준이 낮은 과제임에도 불구하고 구체적 조작물의 활용, "실세계" 맥락의 활용, 다단계의 활동과 판단이 요구되는 과제, 다이어그램 등의 활용과 같은 개혁지향적인 수업 과제(NCTM, 1991; Stein et al., 1996)의 특징을 가지는 경우 높은 수준의 과제로 보일 수도 있다. 예를 들어, 카펫 과제(서론의 [그림 I.1])는 실세계 맥락의 문장제이기 때문에 높은 수준의 과제로 보는 사람도 있다. 비슷한 맥락에서 분모가 다른 두 진분수의 합을 구하고 답을 분수 막대를 이용하여 설명하라는 과제를 분수 막대라는 구체적 조작물의 활용 때문에 높은 수준의 과제로 보는 사람도 있다. 하지만 카펫 과제(넓이 공식)와 분수 과제(분수의 덧셈 공식)는 낮은 수준의 과제이다. 두 경우 모두 문제 해결 방법이 모호하지 않고 정답을 구하는 데 초점을 두고 있기 때문에 **연결성 없는 절차** 과제이다.

반대로 높은 수준의 과제임에도 낮은 수준의 과제로 분류되는 경우도 있다. 레몬 과제는 두 가지 레몬 조리법 중 어느 것이 더 레몬 맛이 더 강한지를 결정해야 하는 과제이다. 규칙만 적용하면 해결되는 전형적인 교과서 문제처럼 보이고 설명 또는 정당화 요구와 같은 "개혁적인 특징"이 부족하기 때문에 이 과제를 **연결성 없는 절차** 과제의 예로 보는 경우가 있다. 레몬 과제에서 조리법 A는 레몬 추출액 2컵과 물 3컵, 조리법 B는 레몬 추출액 3컵, 물 5컵을 이용하였다. 명시적이든 암묵적이든 과제를 해결하는 방법이 제시되지 않기 때문에 이 과제는 **수학 행하기** 과제로 볼 수 있다. 특히 이 과제에서 학생들은 두 상황을 비교하여 어떤 조리법으로 만든 레몬주스가 더 농도가 높은지를 알아내야 한다. 이를 위해서 학생들은 문제 상황을 이해하고 문제와 비의 의미를 연결시킬 수 있어야 한다. 따라서 과제를 분류할 때는 과제의 표면적 특징이 아닌 해결을 위해 필요한 사고의 종류를 고려해서 판단해야 한다.

학생들을 고려하기

과제의 수준을 결정할 때 학생(나이, 학년 수준, 선행 지식과 경험)과 수업 활동의 규범과 기대 등도 고려해야 한다. 다섯 개의 두 자리 수를 더하고 그 과정을 설명해야 하는 과제를 생각해보자. 계산기나 덧셈 알고리즘을 사용하는 5~6학년 학생들에게

"과정을 설명하라"는 것은 "계산기나 알고리즘을 어떻게 사용했는지"를 말하라는 것이기 때문에, 이 과제는 **암기** 과제이다. 반면에 십진블록을 이용해서 두 자릿수의 덧셈을 학습하기 시작한 2학년 학생들에게 "과정을 설명하라"는 것은 자신의 생각을 설명해야 하는 것이기 때문에 높은 수준의 과제가 된다. 따라서 교사는 과제를 선택하거나 개발할 때, 이 모든 요인들을 고려하여 과제가 학생들에게 적절한 수준인지를 판단하여야 한다.

인지 요구 수준을 분석하는 경험 쌓기

교사들이 과제의 인지 요구 수준을 구분할 수 있도록 돕는 방법 중의 하나는 과제를 직접 분류해보는 것이다. 이 활동의 장기 목표는 교사들이 수학 과제의 인지 요구 수준이 어떻게 다른지를 인식하고 이를 통해 학생들의 학습 목표에 적절한 수학 과제를 선택 또는 개발하는 능력을 기르는 것이다. 그뿐 아니라 교사들의 사례(이 책의 II부에 나오는 사례들)를 분석하는 능력을 향상시킴으로써 종내는 수업에서 과제가 어떤 역할을 하는지에 대해 더 잘 분석하고 반성할 수 있다.

[그림 1.3]에 제시된 8개의 과제는 과제 분류 활동에 사용했던 것들이다(중학교 수준의 과제 *http://www.tcpress.com* 참조, Smith, Stein, Arbaugh, Brown, & Mossgrove, 2004 참조). 이 과제들은 네 가지 범주의 인지 요구 수준과 서로 다른 표면적 특징을 보여준다. 예를 들어, 과제 A와 D는 모두 설명이나 기술을 요구하지만 과제 A는 높은 수준의 과제(**수학 행하기**)인 반면 과제 D는 낮은 수준의 과제(**연결성 없는 절차**)이다. 마찬가지로 과제 A와 C는 **수학 행하기** 과제이지만 구체적 조작물, "실세계" 맥락, 다이어그램의 활용에서 차이가 난다.

과제분류 활동을 위해 이 과제들을 활용하거나 새로 개발할 때 인지 요구 수준의 범주를 넘나드는 특징을 다양하게 변화시키는 것이 중요하다. [그림 1.4]는 [그림 1.3]에 제시된 8개 과제에서 나타나는 인지 요구 수준과 특징을 분석한 것이다. 과제를 분석할 때 표면적 특징이 아니라 과제를 해결하는 데 필요한 사고의 종류에 초점을 맞추어야 한다.

[그림 1.3] 과제 분류 활동 예시

과제 A

구체적 조작물 / 도구: 바둑돌

선생님은 만수에게 다음 문제를 숙제로 내 주셨다.
'아래 그림의 규칙을 찾아 다음에 올 그림을 그려라.'

만수는 이 문제를 어떻게 해결해야 할지 모른다.
A. 만수를 위해 다음에 올 그림을 그려라.
B. 다음에 올 그림을 어떻게 찾았는지를 설명하여라.

QUASAR 프로젝트 – QUASAR 인지평가도구 – 공개문항

과제 B

구체적 조작물 / 도구: 없음

A: 이번 시즌 첫 두 게임을 마친 후, 여자농구팀에서 자유투성공률이 가장 좋은 선수는 20개의 자유투 중에 12개를 성공시켰고, 남자농구팀에서 자유투성공률이 가장 좋은 선수는 25개의 자유투 중에 14개를 성공시킨 것으로 나타났다. 두 선수 중 자유투성공률이 더 높은 사람은 누구인가?

B: 둘 중 자유투성공률이 더 높은 사람이 부상 때문에 시즌 세 번째 경기에 출전하지 못한다. 둘 중 경기에 출전한 선수가 출전하지 못한 선수보다 자유투성공률이 높아지기 위해서는 10번의 자유 투시도 중 몇 번을 성공시켜야 하는가?

'*Investigating Mathematics*. Glencoe Macmillan/ McGraw-Hill. New York, New York, 1994'에 수록된 문항을 수정함.

과제 C

구체적 조작물 / 도구: 계산기

학교 과학 동아리에서 자연사진 특별 프로젝트를 하기로 하였다. 다양한 날씨상황에서 야외 사진을 300장 이상 촬영한 후, 최종적으로 최고의 사진 중 일부를 전시물로 구성하여 자연사진 경연대회에 출전하기로 하였다. 이를 위해서 동아리에서는 35mm 카메라를 구입할 생각이었으나, 동아리 구성원 중 하나가 일회용카메라를 구입하는 것이 더 이득이라고 제안하였다. 자동 초점 및 자동 노출이 되는 일반카메라의 가격이 약 40달러, 24컷 필름의 가격이 3.98달러, 36컷 필름의 가격이 5.95달러이다. 세 개씩 묶음 포장된 일회용카메라의 가격은 20달러이다. 이 중 두 개는 24컷 촬영이 가능하고 하나는 27컷 촬영이 가능하다. 일회용카메라를 하나씩 구입할 경우의 가격은 8.95달러이다. 동아리 임원들은 어떤 것이 더 현명한 선택인지를 판단한 후 이를 동아리 고문에게 설명해야만 한다. 어떤 선택이 더 현명한 것인가? 답을 쓰고 이를 정당화하시오.

과제 D

구체적 조작물 / 도구: 없음

'간지나' 상점에서 파는 스웨터 한 벌의 가격은 45달러이다. '반짝 할인'을 할 때는 정상가의 30%를 할인해서 판매한다. 이 스웨터의 할인된 가격은 얼마인가? 해결과정을 설명하여라.

과제 E

구체적 조작물 / 도구: 패턴블록

$\frac{1}{3}$의 $\frac{1}{2}$은 $\frac{1}{3}$을 나타내는 양을 둘로 똑같이 나눈 것 중의 하나를 뜻한다.

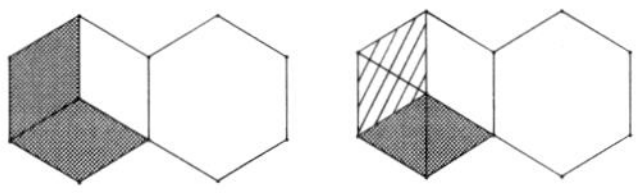

$\frac{1}{3}$　　$\frac{1}{3}$의 $\frac{1}{2}$ 또는 $\frac{1}{3}\times\frac{1}{2}=\frac{1}{6}$

패턴블록을 이용하여 $\frac{1}{4}$의 $\frac{1}{3}$을 구하여라. 답을 그림으로 나타내어라.

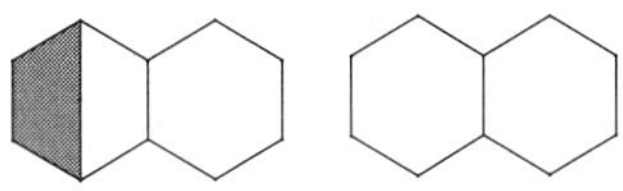

$\frac{1}{4}$　　$\frac{1}{4}$의 $\frac{1}{3}$ 또는 $\frac{1}{4}\times\frac{1}{3}=\square$

패턴블록을 이용하여 $\frac{1}{3}$의 $\frac{1}{4}$을 구하여라. 답을 그림으로 나타내어라.

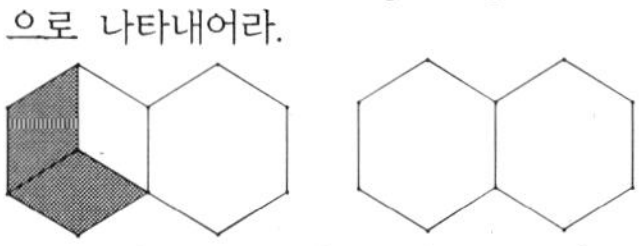

$\frac{1}{3}$　　$\frac{1}{3}$의 $\frac{1}{4}$ 또는 $\frac{1}{3}\times\frac{1}{4}=\square$

과제 F

구체적 조작물 / 도구: 정사각형 타일

정사각형 타일의 한 변의 길이를 기본단위로 할 때, 아래 그림에 제시된 정사각형 기차의 둘레의 길이를 구하여라.

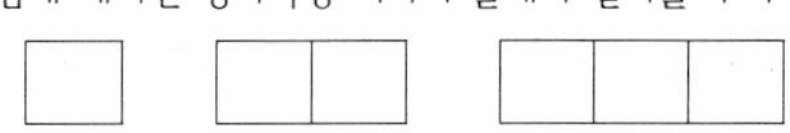

기차1　　기차2　　기차3

과제 G

구체적 조작물 / 도구: 모눈종이

아래 a)~d)에 제시된 두 수는 모눈종이의 세로 막대에 칠한 칸 수이다. 제시된 두 막대의 높이를 같게 만드시오. 이때 제시된 칸 수만큼 모눈종이에 각각 표시하고 두 막대의 높이를 같게 한 그림도 나타내어라. 그림 아래에 두 막대의 높이를 같게 만드는 방법이 평균을 구하는 방법과 어떻게 관련되는지를 설명하여라.

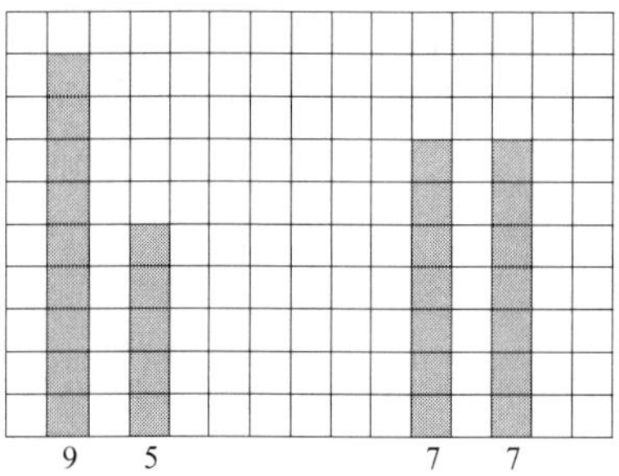

a) 14, 8 b) 16, 7 c) 7, 12 d) 13, 15

첫 번째 막대의 두 칸을 두 번째 막대로 옮겨서 두 막대의 높이를 같게 맞추었다. 따라서 전체 막대를 이용해서 높이가 같은 막대 두 개를 만든 셈이다. 이것이 평균의 의미이다.

Visual Mathematics (Bennett & Foreman, 1988)에서 발췌

과제 H

구체적 조작물 / 도구: 없음

다음의 소수를 분수와 백분율로 나타내어라.

0.20 = ________ = ________

0.25 = ________ = ________

0.33 = ________ = ________

0.50 = ________ = ________

0.66 = ________ = ________

0.75 = ________ = ________

개발된 의미 공유하기

앞 절에서 논의한 과제 분류 활동에서 과제를 단순히 분류하는 것으로 마무리하기보다는 과제를 과제분석지침에서 기술한 각 범주의 특징(그림 1.2)과 비교함으로써 각 과제 범주의 정의를 토론하여 합의하는 것이 좋다. 과제가 어떤 범주에 포함되는지에 대해 참가자들의 의견이 항상 일치하는 것은 아니지만, 일치하든 그렇지 않든 토론은 생산적일 수 있다.

예를 들어, 과제 E가 **연결성 있는 절차** 과제라는 것에는 참가자들이 동의하였다. 이 과제가 분수의 분수만큼을 취하는 것이 무엇을 의미하는지를 묻는 과제(단순히 분자는 분자끼리, 분모는 분모끼리 곱하는 알고리즘을 이용하는 것이 아니라)이며 높은 수준의 인지적 노력이 필요(문제를 해결할 때 자신들의 활동이 무엇을 의미하는지를 생각해야 한다)하다는 것에 대부분 동의하였다. 과제 A에 대해서는 의견의 일치를 보지 못했다. **연결성 없는 절차**로 본 사람도 있고, **연결성 있는 절차**로 본 사람도 있으며 **수학 행하기**라고 판단한 사람도 있었다. 계속된 논의 과정에서 과제 A에는 명시적 또는 암

[그림 1.4] [그림 1.3] 예시과제의 인지 요구 수준과 그 특징

과제	인지 요구 수준	분류 근거	특징
A	수학 행하기	- 과제에서 풀이 방법이 제안되지 않는다. - 근거가 되는 수학 구조를 고찰하는 데 초점을 두고 있다.	• 설명 요구 • 구체적 조작물 활용 • 다단계 • 도식 이용 • 기호/추상화 • 교과서 유사 문제
B	연결성 있는 절차	- 의미 있는 맥락에서 백분율을 구하는 절차에 초점을 두고 있다.	• '실세계' 맥락 • 다단계 • 교과서 유사 문제
C	수학 행하기	- 과제에서 예상 가능한 풀이 방법을 제안하지 않았고 복잡한 사고가 필요하다.	• 설명 요구 • '실세계' 맥락 • 다단계 포함 • 계산기 활용 • 교과서 유사 문제
D	연결성 없는 절차	- 할인 가격을 구하기 위해 잘 알려진 절차를 이용한다. - 의미와 연결되어 있지 않다.	• 설명 요구 • '실세계' 맥락 • 다단계 포함 • 교과서 유사 문제
E	연결성 있는 절차	- 분수의 분수만큼을 구하는 절차가 제공되지만 절차가 의미와 연결된다.	• 구체적 조작물 활용 • 다단계 포함 • 도식 이용 • 기호/추상화
F	연결성 없는 절차	- 둘레를 구하는 절차를 제공하지만 의미와의 연결이 필요하지 않다.	• 구체적 조작물 활용 • 도식 이용 • 기호/추상화
G	연결성 있는 절차	- 평균의 근거가 되는 의미에 초점을 둔 평균 계산 절차를 제공한다.	• 설명 요구 • 다단계 포함 • 도식 이용 • 기호/추상화
H	암기	- 전에 배운 정보를 상기할 필요가 없다. - 어떤 이해도 요구하지 않는다.	• 교과서 유사 문제

묵적 절차 또는 풀이 방법이 없다는 것이 확인되었다. 과제분석지침(TAG)에 따르면, 절차의 이용은 **연결성 없는 절차**와 **연결성 있는 절차** 과제의 주요 특징이다. **수학 행하기** 과제의 특징을 보다 면밀히 살펴보면, 이 범주의 과제에서는 관계의 본질을 탐구하고 이해해야만 한다. 과제 A에서 학생들이 패턴을 확장하고 기술하기 위해서는 관계의 본질을 탐구하고 이해할 필요가 있다. 교사들과 논의한 결과, 대체로 과제 A가 수학 행하기 과제라는 결론을 얻었다. "합의가 어려운" 과제에 대해서는 과제분석지침(TAG)이 의사결정의 가장 중요한 기초로 활용되었다.

우리의 연구과정에서도 종종 관찰되었던 것처럼, 논의과정에서 특정 학생들이 특정 과제를 어떻게 해결할 것인지를 이야기하는 등 옆길로 새거나 모든 과제의 범주를 완전히 합의하려 지나치게 집착하기도 한다. 목표는 완전한 합의에 도달하는 것이 아니라 교사들에게 과제와 과제의 특징을 논의하기 위한 공통된 언어를 제공하고, 교사들이 선택하거나 개발한 과제와 인지 요구 수준 간의 관계를 심층적으로 분석하는 교사들의 논의 수준을 향상시키는 데 있다. 참가자들이 과제가 어떻게, 왜 다른지 그리고 이러한 차이가 학생들의 학습 기회에 어떤 영향을 끼칠 수 있는지와 같이 과제 분류 활동의 목적을 좀 더 일반적으로 생각하도록 상기시키는 것이 중요하다.

과제의 인지 요구 수준 분류 활동 지속하기

과제 분류 활동은 교사가 과제의 인지 요구 수준을 구분하는 경험을 제공하는 한 가지 방법이다. 교사들의 실천과 좀 더 밀접하게 관련지어 교사가 과제의 인지 요구 수준을 구분하도록 돕는 두 가지 방법이 있다.

첫 번째 방법은 교사들에게 정해진 기간 동안(예. 3주) 수업에 사용한 과제를 모으도록 하는 것이다. 그런 후 교사들에게 과제분석지침(TAG)을 이용하여 수집된 과제의 인지 수준을 구분하고 그 과제가 사고, 추론, 문제해결은 물론 기초 기능을 개발할 수 있는 기회를 제공하는지를 평가하도록 한다.

또 다른 방법은 교사들에게 과제분석지침(TAG)을 이용하여 교과서나 수업 자료의 한 단원에 포함된 과제를 평가해 보게 하는 것이다. 이러한 평가를 통해 수업 자료에 제시된 수업 과제의 인지 요구 수준이 어떤지를 살펴볼 수 있으며, 낮은 수준의 과제를 높은 수준의 과제로 변형할 수 있는 기회를 얻는다.

과제 선택과 개발을 넘어

이 장에서는 교육과정자료 또는 교사들이 만든 자료에 나타나는 과제의 인지 요구 수준의 분석을 알아보았다. 이 책의 나머지 부분에서는 높은 수준으로 설계된 과제의 인지 요구 수준을 교실 수업 중에 어떻게 유지하는지에 초점을 맞추고자 한다. 높은 수준의 과제로 제한하는 데는 두 가지 이유가 있다. 첫째, 규준(NCTM, 1989, 1991, 1995, 2000)의 영향이 커지면서 교사와 교사 교육자들이 학생들의 사고를 자극하는 것이 필요하다는 것을 인식하기 시작했고, *Connected Mathematics*(Lappan, Fitzgerald, Friel, Fey, & Phillips, 1998)나 *Mathematics in Context*(The Mathematics in Context 개발 팀, 1998)와 같은 개혁지향적인 교과서에서 학생의 사고를 자극하는 도전적인 수학 과제를 구하기가 쉬워졌기 때문이다. 이로 인해 미국의 교실에서 높은 수준의 과제를 이용하는 빈도가 높아졌다. 둘째, 항상 의도된 대로 정확히 실행되는 낮은 수준의 과제와 달리 높은 수준의 과제는 어떻게 실행될지 예측하기 어렵고 의도나 예상과는 다른 결과를 낳기도 하기 때문이다(Stein et al., 1996).

다음 장에서는 과제가 인쇄물을 떠나 교실 수업 중에 교사와 학생들이 사고 및 행동과 얽히면서 발생하는 복잡한 상황을 알아본다. 교실 수업 중에 이뤄지는 교사와 학생들의 사고와 행동은 과제에 생명력을 부여한다. 학생들에게 높은 수준의 과제를 제공하고 좋은 수업을 하기 위해 최선을 다하는 교사들에게 교사와 학생의 사고와 행동은 매우 중요하다.

2 교실에서 인지 수준이 높은 과제 활용하기

QUASAR 프로젝트의 주된 목표는 학생들에게 사고, 추론, 문제해결, 수학적 의사소통의 기회를 더 많이 제공하는 것이었다. 학생들이 지적으로 도전적인 과제에 능동적이고 생산적으로 참여할 수 있는 기회를 정기적으로 제공하지 않는 한 학생들의 학습이 개념적으로 심화되거나 풍성해질 것이라고 기대하기는 어렵다.

프로젝트에 참여한 연구자들의 관찰에 따르면 대부분의 QUASAR 교사들은 도전적인 수업 과제를 **확인**하고 성공적으로 **설정**하였다. 관찰과 코딩작업이 이뤄진 수업 과제의 $\frac{3}{4}$에 가까운 수가 높은 수준의 인지 기능을 요구하는 과제였다(Stein et al., 1995). 그러나 인지 요구 수준이 높은 과제를 선택해서 수업을 시작하는 것만으로는 학생들이 실제로 인지적으로 복잡한 방법으로 사고하고 추론하도록 보장하지 못한다는 것 또한 관찰되었다. 사실 인지 요구 수준이 높은 과제 중 40%만이 실제로 과제의 성격이 유지되어 학생들이 높은 수준의 인지 활동에 참여하도록 하였다(Stein et al., 1996). 과제가 도입되고 나서 과제의 인지 요구 수준을 퇴보시키는 데 영향을 미치는 것으로 여겨지는 다양한 요인을 찾을 수 있었다. 과제를 수행하는 동안 인지 요구 수준을 유지하는 것이 어렵다는 것 또한 TIMSS 비디오 연구의 주요 결과 중 하나이다(Stigler & Hiebert, 2004). 이 연구에서는 인지 요구 수준이 높은 과제 중 의도한 대로 과제 성격을 유지한 것은 하나도 없었다.

수업 중 과제의 변화

과제가 교실에 도입되고 나서 과제 자체가 생명력을 가지게 된다는 사실은 많은 교실 연구자들에 의해서 관찰되었다(Doyle, 1988; Doyle & Carter, 1984; Stein et al., 1996). 기실 **교실에서 이용되는 과제**를 조사하기 위해서는 먼저 **과제**의 개념을 다시 생각해봐야 할 필요가 있다. 수학 과제가 교실에서 실행될 때 과제는 목표, 의도, 활동, 교사와 학생의 상호작용 등과 얽히게 된다. 따라서 교과서나 교사의 수업 지도안에 제시된 과제(1장에서 다룸)뿐만 아니라, 실제로 교사와 학생이 이런 과제를 설정하고 실행하는 데 관련되는 **교실 활동**도 과제로 개념화할 필요가 있다는 것을 알 수 있다. 이렇게 정의를 하면, 수학 수업 과제는 교수와 학습의 상호작용의 중심에 자리 잡게 된다. 과제를 교실기반의 활동으로 개념화하면, 일반적으로 수업이 진행되면서 활동에서 요구되는 인지기능은 변화된다. 앞에서 소개했던 수학과제틀(MTF)은 교실에서 이뤄지는 교수와 학습의 역동성을 반영하여 과제가 전개되는 과정을 요약해서 시각적으로 나타낸 것이다(그림 I.3).

첫 번째 단계(교육과정이나 수업자료에 제시된 과제)는 1장에서 상세히 논의하였다. 이 장에서는 과제의 설정 및 실행 단계에 초점을 맞춘다. **설정 단계**에서 교사는 학생들이 어떤 자료를 이용해서 무엇을 어떻게 하기를 기대하는지 학생들과 의사소통해야만 한다. 교사는 학생들이 칠판에 제시된 과제에 집중한 후 이를 해결하도록 지시하는 것처럼 비교적 간단하게 과제를 설정할 수도 있다. 또는 학생들이 모둠에서 문제해결을 어떻게 할 것인지, 예제를 풀 것인지, 어떤 형태의 해를 인정할 것인지를 논의하는 것처럼 길고 복잡한 과정을 통해서 과제를 설정할 수도 있다.

일반적으로 학급의 학생을 위해 과제를 설정하는 과정에서 교사는 과제의 인지 요구 수준을 변화시킬 수 있다. 바꿔 말하면, 교사는 의도적이든 아니든 자신이 아이디어를 얻었던 교육과정이나 수업자료에 나타난 것과는 다르게 과제를 변화시킬 수 있다. 예를 들면, 서론(그림 I.2)에서 소개했던 울타리 과제를 생각해 보자. 자신의 반 학생들이 이런 종류의 개방형 문제를 해결할 준비가 되어 있지 않다고 느끼는 교사라면 일련의 해결 단계를 이용해서 체계적으로 학생들을 안내할 수 있는 활동지를 준비할 것이다. 이런 활동지는 둘레와 넓이 공식뿐만 아니라 부분적으로 완성된 표를 제공함으로써 울타리의 치수가 정사각형과 비슷해질수록 넓이가 최대가 된다는 것을 학생들이 발견할 수 있도록 도울 수 있다. 이런 활동지를 활용함으로써 구조화되지 않은 과제로 인해 야기되는 어려움을 제거하게 되고 따라서 인지 요구 수준이 변화할 수 있다.

실행 단계[2](또는 실천 단계)는 학생이 주어진 과제의 해결에 착수하면서부터 교사와 학생이 새로운 수학 과제에 관심을 돌릴 때까지 지속된다. 실행 단계에서는 교사와 학생 모두 과제 수행 방법을 결정하는 데 기여할 수 있다. 궁극적으로는 학생의 인지적 참여 수준에 따라 학습이 결정되지만, 교사가 학생의 사고와 추론을 얼마나 그리고 어떻게 지원하는가 또한 인지 요구 수준이 높은 과제의 운명을 결정짓는 중요한 요소이다(Henningsen & Stein, 1997; Stein et al., 1996). 예를 들면, 교사는 학생들에게 과제에 대해서 지속적으로 설명하게 함으로써 의미를 더 깊게 이해시킬 수 있다. 반대로 교사가 과제를 서둘러 해결하도록 하면, 복잡한 아이디어를 다룰 시간이 부족해지고 따라서 의미 이해를 위한 기회가 박탈된다(학생의 사고를 돕거나 저해하는 다양한 요인은 [그림 2.1]을 참조하라).

[그림 2.1] 높은 인지 요구 수준을 유지하거나 퇴보시키는 요인

높은 인지 요구 수준의 퇴보 요인	높은 인지 요구 수준의 유지 요인
1. 과제해결의 핵심 요소 수행을 회피하는 것(예를 들면, 절차나 단계를 구체적으로 명시함으로써 문제의 복잡도를 줄여달라거나 대신해 달라고 교사를 압박하는 것; 교사가 사고하고 추론하는 일을 떠맡아서 학생들에게 문제를 어떻게 해결할지를 말해주는 것)	1. 학생의 사고와 추론에 대한 스캐폴딩을 제공하는 것 2. 학생들에게 자신의 진도를 점검할 수 있는 수단을 제공하는 것 3. 교사나 능력 있는 학생이 인지 요구 수준이 높은 수행 모델을 제시하는 것
2. 교사가 수업의 강조점을 의미, 개념, 이해에서 답의 옳고 그름이나 완전성으로 변화시키는 것	4. 교사가 질문이나 설명, 피드백을 통해서 의미를 묻고 정당화 및 설명을 지속적으로 요구하는 것
3. 과제에서 요구하는 것을 해결하는 데 필요한 충분한 시간을 제공하지 않거나 지나치게 시간을 많이 제공해서 학생들이 무의식중에 과제와 무관한 행동을 하는 것	5. 학생의 사전 지식을 이용하는 과제 6. 교사가 지속적으로 개념적인 연결성을 이끌어내는 것

2) 과제 실행은 교사와 학생에 의해서 과제가 교실에서 실행되는 것을 말한다. 이 책에 포함된 우리의 최근 저작에서는 실행(implementation)을 실천(enactment)과 동의어로 쓰고 있다. 실천(enactment)은 실행(implementation)이라는 용어에 담긴 부정적인 의미(즉, 아무 생각 없이 정해진 관행을 실행하는 것으로서의 implementation)와 교사를 구성자로서가 아닌 단순히 실행자로서만 해석하는 것으로부터 벗어나는 듯하다. 반대로 실천(enactment)은 수업 과제가 수업의 과정에서 교사와 학생의 사고와 활동을 통해서 공동으로 구성되는 것이라는 관점을 담고 있다. 그러나 이전 저작과의 연결성을 보존하기 위해서 우리의 이론적 체계 내에서 이 단계를 "학생에 의해서 실행되는 과제"라고 이름 붙였다.

4. 학급관리에 문제가 있어 인지 요구 수준이 높은 활동에의 지속적 참여를 방해받는 것	7. 탐구하기에 충분한(지나치게 많지도 부족하지도 않은) 시간을 제공하는 것
5. 학생들에게 적합하지 않은 과제를 제시하는 것(예를 들면, 과제 수행에 필요한 흥미, 동기, 사전 지식의 부족으로 학생들이 인지 요구 수준이 높은 활동에 참여하지 않는 것, 과제의 목표가 불분명해서 학생들이 올바른 인지능력을 발휘하지 못하는 것)	
6. 학생들이 인지 수준이 높은 과정이나 결과물에 대한 책임감을 갖지 않는 것(예를 들면, 자신의 생각을 설명하라고 했을 때 불분명하거나 옳지 않은 설명을 용인하는 것, 학생들의 활동이 성적에 반영되지 않는다는 인상을 주는 것)	

인지 요구 수준이 높은 과제는 실행 단계에서 학생들의 사고를 덜 요구하는 과제로 변형되기 쉽다. 다음 질에서 인지직으로 도전직인 과제가 실행 단계에서 변형되는 전형적인 과정을 심도 있게 논의할 것이다.

수업 과제에 초점을 맞추는 궁극적인 이유는 학생들의 학습(그림 I.3의 마지막 삼각형 참고)을 돕기 위해서이다. 수학 수업 과제의 인지 요구는 학생들 학습의 종류 및 수준과 관계가 있다. QUASAR 프로젝트의 인지 영역의 평가[3])에서 최고의 성적을 거둔 학생들은 인지 요구 수준이 높은 과제를 설정하고 실행한 학급에 속한 학생들이었다(Stein & Lane, 1996; Stein et al., 1997). 이 학생들은 도전적인 과제 수행을 지원하는 교실환경에서 활동을 경험함으로써 사고, 추론, 문제해결, 의사소통을 측정하는 문항으로 구성된 평가에서 좋은 학습 성과를 얻게 되었다. 마찬가지로 Boaler와 Staples(2008)의 최근 연구에 참여한 레일사이드(Railside) 고등학교 학생들이 성공한 이유는 교육과정의 인지 요구 수준이 높았다는 것과 과제 실행 과정에서 질문을 통해서 과제의 인지 요구 수준을 유지한 교사의 능력 때문이었다. 더불어 이런 연구 결과

3) QUASAR 인지 평가 도구에 대한 추가적인 정보를 얻길 원하면 Lane(1993), Lane & Silver (1995), Silver & Lane(1993)을 참고하시오.

는 과제의 시작부터 전개의 각 단계 내내 교실에서 학생들이 **함께 해야 하고 또 실제로** 참여하는 인지 활동이 어떤 종류여야 하는지를 염두에 두는 것이 중요하다는 것을 시사한다.

과제 설정과 실행의 패턴

QUASAR 프로젝트에 참가한 네 개의 중학교를 대상으로 실시된 3년간의 교실수업 연구(Henningsen & Stein, 1997; Stein et al., 1996)에서 인지 요구 수준이 높은 수업 과제가 수업 중에 변화하는 특징적인 패턴이 몇 가지 발견되었다. 과제의 인지 수준 변화 패턴 및 이와 관련된 교실의 요인들을 아래에서 설명한다.

높은 인지 요구 수준의 유지

인지 요구 수준이 높은 과제 중 일부는 실제로 잘 실행되어서 학생들이 복잡하고 의미 있는 추론을 하였다. 예를 들면, 울타리 과제(그림 I-2)를 도입했던 폭스 선생님 반이 대표적이다. 학생들은 24피트의 울타리로 만들 수 있는 다양한 울타리 모양들을 설명하면서 문제해결을 시작하였다. 계속해서 새로운 모양이 나오자 학생들은 자신들이 이미 시도한 울타리 모양들을 기록할 필요가 있다는 것을 깨달았다. 이런 이유로 학생들은 각 울타리 모양의 치수와 넓이를 함께 확인할 수 있는 표를 작성하게 되었다. 결과적으로, 다양한 모양들에 포함된 패턴을 찾아서 학생들은 넓이가 최대인 울타리 모양을 추측하게 되었고, 둘레의 길이를 달리하여 이 추측을 점검하였다. 이 과정에서 폭스 선생님은 모둠을 순회하면서 "가능한 모든 울타리의 모양을 찾아냈다는 걸 어떻게 알 수 있나요?", "가장 넓은 것은 어떤 것이죠?", "규칙을 찾았나요?"와 같은 질문을 했다. 이런 질문들을 통해서 학생들은 자료를 조직하고, 추측을 하고, 이를 점검할 필요가 있다는 것을 알게 되었다.

교실에서 이런 방식으로 과제가 실행되는 데 도움이 되는 여러 요인들을 실제 자료에서 확인할 수 있었다. [그림 2.1]과 같이 학생들의 사전 지식을 활용하는 과제의 선택, 학생들 사고를 위한 교사의 적절한 스캐폴딩(과제의 인지 수준을 유지하는 사고 유발 질문을 함으로써 학생의 사고를 돕는 것) 제공, 설명과 의미의 지속적 강조, 교사나 더 유능한 동료가 인지 요구 수준이 높은 사고와 추론의 모델을 제시하는 것 등이 포함된다.

그러나 인지 요구 수준이 높게 설정된 과제들 중 일부는 학생들이 실제로 활동하는 과정에서 인지 요구 수준이 낮아지는 것을 볼 수 있었다. 실행 단계에서 과제의 인지 요구 수준이 낮아지는 데 작용하는 교실 요인도 확인할 수 있었다(그림 2.1을 참고). 이러한 요인에 교사, 학생 및 과제와 관련된 다양한 조건, 행동 및 규범이 포함된다. 실행 단계에서 인지 요구 수준이 낮아진 과제들은 아래와 같이 변형되었다.

연결성 없는 절차로의 퇴보

학생들이 수학 활동에 깊이 있고 의미 있게 참여하지 못하고, 기계적·피상적으로 절차를 이용하여 과제를 해결하려고 하는 경우이다. 이런 종류의 퇴보에서 가장 흔히 볼 수 있는 교실환경 요인은, 교사가 학생을 대신해 학습의 책임을 떠맡아 과제의 도전적인 측면을 해결하는 것이다.

예를 들면, 존스 선생님은 자신이 지도하는 7학년 학생들에게 울타리 과제(그림 I.2)를 제시한 직후, 학생들이 문제해결에서 진전을 보이지 않자 당황하였다. 일부 학생들은 이미 문제 풀기를 포기하였고 다른 많은 학생들은 과제가 너무 어렵다고 불평하였다. 문제해결을 어디서부터 시작해야 할지 모르는 학생들은 존스 선생님에게 도와달라고 떼를 쓰기 시작했다. 존스 선생님은 학생들이 문제해결에서 성공감을 느끼고 지속적으로 문제해결에 참여했으면 하는 생각으로 주어진 문제는 둘레가 24인치인 모든 직사각형의 넓이를 구하는 것과 관련된 문제임을 알려주었다. 그런 후 그녀는 11×1로부터 시작해서 가능한 모든 경우를 표로 만들고 각각의 경우 (넓이) = (가로) $\times$ (세로)의 공식을 이용해서 넓이를 구할 필요가 있다는 것을 말해주었다. 존스 선생님의 이런 행동은 좋은 의도이고 관습상 용인되는 행동이다. 그러나 문제해결을 위한 절차를 제공해주어 학생들의 수학적 사고의 기회는 줄어들었다.

울타리 과제와 같이 인지 요구 수준이 높은 과제는 구조화가 덜 되어서 더 어렵다. 따라서 학생들이 일반적으로 접한 과제들에 비해 해결하는 데 더 많은 시간이 소요되는 경향이 있다. 통상 이런 유형의 과제들은 무엇을 어떻게 해야 하는지가 불분명할 뿐 아니라 문제해결 활동을 어떻게 평가할지도 명확하지 않으며 따라서 학생들은 이런 과제들을 모호하고 어렵다고 여긴다(Doyle, 1988; Romagnano, 1994). 이런 불확실성과 불편함을 덜기 위해서, 학생들은 교사에게 과제를 작은 단계로 나누고 적용할 절차를 명시하거나 자신들을 대신해서 과제의 일부를 실제로 해결함으로써 과제를 더 분명하게 해달라고 조르기도 한다. 이런 학생들의 요구에 교사가 굴복하게 되면 의미 이해와 관련된 과제의 도전적인 부분들이 줄어들거나 거의 제거되므로, 학생들은 사고 및 추론 기능의 개발과 의미 있는 수학적 이해의 기회를 놓치게 된다.

체계적이지 못한 탐구로의 퇴보

체계적이지 못한 탐구는 이전에 논의되었던 다른 유형들과 차이가 있다. 교육과정 자료에 제시된 과제나 교사가 제작한 과제를 설명하는 데도 이용되지 않았고 QUASAR 프로젝트에 참가한 연구자들의 코딩 체계에 제시되지도 않았다. 이 유형은 **수학 행하기** 과제를 실행함에 있어 절차적인 접근 방법을 취하지는 않지만 그렇다고 적절하게 실행되었다고도 보기 어려운 상황을 기술하기 위해 도입되었다. 학생들은 진지하게 과제해결에 임하여 추측, 패턴 찾기, 토론, 정당화 등의 수학적 과정들을 실행하려고 노력하였지만, 체계적이지 못한 탐구로 퇴보한다. 다시 말해, 학생들은 과제에서 구체화된 중요한 수학적 아이디어를 이해하는 데 별다른 진전을 보이지 못했다. 체임버 선생님의 울타리 과제 예를 살펴보자. 체임버 선생님이 지도하는 7학년 학생들은 활동기간 내내 성실히 활동을 했지만 제시된 질문에 답하는 데 핵심적이지 않은 것들(예를 들면, 토끼는 얼마나 커? 토끼들에게 필요한 공간은 얼마나 될까? 울타리의 가격은 얼마야?)에 초점을 맞추었다. 학생들은 의사결정을 위해서 수학과 관련된 사고를 하긴 했지만 둘레의 길이가 고정되었을 때 정사각형의 넓이가 최대라는 것을 일반화하지는 못했다.

체임버 선생님은 학생의 역할을 대신 떠맡거나 과제를 지나치게 단순화하지 않았는데, 이를 보면 교사는 과제의 인지 요구 수준을 유지하기를 바란 듯하다. 그러나 높은 수준의 인지 요구 수준을 유지하는 데 필요한 지원을 제공해주지도 못했다. 예를 들면, 탐구활동 중에 폭스 선생님이 학생들에게 제공했던 것과 같은 사고를 유발하는 민감한 질문을 체임버 선생님의 사례에서는 찾아볼 수 없었다. 학생들에게 과제해결을 위한 시간을 지나치게 많이 허용했다는 점 또한 이런 유형의 퇴보와 관련된 또 다른 요인인 듯하다. 적절한 지원이 없으면 학생들은 시간만 낭비할 뿐 수학적인 이해를 하지는 못한다.

비수학적 활동으로의 퇴보

비수학적 활동으로의 퇴보는 학생들이 아무 생각 없이 구체적 조작물을 가지고 장난을 치거나 제시된 수학 과제해결과는 전혀 관련이 없는 주제로 친구와 잡담을 하는 등의 행동을 하는 경우이다. 이런 반응은 과제가 학생들의 이전 학습 경험에 잘 맞지 않거나 학습목표가 충분히 구체적이지 못해서 학생들을 적절한 수학적 활동으로 안내하지 못하는 경우에 발생한다. 다른 유형의 퇴보와 비교했을 때, 비수학적 활동으로의 퇴보에 영향을 미치는 중요한 요인 중 하나는 교실 관리의 문제이다. 학생들이 교실을 마음대로 배회하고 모둠활동 중에 친구와 잡담을 하거나 필요한 자료를 요구하면서 수업을 방해하면 인지 요구 수준이 높은 과제를 해결하는 학생의 능력 자체가 무의미해진다.

교사가 수학에 초점을 맞춰주지 않으면 비수학적 활동으로 퇴보될 수 있다. 학생들이 활동에 참여하지만 본질적으로 비수학적인 활동이 되는 것이다. 예를 들면, 울타리 과제의 수업에서 잭슨 선생님은 각 모둠의 학생들에게 자신들의 활동을 조직적으로 보여줄 수 있는 포스터를 만들라고 하였다. 그런데 학생들은 포스터 제작을 수학적 활동의 결과를 보여주기 위한 것이 아닌 미술 활동으로 생각하면서 토끼와 울타리 그림을 그리고 예쁜 글씨로 정성껏 포스터를 제작하였다. 이 상황에서 교사는 학생들이 협동해서 열심히 활동하는 것에 만족하여 수학에 초점을 맞추는 데 실패하였다.

앞의 네 가지 패턴(인지 요구 수준의 유지, 연결성 없는 절차로의 퇴보, 체계적이지 못한 탐구로의 퇴보, 비수학적 활동으로의 퇴보)이 **수학 행하기** 과제를 이용한 수업에서 나타나는 가장 흔한 패턴임을 연구 결과에서 확인할 수 있었다. 연구에서 확인된 유력한 패턴들은 [그림 2.2][4]에 제시되어 있다. 그림에서 볼 수 있는 것과 같이, 각각의 패턴은 과제가 전개되는 과정에 영향을 미치는 일련의 교실 요인들과 관련된 것으로 밝혀졌다. 인지 요구 수준이 유지되는 경우에는 다섯 가지의 요인이 지속된다. 그

4) 앞 문단에서 논의되지 않은 두 가지 패턴은 연결성 있는 절차(그림의 마지막 두 패턴을 참고)로 설정된 과제와 관련 있다.

러나 과제의 인지 요구 수준이 퇴보하면 어떤 종류의 퇴보인가에 따라서 일련의 요인들이 서로 다르게 나타난다.

[그림 2.2] 과제설정 및 실행 패턴과 관련된 요인들

패턴 과제설정		패턴 과제실행	높은 인지 수준	인지 요구 수준의 유지 및 퇴보 요인
수학 행하기	→	수학 행하기	유지	• 학생들의 이전 경험을 활용한 과제 • 스캐폴딩 설정 • 적절한 시간 • 인지 요구 수준이 높은 수행 모델의 제시 • 설명과 의미에 대한 지속적인 요구
수학 행하기	→	연결성 없는 절차	퇴보	• 도전 목표의 상실 • 정답으로 초점이 변화 • 시간의 과부족
수학 행하기	→	체계적이지 않은 탐구	퇴보	• 학생들에게 부적절한 과제 • 시간의 과부족 • 도전 목표의 상실
수학 행하기	→	비수학적 활동	퇴보	• 학생들에게 부적절한 과제 • 교실관리 문제 • 시간 과부족
수학 행하기	→	연결성 있는 절차	유지	• 학생들의 이전경험을 활용한 과제 • 스캐폴딩 설정 • 적절한 시간 • 인지 요구 수준이 높은 수행 모델의 제시 • 설명과 의미에 대한 지속적인 요구
연결성 있는 절차	→	연결성 없는 절차	퇴보	• 도전 목표의 상실 • 정답으로 초점이 변화 • 학생들에게 부적절한 과제

(각 패턴에서 요인들을 가장 두드러지게 관찰되는 것에서 그렇지 않은 순서로 배열하였다.)

이 책의 II부에서는 [그림 2.2]에 제시된 각각의 여섯 가지 패턴 및 이들과 관련된 요인들을 보여주는 교실 수업의 사례를 제시할 것이다. 모쪼록 이 사례들을 통해서 이런 패턴들이 언제 왜 발생하는지를 좀 더 일관성 있고 의식적으로 확인하는 데 도움이 되었으면 한다. 더불어 교사의 수업 의도와 실제 교수학습 활동 사이에 발생할 수

있는 불일치에 좀 더 주의를 기울이는 데 도움이 되길 바란다. 이런 방법으로 수업을 분석하는 데 필요한 자기 점검과 반성은 학생들의 수학적 사고능력 개발에 필요한 좀 더 나은 학습 기회를 제공해 주는 첫 단계이다.

사례를 소개하기 전에 이 책의 I부 마지막 장인 3장에서는 교사가 이런 사례로부터 어떻게 배우게 되는지를 개관할 것이다.

3 사례로부터 배우기

비지니스, 법률, 의학 분야의 전문가들은 사례를 사용하여 기본적인 아이디어와 기술 및 실천의 원리를 가르쳐왔다. 하지만 교사교육에서 사례를 사용한 것은 비교적 최근의 일이다. 1986년 Shulman이 American Educational Research Association에서 교수법에 대한 사례 지식(case knowledge of teaching)의 발달을 강연하고 나서, 많은 연구자들과 교사교육자들이 교사교육을 위한 도구로 사례를 작성하고, 활용하고, 연구하기 시작하였다. 이제 많은 나라에서 교사교육과 직원교육 프로그램에서 사례 방법을 활용하는 모습을 볼 수 있다.

이론적 배경

사례 방법을 활용하는 전문가는 교사들이 사례로부터 무엇을 배우고 어떻게 학습하는지를 연구한다. 그 답은 사용되는 사례의 종류에 따라 다양하다. 예를 들어, 딜레마 유발 사례에서는 교수법의 문제를 해결하여야 한다(Barnett, Goldenstein, & Jackson, 1994). 이런 사례를 도입하여, 교사들이 (1) 가르친다는 것은 본질적으로 딜레마가 많은 과업임을 깨닫고 (2) 특정한 경로가 아니라 다른 경로를 선택하는 절충의 방법을 배우도록 돕는 것이다.

하지만 이 책의 사례는 조금 특별하다. 이 책의 사례는 수학 교수 학습과 관련된 원리와 아이디어가 포함된 사례로 패러다임 사례(Shulman, 1992)라 할 수 있다. 이 책의 사례를 접함으로써 교사들이 (1) 수학 과제 및 수업 중 인지 요구의 전개를 이해하고, (2) 수학 과제의 인지 수준과 관련된 틀을 참고하여 자신의 수업을 비평적으로 성찰하는 능력을 개발하도록 돕는 것을 목표로 한다.

우리의 궁극적인 목적은 교사의 반성을 통하여 수업의 실제에 영향을 주는 것이다. 교사들은 안내 없이 자신의 수업을 반성하기가 어렵다. 예를 들어, 교사가 자신의 수업 비디오를 처음 보면, 교실 활동을 구성하는 무의미한 행동과 상호작용을 해석하고 의미를 찾아보다가, 정작 일관된 초점을 잡지 못하고 반성의 경험을 하지 못하는 경우가 상당하다. 따라서 이 책에서는 교사들이 수학과제틀(MTF)[5]이라는 렌즈를 통해서 교실 활동을 비판적으로 조사하는 방법을 배울 수 있게 도우려 한다.

사례의 역할은 추상적인 개념인 수학과제틀을 실제 교실에서 생각해보게 하는 것이다. 교사가 자신의 수업을 이해하는 것과 유사한 방식으로, 이 책에는 사례와 수학과제틀이 구체적인 상황으로 제시되어 있다. 어떤 교사가 어떤 날에 어떤 주제에 대하여 어떤 학생들에게 어떤 의사결정을 하면서 수업했는지를 밝히면서 수학과제틀과 함께 사례를 제시한다. 교사는 사례 속의 사건을 인식하고 자신의 수업과 비교하게 된다. 예를 들어, 초등수학교수법의 학기 중반에 로사와 그녀의 동료들은 프랜 선생님과 케빈 선생님의 사례(6장)에 대해서 토의하였다. 몇 주가 지난 후, 로사는 강좌의 과제인 자신의 수학 수업을 분석하는 글에 조작물을 활용한 자신의 수업을 반성하고 "프랜 선생님과 똑같다"고 결론지었다. 로사는 자신의 교실에서 발생한 일과 프랜 선생님의 교실에서 발생한 일을 서로 연결 지었다.

로사가 자신의 수업 실행과 프랜 선생님의 수업 실행의 유사성을 확인함으로써 특정한 수업을 분석하는 데 도움을 얻었지만, 로사의 수업을 획기적으로 개선시키지 못했을 것이다. 교실의 사건을 "이해"하고, 예로부터 배우고, 어떤 사건에서 학습한 바를 유사한 사건에서의 학습으로 전이하려면, 교사는 사건을 좀 더 일반적인 것의 예로 인식할 수 있어야 한다. 그렇게 하여야만 지식이 축적되며, 한 장면에서 학습된 교훈을 고려하여 다른 상황에서의 적절한 행동을 생각할 수 있다.

여러 사례들이 일련의 아이디어와 연결될 때 가능하다. 이 책의 사례들은 인지 수준과 과제의 실행 패턴이라는 개념으로 "공고히" 연결되어 있다. 앞에 언급한 바와 같이, 이 책의 사례는 인지 요구라는 개념을 중심으로 도전적인 과제를 교실에서 실행하여 특정한 과제수행 패턴을 나타낸 "어떤 사례"이다.

5) 수학 과제와 그 인지 수준은 학생에 따라 다르며, 더 크게는 교수학적 및 수학적 문제이다. 우리는 실천을 분석하기 위한 유일한 틀이 아니라 하나의 틀을 제공한 것이다. 교사들이 수학과제틀을 사용하여 반성하고 나서 다른 틀을 사용할 수 있어야 하며, 그렇게 되기를 바란다.

교사가 이 책의 사례를 과제 실행의 다양한 패턴의 사례들로 생각하기 시작하면, 과제의 인지 요구와 수학과제틀이라는 렌즈로 자기 수업의 반성을 시작할 수 있을 것이다. 교사는 여러 번에 걸쳐 연결 지어 학습하여야 한다. 교사는 사례를 통해 자신의 실천을 반성하고, 일반적인 과제실행 패턴의 한 예로 해석할 수 있다. 즉, 사례들은 매개 장치이자 중요한 학습의 도구라 할 수 있다.

사례들은 어떻게 매개하는 역할을 할까? 촉진자가 교사들이 수학과제틀을 통해 사례들을 보도록 도와줄 때, 교사는 (1) 수업 에피소드의 중요한 단서(예. 교사가 학생의 요구에 맞추는가? 고분군투하는 학생에 대한 교사의 도움은 적절한가, 과다한가, 부족한가?)들에 민감하게 반응한다. (2) 학생이 과제에 생산적으로 참여할 기회를 주는 단서를 해석하는 법을 배운다. 이는 긴장하거나 위협적이지 않은 환경에서 사례를 토의할 때 이루어진다. 한편 교사들은 자연스럽게 사례와 자신의 수업을 비교하게 되며, 따라서 자신의 일상 수업의 사건을 해석하는 방법에 대한 통찰도 얻게 될 것이다.

자신의 실행을 생각하기

이 절에서 우리는 사례와 함께 제시된 수학과제틀을 교사의 수업 실행과 연결하는 여러 가지 방법을 알아볼 것이다. 먼저 그룹토의 활동에서 이 책의 사례에 대한 대화를 자신의 수업에서 나온 자료들 연결하는 방법을 제안한다. 그 다음에는 두 명의 교사가 서로의 수업을 관찰하고 반성하는 도구로 수학과제틀을 사용하는 방법을 논의한다. 마지막에는 교사 혼자서 수업동영상으로 자기 수업을 반성하는 방법으로 끝을 맺는다.

사례기반 그룹토의에서 반성하기

공식적으로(예. 대학원이나 전문성 개발 세션) 또는 비공식적으로(스터디 그룹) 사례에 대해서 토의하는 실천가 그룹을 염두에 두고 이 책을 집필하였다. 이런 그룹이 사례 속의 사건과 실제 교사 자신의 실행 사이의 간격을 연결하는 활동이 있다. 예를 들어, 과제가 잘 구현되었는지 교사가 자신의 수업 속 특정한 사건을 논의할 수 있도록 돕는다. 실제로 우리는, 교사가 자발적으로 수학과제틀을 자신의 수업에 적용하여, 인지 요구라는 개념으로 자신의 실행을 분석하고, 그 과정에서 실행이 어떻게 달라지는지에 대해 통찰을 얻는 것을 경험하였다(Stein & Smith, 1998 참고).

교사들이 그룹에게 보여줄 수학 수업 동영상을 가져오게 하는 방법도 있다. 그리고 함께 수업의 과제 설정과 실행 단계의 인지 요구 수준을 확인하면서 그 수업을 반성할 수 있다. 그 과정에서 교사는 특정한 단서 즉, 교사가 학생의 요구를 맞추는 범위, 교사가 도움을 제공하는 방법, 교사가 학생을 위해 작업하는 것이 아니라 학생이 작업하도록 돕는지에 주목한다. 동영상은 토의의 대상이 됨으로써, 수업에 대해 토론을 시작할 때와 사례에서 학습한 아이디어를 교사의 일상에 연결할 때 공동의 언어를 만드는 아주 좋은 방법이 된다. (이러한 자료를 통한 교사의 학습의 지원에 대한 추가적인 제언은 11장에서도 찾을 수 있다.)

짝과 함께 반성하기

사례 토론에 참여한 교사끼리 서로 상대 교사의 실제 수업을 돌아가면서 관찰할 수도 있다. 수업의 사례와 사건에 대한 공통된 언어를 개발했기 때문에, 교사들은 쉽사리 공동의 초점을 결정하고 유의미하게 서로 소통할 수 있을 것이다. 수업 과제를 설정하는 동안, 수업 관찰자는 학생들에게 명시적 또는 암묵적으로 전달되는 메시지가 무엇인지에 초점을 두려고 할 것이다. 학생들에게 무엇을 하게 했는가? 학생들은 어떻게 했는가? 어떤 자료인가? 이러한 질문에 답을 하면서 과제를 성공적으로 수행하는 데 요구되는 인지 과정을 알아낼 수 있다.

학생들이 과제를 해결하는 동안, 관찰자는 학생들이 수학적 아이디어를 심층적으로 이해하는지 알기를 원할 것이다. 사례의 과제 실행 단계에서 이루어진 논의를 기반으로 관찰자는 특정한 실마리를 생각하게 된다. 그 실마리는 학생이 활동하면서 수학의 의미를 다루는가? 수학적 추론과 증거에 근거하여 대화하는가? 학생들은 활동을 수학 아이디어와 연결 짓지 못하고 암기된 절차와 기호 수준에 머물러 있는가? 등이 있다.

수업 후에, 수업한 교사와 참관자는 수학과제틀을 활용하여 수업에 대해서 논의한다. 처음에 과제 설정 단계와 과제 수행 단계를 어떻게 구분할 것인지를 협의하는 것이 유용하다. 그 다음에 각 단계의 과제의 인지 수준을 알아본다. 우리의 경험상 먼저 관찰자가 각 단계의 인지 수준을 판단하고 나서, 수업 교사가 관찰자의 판단에 동의하는지 여부를 밝힌다. 이런 식으로 하면, 관찰자는 비판적 판단을 내릴 수밖에 없으며, 의견의 차이를 "숨기는 겉치레"를 덜하게 된다. 의견의 차이는 교사의 성장에 중요한 역할을 한다.

만일 관찰자와 교사가 하나 이상의 과제의 인지 수준이 높다고 동의한다면, 높은 수준의 학생 참여가 가능했던 지원 요소와 저해 요소를 확인하고 싶을 것이다. [그림 2.1]의 요소는 이러한 논의에 유용하다. 하지만 관찰한 수업의 지원 요소와 저해 요소를 상세히 알아보기 위해서는 그림에 제공된 일반적인 내용 외에 여러 요소를 더 면밀히 확인해 보아야 한다. 교사들은 요인 분석에서 이 부분을 가장 선호한다. 그 이유는 교사가 가장 잘하는 일이나 개선할 수 있는 사항을 직접적으로 반영할 수 있기 때문이다.

개인적으로 반성하기

타인에게 참관을 부탁하지 않고 자신이 수업을 녹화하는 교사도 있다. 이렇게 하면 교사는 자신의 수업을 서두르지 않고 개인적으로 반성할 수 있다. 수업 동영상을 활용한 자기수업 반성은, 위에 기술한 것과 같은 방법으로 이루어진다. 먼저 설정 단계와 실행 단계에 어떤 일을 하였는지를 확인해 본다.

수업 동영상은 개인 교사뿐 아니라 동료 또는 그룹에게도 활용될 수 있다. 동영상을 활용한 반성은 기억이나 기록에 터한 토론에 비해 몇 가지 장점이 있다. 첫째, 기억과 기록은 동영상보다 더 자세할 수 없다. 둘째, 동영상을 통해 교사는 학생이 과제로 활동하면서 정확히 무엇을 하고 있었는지 파악할 수 있다.

안내된 반성의 장점

앞 장에서 논의한 바와 같이 수학과제틀은 제공된 사례를 보고 자신의 실천을 반성할 수 있는 렌즈를 제공한다. 이것은 수업을 변화시켜 궁극적으로 학생들이 어려운 인지과제에 성공적으로 참여하는 기회를 갖게 하는 데 매우 중요하다. **학교수학의 원리와 규준**(NCTM, 2000, p.19)에 따르면 "수학 수업을 개선하기 위해, 교사는 교사와 학생이 하고 있는 것을 분석하고, 이러한 행동이 학생의 학습에 어떠한 영향을 미치는지 고려해야 한다."

교사와 교사교육자가 교사 개인이나 동료들과의 반성에 수학과제틀을 활용하는 이점은 다음과 같다. 첫째, 수학과제틀은 학생이 수업 시간 동안에 실제 행하고 사고한 것에 교사가 주목하는 데 도움을 준다. 교사들은 수업 관찰 시 자신에게 너무 집중하는 경향이 있다. (예를 들어, "개념을 정확하게 설명하였나? 명확하게 안내하였나?") 교사에 대한 점검도 중요하지만, 학생의 행동을 면밀히 조사함으로써 얼마나 효과적이었는지를 알아보아야 한다.

둘째, 수학과제틀은 실천에 대한 명확한 판단 기준을 제공한다. 모범적인 실천이 무엇인지에 대한 준거 없이 반성을 하게 되면 수업을 개선하지 못하게 된다(Richardson, 1990). 한 교사교육자는 교사들과 교사 전문성 개발 활동에 수학과제틀을 활용하고, 수업 관찰 후 교사들과 토의 시 "비평의 각"을 제공하는 데 유용했다고 말하였다.

마지막으로, 이 장의 전반부에서 언급하였던 것처럼, 수학과제틀은 개인 교사의 실행을 교수학습 이론에 연결하는 한 방법이 된다. Shulman(1992)은 교실에서 이루어진 구체적인 실행 사항을 교수학습 이론에 통합하는 지식적 기반의 힘에 주목하였다. 교사가 자신의 교실 행동을 더 일반적인 수준으로 해석하게 되면, 특정한 교실의 한 사건을 더 크고 일반적이며 유의미하며 기억할 만한 "사례"로서 인식하게 될 것이다.

II 사례들

4 사례 소개

I부에서 사례 설계와 해석, 안내된 반성에 관련된 개념과 연구물을 제시하였다. II부에서는 사례 분석과 토의의 "방법"을 다루고자 한다. 본 장에서는 먼저 사례와 사례를 뒷받침하는 자료의 구성을 설명한다. 그 다음에는 사례를 이용하여 교사의 학습을 어떻게 도울 것인가에 대해 제안한다.

사례와 토의 자료의 구성

이 책의 사례는 다양한 수학 내용에 대한 것이다. 예를 들어, 수학교육과정의 주요 내용(예. 분수, 소수, 백분율)과 비교적 새로운 내용 또는 그렇게 자주 가르치지는 않는 내용(예. 대수, 자료의 수집 및 분석)이 포함되어 있다. 사례들은 과제 실행과 인지 요구의 개념 외에 다양한 이슈와 관련된다. 예컨대, "프랜 선생님과 케빈 선생님의 사례"는 교사들이 팀 구성을 설계하는 상황에서 동료들과 협의하는 방법에 관한 이슈를 제기한다. 이 책의 사례들은 수학 내용, 교수법, 개혁에 관한 여러 가지 이슈를 토의하기 위한 것이다. [표 4.1]은 이 책에 제시된 6개의 사례 각각의 이슈를 요약한 것이다.

한 장에 하나의 사례 또는 두 가지 사례가 제시된다. 하나의 사례가 제시된 장(모니크, 니콜, 제롬)에서는 2장에서 논의한 과제가 퇴보하는 변화의 패턴이 나타나 있다. 두 가지 사례가 제시된 장(론, 프랜, 케빈, 트리나, 우르줄라)에서는 같은 과제가 서로 다른 수준으로 실행되는 경우에 대해 논의한다. 과제의 인지 수준이 높게 유지되는 사례와 과제의 인지 수준이 낮아지는 사례가 제시된다. "좋은" 실행의 예를 통해, 학생이 높은 인지 수준으로 사고하고 추론하게 하는 교실의 요인을 포함하여 좋은 상황에 대한 그림을 보여준다. 두 가지 사례가 포함된 장을 먼저 제시하는 이유도 여기에

[표 4.1] 여섯 가지 사례 소개

장	사례 교사	수학 내용	기타 이슈
5	론	분수, 소수, 백분율	수학 수업 개선에서 절차의 역할 교사의 자기반성
6	프랜 케빈	분수의 곱셈	팀 구성 조작물의 이용
7	트리나 우르줄라	평균, 중앙값, 최빈값, 범위	교사 협력 특수교육 포함 이중언어 교육
8	모니크	단항식과 다항식의 곱셈	수업에 대한 표준화 시험의 영향 모둠 활동
9	니콜	자료 정리와 분석	학생의 자기평가 영어 학습자
10	제롬	문제해결	내용 범위 문제해결의 역할

있다. 특히 높은 인지 수준의 과제를 활용하는 교사가 어떻게 수업을 하는지에 대한 이미지가 없는 독자들은 이 책에 제시된 순서를 유지할 것을 권한다.

각 사례에 뒤이어 사례에 대한 토의에 도움이 되는 다음의 자료들을 제시한다.

과제

각 사례를 토의하는 장을 시작할 때, 사례에 포함된 수학 과제를 제시한다[6]. 초등학교 고학년과 중학생의 입장에서 높은 수준으로 사고하고 추론해야 한다고 판단되는 과제들을 선정하였다. 교사들이 과제를 어려워할 수도 있다.

6) 교사가 사례에서 설정한 과제와 제시된 과제가 항상 같지는 않다. 사례 토의에 참석하는 성인학습자에게 의미 있게 과제를 수정하였다. 교사가 설정한 교실 상황을 되풀이하는 것이 아니라 사례의 핵심인 수학 과제를 탐구하는 맥락을 제공하기 위한 것이다.

토의를 위한 질문

각 사례는 집단 토의나 개인적인 반성을 위한 질문으로 마무리된다. 각 질문은 교사의 목표, 학생의 학습, 학생의 학습을 도와주거나 방해하는 조건 등 사례의 주요 측면들에 주의를 기울이도록 구성되어 있다.

수업 노트

수업 노트는 사례를 읽고 토의하면서 배울 수 있는 것에 대한 일반적인 논평으로부터 시작한다. 다음에는 과제 설정과 과제 실행 단계에서 과제의 인지 수준에 대한 상세한 분석이 이루어지고, 과제의 실행과 관련된 교실 기반 요인들에 관한 논의가 뒤따른다. 이러한 분석으로 무엇에 관한 사례인지, 즉 저자들이 사례로부터 교사들이 배우기 원하는 바를 알게 된다.

또한 수업 노트에는 사례의 또 다른 이슈들에 초점을 맞춘 해석도 포함되어 있다. 예를 들면, 론 선생님(5장)의 사례에서 중요한 요소는 절차적 지식과 개념적 지식 사이의 관계이다. 수업 노트에서는 절차적 지식에 관련된 이슈를 밝히고 나서, 촉진자가 논의를 통해 밝히고자 하는 요소들을 제안한다. 어떤 사례의 수업 노트의 마지막에는 다양한 해결 방법 또는 실패한 해결 전략이 제시된다.

사례를 이용한 교사 학습의 안내

여러 사례들을 최대한 잘 활용하려면[7], 수학과제틀과 과제의 인지 요구 수준을 확인하는 방법을 설명하고 있는 1장 및 2장을 병행하여 사용하는 것이 좋다. 수학과제틀을 참조함으로써, 교사들은 세부적인 실행 사항과 일반화된 교수법을 연결하고, 응용력과 통찰력을 늘려가게 된다. 더욱이 동일한 교사 그룹이 수학과제틀을 반복해서 사용하면, 수학과제틀은 수업을 토의하기 위한 공통언어의 역할을 할 수 있다.

---

7) 4장에는 사례 토의의 촉진자를 위해 중요한 정보가 제시된 절이 있다. 교사들은 이 절을 생략하고 5장의 첫 번째 사례로 건너뛸 수도 있다.

그렇지만 사례를 다르게 이용하는 교사 교육자들도 있다. 예를 들어, 예비 교사들을 위한 교수법 강의를 맡은 교수들은 특정 사례를 선택하여 강의의 다른 주제 즉, 교실의 의사소통이나 조작물을 이용하여 유리수의 연산을 가르치기"의 사례"로 이용하기도 한다. 마찬가지로 교사 교육자들은 사례의 일부 또는 전체를 **수학 수업을 위한 전문성 규준**(NCTM, 1991) 내용의 예시 자료로 활용하기도 한다. 예를 들면, 교실 의사소통에서 교사와 학생의 역할을 강조할 때, 대부분의 사례를 이용할 수 있다. 수학 개념을 가르칠 때 조작 도구를 모델로 이용하는 것과 그림, 다이어그램, 표, 그래프를 이용하는 방법을 포함하여 의사소통을 강화하기 위한 도구를 고려할 것을 지적하는 사례들이 많다.

수학과제틀과 사례를 연결 지어 활용하든 그렇지 않든 간에 촉진자는 목표를 잊지 않아야 하며 사례에 대한 토의가 그 목표를 달성하는 데 어떻게 도움이 되는지를 생각하여야 한다. 자유로운 토의를 통해 중요한 발견을 할 수도 있겠지만, 목표를 잘 설정하여 토의하게 되면 참가자들이 일관되고 생산적인 학습 경험을 할 수 있다. 다음에서는 사례 토의를 위한 준비, 촉진, 반성에 대해 설명하겠다.

토의를 준비하기

사례에 대해 효과적으로 토의하기 위해서, 촉진자와 참가자 모두 준비를 해야 한다. 참가자들은 사례를 읽기 전에 사례 속의 과제를 해결하고, 과제를 해결하는 다양한 방법을 그룹에서 토의할 기회를 가져야 한다. 해결방법과 답이 다양한 복잡한 수학 과제에 도전해 본 경험이 적은 참가자에게 이러한 토의의 기회는 매우 중요하다. 교사들은 학생들이 과제에 포함된 핵심 수학을 배우는 데 어떤 교수학적 요인들이 영향을 끼치는지를 분석하기 전에 과제를 해결하며 각 과제의 기본적인 원리와 아이디어를 확인해야 한다.

또한 교사들은 집단 토의를 하기 전에 각자 사례를 읽어 보아야 한다. 사례를 읽고 반성하는 데 시간이 걸리기 때문에 가능하면 집단 모임에 오기 전에 교사들이 그 사례를 읽게 하는 것이 좋다. 촉진자는 교사들에게 다음 세 가지 질문을 하여 교사의 개인적인 반성을 안내한다.

- 과제의 주요 수학적 아이디어는 무엇인가?
- 학생들이 그 아이디어를 학습했다는 증거는 무엇인가?
- 교사는 학생들이 그 아이디어를 학습하는 데 어떻게 촉진 또는 방해했는가?

위 질문은 교사들에게 핵심 이슈를 안내하고 생산적인 토의를 준비하게 하는 데 도움이 된다.

촉진자도 사례를 읽고 수업 노트를 검토하면서 준비해야 한다. 촉진자의 관점에서, 교사의 학습목표와 관련지어 사례를 생각해보는 것이 중요하다. 예를 들어, 촉진자는, 교사들이 프랜 선생님이 분수 곱셈 과제를 어떻게 연결성 없는 절차 과제로 수행했는지(6장 참조) 이해하기를 원한다면, 언제 어떻게 그런 행동을 했는지에 대한 증거가 되는 부분에 표시를 해야 한다.

사례 토의를 촉진하기

일반적으로 3~5명으로 구성된 소집단으로 사례를 논의하다가 전체 토의를 한다. 사례의 끝에 제시된 토의를 위한 질문 중 하나 또는 그 이상을 사례 토의의 주제로 선택할 수 있다.

두 가지 사례가 제시된 장에서는 두 사례의 유사점과 차이점(예. 프랜 선생님과 케빈 선생님의 수업은 어떻게 같고 다른가)에 초점을 맞춰 논의한다. 이러한 토의를 통해 같은 과제라도 다르게 실행할 수 있으며, 서로 다른 결과를 낳게 할 수 있다는 것을 알 수 있다.

대집단으로 사례를 토의할 때, 촉진자는 토의가 목표 없이 표류하거나 지나치게 토의의 방향이 통제되지 않도록 균형을 유지해야 한다. 논점을 명확히 하기 위한 질문을 하거나, 새로운 아이디어를 얻기 위해 참가자들의 의견을 경청하여야 한다.

촉진자는 또한 토의를 어떻게 끝낼 것인지를 고려해야 한다. 때로는 결론을 내리지 않은 채 토의를 끝내 참가자들이 다음 토의 시간 전에 스스로 이 이슈를 적극 생각할 수 있도록 하는 것이 좋을 수도 있다. 또한 토의를 간단히 요약하고 더 일반적인 맥락에서 생각해 보게 하는 것이 좋은 경우도 있다. 더 일반적인 맥락이란 수학과제틀에 관련된 해석이나 수학 교수학습에서의 또 다른 "중요한 아이디어"에 관련된 해석을 의미한다. 참가자들이 각 사례의 구체적인 내용을 틀 또는 일련의 더 일반적인 아이디어로 연결시켜감에 따라 사례로부터 얻은 지식은 더욱 일관성을 갖게 된다.

사례 토의 후

사례 토의 후, 교사들에게 처음에 사례에 대해서 반성했던 과정(집단 토의 전에 개인적으로 질문에 답하던 과정)으로 돌아가서 질문에 다시 답을 하도록 요구할 수 있다. 이를 통해, 사례에 대해 토의하고 나서 교사들의 생각이 어떻게 변했는지를 알 수 있다. 사례 토의 후 또 다른 활동으로, 학생들이 높은 인지 수준으로 참여하게 하기 위해 다음 수업에서 무엇을 할 것인지, 결과가 서로 다른 수업에서 교사들이 무엇을 했는지, 참가자들이 수업을 관찰한 동료였다면 그 교사들과 수업에 관하여 어떻게 논의할 수 있는지를 참가자들에게 생각해 보게 하는 것이 있다.

교사 자신의 실행과 연결하기

각 사례를 분석하고 나서 교사들에게 그 사례에서 논의된 수학 수업 아이디어를 자신의 수업에 하나 이상 적용해보게 할 수 있다. 참가자 자신의 수업을 변화시키는 데 중요한 이러한 과정은 11장에서 상세히 논의할 것이다. 그리고 Smith, Silver, Stein (Smith, Silver, Stein, Boston, Henningsen, & Hillen, 2005; Smith, Silver, Stein, Henningsen, Boston, & Hughes, 2005; Smith, Silver, Stein, Boston, & Henningsen, 2005)이 출판한 세 권으로 된 저서에도 사례를 이용하여 수학 수업을 변화시킨 내용이 제시되어 있다.

5 넓이모델을 활용해 분수, 소수, 백분율 관련짓기

[그림 5.1] 론 선생님의 사례를 읽기 전 도입 활동

아래 그림에서 6칸을 칠하시오.

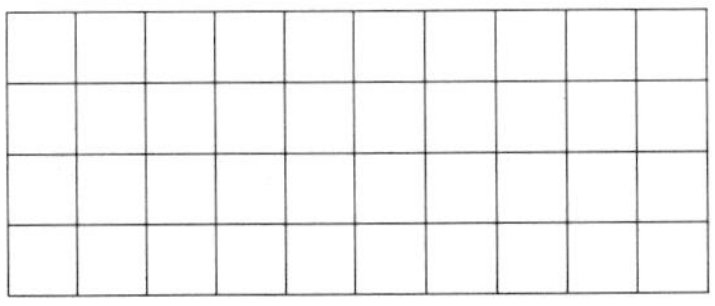

위의 그림을 이용해서 다음을 어떻게 구했는지 설명하시오.

(a) 칠해진 부분의 백분율

(b) 칠해진 부분의 소수

(c) 칠해진 부분의 분수

론 선생님의 사례

론 선생님은 학생들에게 많은 것을 묻는 경력 있는 교사다. 교사가 되기 전에 그는 대기업의 엔지니어였다. 나름 성공하였지만 그는 뭔가 중요한 것을 성취하지 못했다고 느끼고 중간에 교육 분야의 석사학위를 받기 위해서 학교로 되돌아왔다. 그의 배경과 학문에 대한 애정을 고려할 때, 중등수학을 전공한 것은 자연스런 선택이었다. 그런데 흥미롭게도 그의 수학적인 능력은 중학교에서 수학을 가르치기 시작한 그에게 자산이기보다는 오히려 장애가 되었다. 론 선생님은 자신이 학생들에게 의미 없는 알고리즘을 제시하는 교사가 아니라는 것에 대해서 자긍심을 갖고 있었다. 그러나 수학적 개념 및 절차에 대한 그의 생각이 7학년 학생들과는 잘 맞지 않는다는 것을 알았다. 때로

그는 학생들이 이해하지 못할 때 좌절을 느끼며 학생들에게 주의집중을 하지 않거나 열심히 하지 않는다고 야단을 치곤 했다.

론 선생님이 학생들과의 관계에서 가지는 어려움을 이해하는 데는 오랜 시간이 걸렸다. 그러나 몇 년간의 교직 경력을 쌓고 그는 학생들에게 말하는 것뿐만 아니라 학생들에게서 듣는 것을 배우게 되었다. 이를 통해서 론 선생님은 학생들이 수학을 어떻게 이해(또는 오해)하는지를 알게 되었다. 몇 년에 걸쳐 그는 학생들이 수학적으로 말하도록 격려하는 데 효과적인 전략은 그림을 이용하는 것임을 알게 되었다. 그림을 이용하는 것이 만병통치약은 아니지만 추론을 위한 좋은 도구가 된다고 믿었다. 그림을 이용하면 학생들에게 수학을 좀 더 생생하게 보여줄 수 있음을 경험했다.

지난 몇 년 동안 론 선생님은 시각적인 그림을 집중적으로 이용하는 교육과정으로 수업하였다. 그는 학생들과 자신이 중요한 수학적 개념에 대해서 의미 있는 방법으로 의사소통하기 시작했다고 생각했지만, 이런 과정에서 점 A에서 점 B까지 가는 가장 효율적이고 빠른 방법인 절차를 놓칠 수도 있다는 것에 대해서 걱정하였다. 지난해에 그가 집중적으로 노력한 것은 개념적 이해의 개발을 촉진하는 것과 효율적인 절차를 능숙하게 활용하는 것 사이의 균형점을 찾는 것이었다.

론 선생님의 수업 이야기

내가 가르치는 7학년 학생들과 나는 몇 주간 분수와 소수에 대해서 공부했다. 우리는 먼저 분수를 소수로 변환하는 전통적인 알고리즘($\frac{3}{5} = 3 \div 5 = 0.6$)을 배웠고, 그 후에 분수의 의미와 소수의 개념에 대해서 탐구하였다. 전체의 부분과 자릿값에 초점을 맞추기 위해서 우리는 구체물과 시각적 그림을 이용하였다. 예를 들면, $\frac{3}{5}$, $\frac{6}{10}$, 0.6, $\frac{60}{100}$, 0.60이 나타내는 넓이가 모두 같다는 것을 보여주기 위해서 십등분과 백등분된 정사각형을 이용하였다(그림 5.2).

최근에 우리는 백분율을 배우기 시작했다. 다양한 구체물과 시각적인 그림을 이용해서 백분율의 의미를 강조하는 데 많은 시간을 할애했다.

내가 지도하는 7학년 두 학급 모두 단원이 끝날 때가 되었기 때문에 나는 학생들이 유리수를 종합적으로 학습하게 하고 싶었다. 이날 나는 학생들에게 분수, 소수, 백분율을 동시에 학습하게 해야겠다고 마음먹었다. 목표는 학생들이 몇 개의 색칠된 직사

[그림 5.2] $\frac{3}{5}$, $\frac{6}{10}$, 0.6, $\frac{60}{100}$, 0.60이 나타내는 넓이가 같음을 보여주는 소수정사각형

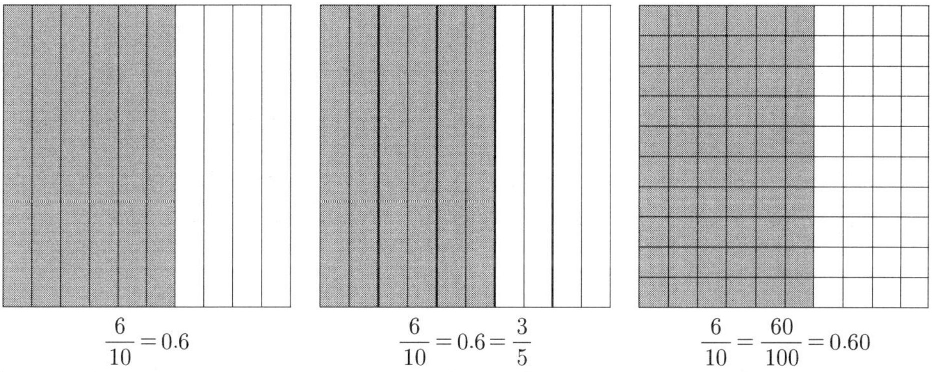

각형을 보고 백분율, 소수, 분수를 이해하도록 하는 것이었다. 특히 학생들이 단원 초에 학습했던 전통적인 변환알고리즘 대신 시각적 그림을 이용해서 답을 구하도록 하고 싶었다. 이런 활동이 양의 일부를 나타내는 데 이용되는 분수, 소수, 백분율에 대한 개념적 이해를 개발하는 데 도움이 될 뿐만 아니라 이들 간의 관계를 이해하는 데도 도움이 되길 바랐다.

나는 두 번째 반과 여섯 번째 반에서 같은 수업을 하기로 계획을 세웠다. 이렇게 하면 먼저 했던 수업에서 했던 것과 하지 못했던 것에 대해서 점심시간에 반성하고 이를 수정할 수 있다. 두 수업은 수업의 구성이나 학생들 반응에서 거의 유사했기 때문에 이런 나의 전략이 효과가 있다고 생각하였다. (때로는 여섯 번째 반에서 먼저 수업을 한 후에 두 번째 반에서 나중 수업을 해서 두 번째 반 학생들이 늘 실험대상이 되지 않도록 하였다.)

두 번째 반 수학 수업

설정. 수업을 시작할 때, (그림 5.1에 제시된) 문제 세 개를 제시하고 학생들에게 먼저 첫 번째 문제에 초점을 맞추도록 하였다.

10×10이 아닌 모눈종이에서 학생들이 처음으로 활동하는 것이었기 때문에 학생들은 문제를 복잡하게 여기고 어려워할 것이라고 예상하였다. 이 과제에서는 $\frac{1}{10}$, $\frac{1}{100}$

을 구성하는 작은 단위 영역이 명확하지 않아서 분수 관계에 대한 이해를 바탕으로 학생들이 추론해야 할 것이기 때문이다.

문제를 토론하면서, 나는 학생들에게 그림을 이용해서 각 부분의 답을 구할 것과 답을 구할 수 있는 방법이 한 가지 이상임을 말해주었다. 나는 학생들에게 자신들이 구한 답이 왜 의미가 있는지 그림을 이용해서 보여주거나 설명할 준비를 해야 한다고 분명하게 말해 주었다. 먼저 학생들에게 짝과 10여 분 동안 첫 번째 문제를 해결해 보게 하였다. 그런 후 학생들이 그림을 이용해서 문제를 어떻게 해결했는지를 보여주면서 학급 전체가 문제를 살펴보았다.

실행. 학생들이 짝과 활동을 시작할 때, 나는 학생들이 문제를 어떻게 해결하는지를 관찰하면서 교실을 순회했다. 모든 학생들이 어렵지 않게 정사각형 6개를 색칠했다. 그런데 학생들은 6칸이 전체의 몇 %인지를 알지 못했고 이를 어려워한다는 것을 볼 수 있었다. 어떤 학생들은 전체 정사각형의 개수가 100개가 아닌 40개라는 사실을 알아채지 못하고 6%라고 썼다. 그러나 대부분의 학생들은 모눈종이가 보통의 10×10이 아니었으므로 6%가 답이 아니라는 것을 알아챘다. 우리 반에서는 6개가 40개의 몇 %인지를 계산하는 알고리즘을 배우지 않았기 때문에 어떻게 진행해야 할지 몰라 쩔쩔매고 있었다. 나는 학생들에게 잠깐 동안 생각해 보도록 했지만 별 진척이 없다는 것 때문에 점점 더 맘이 불편했다. 몇몇 학생들은 답을 빨리 구하지 못한다는 무력감에 좌절해서 내게 올바른 백분율을 구하는 데 이용할 수 있는 알고리즘을 알려달라고 조르기 시작했다. 나는 망설였다. 학생들에게 백분율을 구하는 방법(예. $\frac{6}{40}=\frac{x}{100}$)을 알려 주고 싶지 않았기 때문이다. 나는 학생들이 그림을 이용하길 원했지만 어떻게 하면 학생들이 그림을 이용하게 할지는 확신이 서지 않았다. 많은 학생들이 장벽에 부딪혔고 모호함 때문에 점점 더 불안해했다.

문제를 살펴본 후에, 나는 문제 c(칠해진 부분의 분수)로 시작하는 것이 더 쉬울 것이라는 알 수 있었다. 짝과 활동하는 학생들에게 먼저 분수를 알아보라고 제안했다. 내 직감이 옳았다. 대부분의 학생들은 직사각형을 이용해서 칠해진 6개의 정사각형이 $\frac{6}{40}$, 약분하면 $\frac{3}{20}$임을 알아냈다. 그러나 내가 생각지도 못한 일들이 다음에 일어났는데 이것을 막을 방법이 없었다. 학생들은 이제 20을 3으로 나누어서 문제 b(칠해진 부분의 소수)도 해결할 수 있다는 것을 알고 0.15라는 답을 얻어냈다. 소수로 0.15라는 것을 알아낸 후, 학생들은 소수를 백분율로 바꿀 때 소수점을 오른쪽으로 두 자리 옮기는 "효과가 검증된" 방법을 이용하였다. 학생들이 문제를 다 풀었다고 생각하여 내가 찾아갔을 때 그들은 자신의 계산이 옳다는 것을 입증하려고 기다리고 있었다. 그러나 나는 학생들이 변환방법의 이면에 있는 추론과정과 분수/소수/백분율과 직사각형의 칠해진 부분과의 관계를 이해했을 것이라고 확신할 수 없었다. 학생들은 그림을 이용한 것처럼 보이지 않았고 자신들이 얻은 답이 옳은지도 확인하지 않은 것처럼 보였다.

수업 시작 후 15분이 지났고 계속 진행해야만 했다. 책상마다 찾아가서 그들이 구한 답이 옳은지를 확인하고 이제 학급 전체와 답을 공유할 때라고 말한 후 예나와 레이에게 해결 방법과 답을 발표해 보라고 하였다. 이 두 학생이 계산에서 실수한 것을 알고 있었기 때문에 나는 그림을 활용해서 구한 답이 옳은지를 확인해 보도록 할 계획이었다. 예나와 레이는 문제 c의 답을 $\frac{3}{20}$으로 구했지만 나눗셈을 잘못해서 문제 b의 답으로 0.015를 얻었다. 이들이 구한 문제 a의 답은 1.5%였다. 이들이 계산 과정과 답을 제시한 후, 나는 "그림을 보세요. 칠해진 부분이 1.5%밖에 안 되는 것처럼 보이나요?"라고 물었다. 이들이 답을 하기 전에 자리에 앉아 있던 몇몇 학생들이 나눗셈에서 소수점 자리를 잘못 찍었다는 것을 지적하였다. 이런 학생들의 반응을 무시할 수가 없어서 이들이 한 소수의 세로셈 과정을 빨리 점검해보았다. 답이 0.15임을 알게 되자 예나와 레이는 이것을 15%로 바꾼 후 자리로 돌아갔다. 나는 학생들에게 칠해진 부분에 대한 백분율로는 처음 얻었던 1.5%보다는 15%가 분명 더 그럴듯한 값임을 말해주었다.

이 문제 하나로 20분 이상을 보내고 문제 a, b, c에 대한 올바른 답을 제시한 후였지만, 정답과 절차에만 치중해서 시간을 너무 많이 보냈고 그림을 이용해서 추론을 하지 못했기 때문에 이 활동을 이대로 끝내는 것이 맘이 편치 않았다. 나는 유일하게 이 문제를 해결하는 데 알고리즘을 이용하지 않은 샤리스와 크리스탈을 OHP로 불러서 모험을 해 보기로 했다. 이 둘은 정답을 구하지는 못했지만 최소한 그림을 이용해서 문제의 답을 추론했다. 샤리스와 크리스탈는 먼저 첫 번째 줄의 4칸을 칠하고 두 번째 줄에서 2칸을 칠한 후 정사각형의 6%가 칠해졌다고 말했다. (답이 틀렸다는 것을 알고 있었지만 샤리스와 크리스탈이 다시 생각해 보도록 하려면 내가 무엇을 해야 할지 확신이 서지 않았다. 내가 무슨 말을 해야 할지를 생각하고 있는데, 샤리스와 크리스탈은 문제의 다음 부분을 어떻게 풀었는지 설명하려고 하였다.) 샤리스와 크리스탈은 문제 b의 답을 상세히 구하지는 못했지만 대충의 아이디어는 있었다고 말했다. 크리스탈은 직사각형을 가리키면서 "여기에는 모두 10줄이 있기 때문에 각 줄은 $\frac{1}{10}$에 해당돼. 한 줄이 칠해지면 답은 0.1이 되고 두 줄이 칠해지면 0.2가 되는 거지. 따라서 답은 그 중간이 되는 거지." 샤리스와 크리스탈에게 $\frac{1}{10}$의 $\frac{1}{2}$을 소수로 어떻게 계산하거나 쓸 수 있는지를 물었더니 어깨를 으쓱하고 가만히 있었다. 이때 나는 앉아 있는 전체 학생들에게 $\frac{1}{10}$의 $\frac{1}{2}$을 소수로 어떻게 쓰는지를 아는지 물었다. 몇몇 학생들이 대답했지만 모두 옳은 답이 아니었다. 나는 시간에 쫓겨서 학생들에게 그 이전에 했던 활동, 즉 "－의"라는 말은 곱셈 기호로 바꿔 쓸 수 있다는 것을 상기시켜 주었다. "$\frac{1}{10} \times \frac{1}{2}$는 $\frac{1}{20}$과 같아요. 이것을 동치분수로 고치면 $\frac{5}{100}$ 또는 소수로 0.05가 되는 겁니다."라고 칠판에 쓰면서 설명해 주었다. 계속해서 칠해진 부분을 소수로 나타내면 0.15($\frac{1}{10} + \frac{5}{100}$)가 된다는 것을 설명해 주었다.

시계를 보았더니 45분 수업 중에 이미 30분이 경과하였다. 이 문제에 충분한 시간을 썼다는 판단하에 학생들에게 나머지 두 문제를 해결하도록 해야겠다고 생각했다.

잠깐 두 번째 반 수업에 대해서 토의해보자.

두 번째 반 수업에 대한 반성

점심을 먹으면서 두 번째 반의 수업시간에 무슨 일이 있었는지를 생각해 보았다. 그리고 세 문제에 대한 학생들의 활동지도 점검해 보았다. 대부분의 학생들은 세 문제를 모두 풀었다. 그러나 거의 대부분의 학생들이 그림에는 신경을 쓰지 않은 채 곧바로 알고리즘을 활용하였다. 게다가 일부 학생들은 절차를 잘못 실행하기도 하였다. 학생들이 실행을 잘못했다는 것보다는 자신들이 얻은 답이 합리적인가를 점검하지 못했다는 것에 더 화를 내고 있는 나 자신을 발견하고 스스로도 놀랐다.

수업 전체를 생각해 보면, 내가 설정한 목표는 합리적이었고 과제 설정도 잘했다고 판단했다. 또 학생들이 천천히 시간을 들여서 자신들이 무엇을 하고 있는지를 생각했다면 내가 요구한 것들을 충분히 할 수 있다고 확신하였다. 여섯 번째 반 수업 시간에 시도할 때는 시간에 쫓기지 말아야겠다고 결심했다. 또한 학생들이 어떻게 해야 할지 몰라서 걱정하는 것에 현혹되지 말아야겠다고 맹세했다. 학생들에게 어떻게 하라고 말해주지 않고 학생들을 도울 수 있는 방법을 찾을 수만 있다면…….

여섯 번째 반 수업

설정. 그림을 이용해서 답을 얻는 것을 강조하면서 두 번째 반 수업과 완전히 같은 방법으로 과제를 설정하였다. 나는 학생들의 답이 정답인지의 여부뿐만 아니라 설명과 시각적인 추론과정이 어떤지를 바탕으로 문제해결과정을 평가할 것이라고 약속하였다.

실행. 학생들이 짝 활동을 시작할 때, 나는 교실을 순회하면서 문제를 어떻게 풀어가는지를 관찰하였다. 두 번째 반 수업 때와 마찬가지로 전체 그림에서 6개의 정사각형이 차지하는 백분율을 알아내는 것이 학생들이 경험한 첫 번째 난관이다. 두 번째 반에서와 같이 어떤 학생들은 전체 정사각형의 개수가 100개가 아닌 40개라는 것을 제대로 인식하지 못한 채 6%라고 썼다. 그러나 대부분의 학생들은 주어진 그림이 일반적인 10×10의 모눈이 아니기 때문에 6%는 답이 아님을 알고 있었다. 이 반 학생들 또한 "6은 40의 몇 %인가?"를 계산하는 알고리즘을 배우지 않았기 때문에 어떻게 문제를 풀어나가야 할지 몰라서 난처해하는 듯 보였다. 난 마음을 굳게 먹고 학생들이 방법을 찾아내도록 그냥 뒀다.

그러나 오래지 않아 학생들은 정사각형이 100개가 아닐 때 백분율을 구하는 방법을 배우지 않았기 때문에 이 문제는 너무 어렵다는 푸념을 늘어놓기 시작했다. 그래서 난 학생들이 다시 그림에 주목하게 하려고 했다. 학생들에게 직사각형을 주의 깊게 관찰해서 전체 정사각형의 개수와 정사각형이 가로와 세로로 어떻게 배열되어 있는지를 살펴볼 것을 제안하였다. 나는 "백분율을 구하기 위해서 이런 정보를 어떻게 활용하면 될까요?"라고 물어보았다. 학생들은 잠시 이 질문을 생각하였다. 그런 후 공식을 알려달라고 내게 조르던 것을 멈추고 그림을 가리키며 짝과 함께 논의하였고 나는 그들이 소곤거리는 소리를 들을 수 있었다.

10분 정도가 지나자 나는 불안해지기 시작했다. 대부분의 학생들이 여전히 칠해진 정사각형에 해당하는 백분율을 올바로 구하지 못했다. 학생들은 과제를 해결하려고 하고 있었지만 그중 일부는 짝과 토론을 하는 시늉만 하고 있었다. 내 스스로에게 했던 맹세를 떠올리면서 난 학생들에게 몇 분의 시간을 더 주기로 마음먹었다.

나는 학생들이 문제를 해결하는 다양한 방법에 주의를 기울이며 짝 활동을 하는 학생들을 관찰하였다. 문제해결에서 가장 진척을 많이 보인 학생들은 "각 열은 직사각형의 $\frac{1}{10}$을 나타내며 6개의 정사각형은 $1\frac{1}{2}$의 열을 차지한다"는 것을 알아챘다. 이들은 "한 열이 $\frac{1}{10}$ 또는 10%를 나타낸다면 $1\frac{1}{2}$ 열은 15%가 될 수 있다"고 추론하였다.

정사각형 6개를 세로 열이 아니라 가로 행으로 색칠했거나 3×2의 직사각형으로 칠했거나 여기저기에 흩어서 칠한 그림을 가지고 활동한 학생들이 문제해결에 큰 어려움을 보였다. 이런 그림들은 한 열로 이루어지고 직사각형이 각각 $\frac{1}{10}$로 나뉜다는 것을 아는 데 어려움을 야기했다. 나는 이 학생들이 색칠한 특정한 배열(그림 5.3 참조)을 이용할 수 있는 질문을 해서 백분율을 계산하는 다른 방법을 찾도록 도와주고자 하였다.

[그림 5.3] 서로 다르게 칠해진 그림을 이용하여 교사가 질문한다(Stein & Smith, 1998).

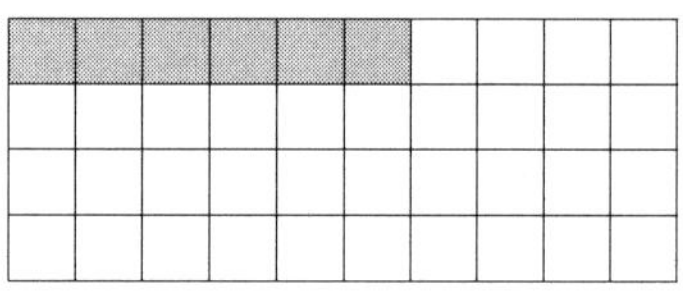

각 열은 몇 %인가?

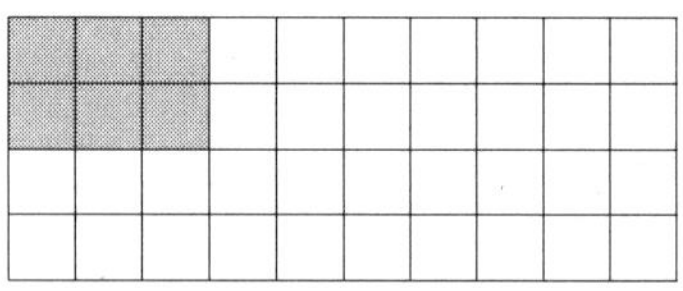

칠해진 것과 같은 모양을 몇 개 더 채울 수 있는가?

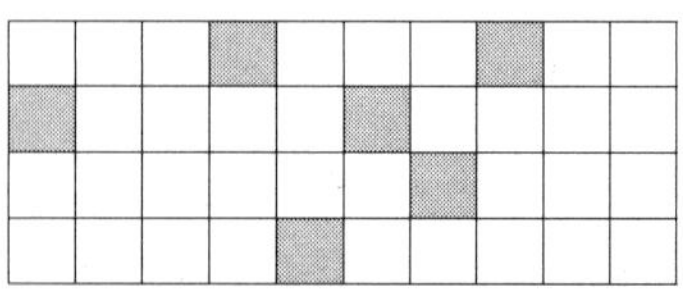

칠해진 정사각형 하나는 전체 직사각형의 몇 %인가?

각각의 경우에 나는 "이것에 대해 생각해 봐. 이 그림이 백분율을 구하는 데 어떤 도움이 되니?"라고 질문했다. 그런 후 학생들이 좀 더 고민할 수 있게 시간을 주었다.

약 20분이 지났고 대부분의 학생들이 세 문제를 풀어보려고 했음을 알 수 있었다. 그래서 나는 학급 전체가 전략 및 원리를 공유해야 할 시간이 됐다고 판단하고 잴리사와 레이첼을 앞으로 불러냈다. 이 두 학생은 다른 학생들이 거의 이용하지 않은 전략으로 문제 a를 해결하려고 했으며, 사고와 추론과정도 매우 우수했다. 나는 이들에게 문제 a에 대해 어떤 추론을 했는지를 설명해 달라고 하였다. 잴리사는 "$6 \times 2.5\% = 15\%$"라고 OHP 필름에 쓴 후 두 학생은 자신들의 자리로 되돌아갔다. 나는 서둘러서 두 학생에게 다시 앞으로 나와서 그들이 이용한 방법의 원리와 답을 설명해 줄 것을 부탁했다. 레이첼은 그림에 40개의 정사각형이 있고 이 전체 그림이 100%를 나타내는 것이므로 각각의 작은 정사각형은 $2\frac{1}{2}\%$이며, 칠해진 정사각형이 6개이므로 6과 2.5를 곱하면 칠해진 부분이 차지하는 백분율을 구할 수 있다고 설명하였다. 나는 다른 학생들에게 이들의 해결방법에 대해서 질문이 있는지 물어보았다.

몇몇 학생들의 질문에 대해서 잴리사와 레이첼은 자신들이 이용한 방법을 좀 더 명확히 설명하였고 나는 대부분의 학생들이 이들의 해결 방법을 이해했다고 생각하였다. 나는 모든 학생들이 이를 이해했다고 생각하고 두 학생의 추론 전략을 중요한 수학적 아이디어와 관련지었다. 이 두 학생은 직사각형이 100%라는 것을 말하면서 설명을 시작한 것을 볼 수 있었다. 마이클은 "100개로 나눠지지 않은 것이 어떻게 100%가 될 수 있지?"라고 물었다. 데릭은 "$100\% = 1$이라고 말하는 거니? 내 생각에는 $100\% = 100$인 것 같은데."라고 덧붙였다. 이 질문에 대해 발표한 내용 중에서 우리는 $100\% = 1 = 1.00$이라는 아이디어에 주목했다. 우리는 이 문제와 관련해서 전체가 몇 개로 나누어져 있는지와 관계없이 전체 직사각형을 100%로 나타낼 수 있다는 것을 알 수 있었다.

수업이 30분이 지났는데도 우리는 문제의 일부분에 대한 전략 한 가지밖에 다루지 못했다. 그러나 나는 이 문제를 좀 더 다뤄보기로 결심을 하고 칠해진 부분의 백분율을 구하는 다른 방법을 살펴보기 위해서 두 번째 학생들을 OHP 앞으로 불러냈다. 오마와 마커스는 직사각형의 왼쪽 상단 부분의 정사각형 6개를 색칠한 후 [그림 5.4]와 같이 백분율을 계산하려고 하였다. 이들은 자신들의 전략과 왜 이것이 일리가 있는지를 설명한 후 몇 가지 질문을 받았다.

[그림 5.4] 오마와 마커스가 제시한 그림

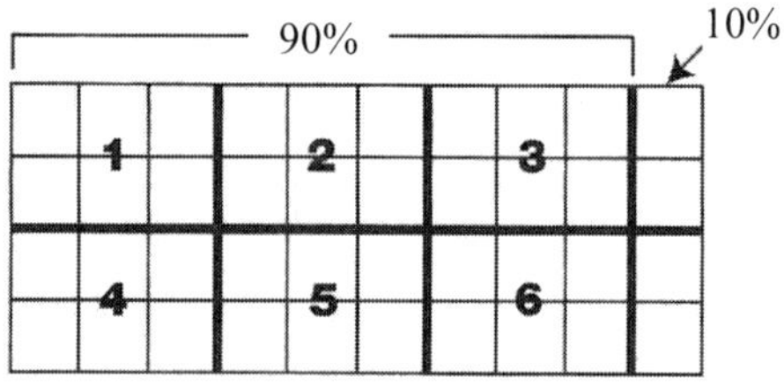

$90\% \div 6 = 15\%$

문제 b로 가서, 팀과 다니엘을 앞으로 나오게 했다. 이들은 열심히 문제를 풀었지만 답을 구하진 못했었다. 팀은 직사각형을 가리키면서 "여긴 모두 10줄이 있으니까 각 줄은 $\frac{1}{10}$이에요. 한 줄이 칠해졌다면 답은 0.1이고 두 줄이 칠해졌다면 답은 0.2가 됩니다. 따라서 답은 이 둘의 가운데에 있습니다."라고 말했다. 이 둘에게 $\frac{1}{10}$의 $\frac{1}{2}$을 어떻게 알 수 있는지를 묻자 답을 하지 못했다. 그래서 나는 두 개의 소수정사각형(그림 5.2)을 제시한 후 이 그림이 $\frac{1}{10}$의 $\frac{1}{2}$을 계산하는 데 도움이 될 수 있는지를 물었다. 다니엘은 $\frac{1}{100}$ 정사각형을 이용해서 10개의 작은 정사각형($\frac{1}{100}$ 짜리 10개) 1줄이 $\frac{1}{10}$이라고 추론하였다. 팀은 $\frac{1}{10}$의 반은 한 줄의 반 또는 5개의 작은 정사각형($\frac{1}{100}$ 짜리 5개)이라는 것을 알고 있었다. 다시 40개의 작은 정사각형으로 이루어진 그림으로 되돌아가서, 팀은 한 줄에 작은 정사각형이 4개뿐이었지만 이것을 $\frac{1}{10}$ 또는 $\frac{10}{100}$이라고 하였으며 한 줄의 반에는 작은 정사각형 2개뿐이었지만 이것을 $\frac{10}{100}$의 반 또는 $\frac{5}{100}$라고 생각했다. 이들은 전체가 $\frac{15}{100}(0.15)$이므로 자신들의 답은 $\frac{10}{100}(0.10)+\frac{5}{100}(0.05)$가 되어야 한다고 결론 내렸다.

시간이 없었다. 내가 의도한 것보다 첫 번째 문제에서 시간을 더 많이 써버리긴 했지만 남은 문제에서 학생들이 올바른 방향으로 가도록 하기 위해서는 필요한 일이었다. 나는 학생들에게 남은 두 문제를 숙제로 내주고 답을 얻기 위해서 직사각형을 어떻게 이용했는지 설명하는 글을 쓰게 하였다.

잠깐 론 선생님의 반성과 여섯 번째 반의 수업에 대해 토의해보자.

토의할 문제

두 번째 반 수업 후

1. 수업시간 중에 론 선생님이 걱정한 수학적 이슈는 무엇이 있나? 왜 그런 이슈들이 중요한가? 론 선생님이 걱정한 비수학적인 이슈는 무엇이 있는가?
2. 론 선생님이 문제를 계획할 때 학생들이 하길 원했던 사고는 어떤 것이라고 설명할 수 있는가? 학생들이 과제를 수행하면서 론 선생님의 목표는 바뀌었는가? 론 선생님의 목표는 달성되었는가?

여섯 번째 반 수업 후

3. 론 선생님이 여섯 번째 반 수업의 과제를 계획할 때 학생들이 하길 원했던 사고는 어떤 것이라고 설명할 수 있는가?
   a. 론 선생님의 두 수업의 최초 목표가 같았는가?
   b. 여섯 번째 반 수업에서 학생들은 두 번째 반 수업에서 학생들이 했던 것과 같은 방식으로 과제에 동참했는가? 각 수업에서 학생들이 학습한 것은 무엇인가?
4. 두 수업에서 학생 참여의 차이를 만들어낸 교실 요인은 무엇이 있었는가?
   a. 론 선생님이 의도한 대로 학생들이 과제에 동참하는 것을 돕기 위해(또는 돕지 않기 위해) 두 수업에서 어떤 차이를 두었는가? 똑같이 한 것이 있다면 무엇인가?
   b. 각 수업에서 학생들이 한 것들 중 자신들의 학습과 과제 참여에 영향을 미친 것은 무엇이 있는가?

수업 노트

론 선생님은 자신이 가르치는 주제에 대해서 잘 알며 누구보다도 학생들이 수학을 깊이 알고 이해하길 원하는 교사이다. 그는 자신의 경험으로부터 배우는 교사이며 시각적인 그림의 활용을 수업에 통합하고 학생들에게 토론 기회를 더 많이 제공함으로써 자신의 지도관행을 변화시켰다. 그는 또 규칙적으로 "반성"의 시간을 가졌는데 이를 통해서 7학년을 대상으로 한 두 번째 반 수업에서의 경험을 여섯 번째 반 수업에서 활용할 수 있었다.

올해 론 선생님은 모든 수학교사들의 고민인 효율적인 절차의 지도와 학생들의 개념적 이해 촉진을 어떻게 조화시킬 것인지에 대해서 고심해왔다. 이 과정에서 론 선생님은 이와 관련된 또 다른 문제를 접하였다. 시각적인 자료를 강조하는 교육과정에서 론 선생님은 학생들에게 점점 더 복잡하면서도 흥미로운 문제들을 도입할 수 있었다. 그런데 학생들은 간단하고 직접적인 과제를 선호하며 복잡하고 덜 구조화된 과제는 어떻게 해결해야 할지를 곧바로 알지 못하기 때문에 불안해한다는 것을 알았다. 론 선생님은 학생들이 절차와 개념 모두를 알기를 원한다. 그러나 이 두 사례에 제시된 수업에서 그는 학생들이 절차를 버리고 의미에 초점을 맞추게 하는 데 어려움을 겪었다. 첫 번째 수업(두 번째 반)보다는 두 번째 수업(여섯 번째 반)에서 좀 더 성공적이었다. 이 사례를 이해하기 위해서는 참가자들이 이런 사실을 인지하고 여섯 번째 반 수업의 성공에 영향을 주는 요인들을 확인할 수 있어야만 할 것이다.

인지 수준

같은 과제를 같은 방식으로 계획해서 두 반의 수업에서 활용한다. 두 수업에서 설정 단계의 과제의 인지 요구 수준은 **수학 행하기** 수준이라고 볼 수 있다. 교사가 요구한 방식(즉, 전통적인 변환 절차가 아닌 그림을 이용하는 방법)으로 과제를 해결하려면 복잡한 사고와 추론뿐만 아니라 상당한 정도의 인지적인 노력이 필요하다. 이 과제의 복잡성은 10×10 모눈을 이용하지 않았다는 것으로부터 기인되므로 학생들은 올바른 백분율과 소수를 결정($\frac{1}{10}$이 보기 쉽게 제시된 모눈에 의존하는 것과는 반대로)하기 위해서는 정사각형들을 새롭게 배열하는 방법을 구성해야만 한다. 그림을 이런 방식으로 이용해서 문제를 해결하려면 개별 학생들은 분수, 소수, 백분율에 대한 자신들의 개념적 이해를 새로운 방식으로 적용해야만 한다. 과제를 학생들에게 소개할 때 론 선생님은 이런 높은 인지 요구 수준을 유지하였다. 그는 학생들에게 그림을 이용해서 답을 얻어낼 것을 강조하면서 답을 얻는 한 가지 이상의 방법이 있음을 알려주었다.

더불어 학생들에게 자신들이 얻어낸 답이 왜 합리적인지를 그림을 이용해서 설명할 준비를 하라고 덧붙였다.

두 학급의 학생들이 실제로 문제를 해결한 방식(과제 실행 단계)은 서로 달랐다. 두 번째 반 수업에서 과제 실행은 **연결성 없는 절차** 수준이라고 볼 수 있다. 거의 대부분의 학생들이 그림과는 완전히 별개로 알고리즘 절차를 실행하였다. 문제 c(분수 찾기)로부터 시작한 후에 학생들은 이전에 배웠던 전통적인 변환 절차를 이용해서 나머지 두 문제(소수와 백분율 표상)도 해결할 수 있다는 것을 알게 되었다. 게다가 학생들은 답이 옳은지를 확인할 때조차도 그림을 이용하지 않았다(예를 들면, 두 명의 학생이 1.5%라는 답을 얻었으나 답이 터무니없다는 것을 알아차리지 못했다).

그러나 여섯 번째 반 수업에서 학생들은 분수를 찾는 문제로부터 시작하지 않고 제시된 순서대로 문제를 해결하였다. 따라서 학생들은 40개 정사각형 중에 칠해진 6개가 차지하는 백분율을 찾아내기 위해서 노력해야만 했다. 학생들은 답을 구하는 방법을 알지 못했기 때문에 답을 얻기 위해서는 어쩔 수 없이 그림을 이용해야만 했다. 학생들은 답을 얻기 위해서 다양한 방법을 이용했으며, 이들 중 대부분의 방법들이 그들이 가진 백분율, 분수, 소수에 대해 자신들이 이해한 것들을 적용하거나 활용해야만 하는 것들이었다. 따라서 여섯 번째 반 수업의 과제 실행에서의 인지 요구 수준은 **수학 행하기**라고 볼 수 있다.

요인

피상적으로 보면 두 수업에서의 실행 단계는 같은 방식으로 진행되었다. 학생들은 짝 활동을 했고 교사는 그들의 활동을 관찰했으며 이를 바탕으로 의사결정을 했고 학생들을 교실 앞으로 나오게 해서 자신들의 활동결과를 전체에게 보이도록 하였다. 그러나 더 깊이 들어가 보면, 두 학급에서 론 선생님의 행동은 달랐다. 수업이 진행되면 비슷한 압박에 직면했지만 론 선생님은 두 반에서 이런 어려움을 전혀 다른 방법으로 해결하였다. 이런 차이가 한 반은 높은 인지 요구 수준을 유지하게 하였고 다른 반은 절차적 실행으로 퇴보하도록 한 요인이 되었다. 이런 요인들이 바로 사례에 대한 토의에서 논의해야 할 사항들이다.

문제의 인지 요구 수준 유지하기; 스캐폴딩 설정을 통한 지원하기. 두 번째 반 수업에서 론 선생님은 무심코 분수를 찾는 문제를 먼저 해결하도록 함으로써 문제를 단순화해 버렸다. 그러나 여섯 번째 반 수업에서는 이런 실수를 반복하지 않았다. 여섯 번째 반 학생들이 도와달라고 졸랐을 때 그는 그림을 좀 더 잘 살펴보도록 하였고 이 그림을 이용해서 어떻게 백분율을 구할 수 있는지를 생각하도록 함으로써 의미를 탐색하고 미리 학습한 개념과의 관련성을 모색하도록 하였다. 이를 통해서 론 선생님은 과제를 간단한 절차로 퇴보시키지 않고 과제의 원래 특성을 보존할 수 있도록 학생들의 사고를 지원하였다. 두 번째 반 수업 중에 론 선생님은 절차적인 것을 다루어야만 했다(예. 세로셈과 분수곱셈 알고리즘을 시범 보이는 자신의 모습을 발견했을 때). 여섯 번째 반 수업 중에도 $\frac{1}{10}$의 $\frac{1}{2}$이 얼마인지 어떻게 알 수 있는지를 물었을 때 론 선생님은 절차적인 설명을 하지 않고 대신 학생들에게 소수막대 그림을 제시한 후 학생들에게 스스로 답을 찾아내도록 하였다.

론 선생님이 과제의 인지 요구 수준을 유지하면서 학생들의 사고를 지원한 또 다른 방법은 학생들이 정사각형을 칠한 배열을 활용한 것이다. 어떤 방법으로 정사각형을 칠했는가에 따라서 론 선생님은 과제에 대해서 추론하는 데 도움이 되는 패턴을 인식할 수 있도록 학생들을 안내할 수 있는 다른 질문들을 하였다.

정당화, 설명, 의미에 대한 지속적인 요구. 오전 수업에서 론 선생님은 학생들이 의미 구성을 위해 노력하게 만드는 것보다 학생들의 불안을 덜어주는 것에 더 관심을 가진 듯 보였다. 학생들에게 정답을 얻는 것이 가장 중요(예. 그는 모든 학생들을 찾아가서 그들이 얻은 답이 정답인지의 여부를 확인했다)하며 설명을 꼭 할 필요는 없다(0.015라는 답을 얻은 학생들에게 답을 정당화하라고 요구했지만 이들은 말할 기회가 없었다)는 단서를 교묘하게 제공하였다. 그러나 오후 수업에서 론 선생님은 실행 단계 내내 학생들에게 설명과 정당화를 요구하였다. 예를 들면, "$6 \times 2.5 = 15\%$"라고 쓴 학생들이 답을 어떻게 구했는지를 설명하고 난 후에야 자기 자리에 돌아가게 함으로써 학생들의 질문에 답하도록 하였다. 마찬가지로, 두 번째로 지적된 두 학생들에게도 $\frac{1}{10}$의 $\frac{1}{2}$이 얼마인지를 의미 있는 방법으로 추론하도록 요구하였다.

학생의 지식과 사고의 활용. 론 선생님은 학생들의 사전 지식을 활용하려고 하였으나 두 학급에서 활용한 지식은 서로 달랐다. 두 번째 반 수업에서 론 선생님은 장제법이나 분수곱셈을 어떻게 하는지와 같이 학생들이 이미 학습한 절차를 활용하였다. 반면 여섯 번째 반 수업에서는 학생들에게 좀 더 개념적인 지식을 활용하도록 하였다. 예를 들면, 마지막 학생들이 $\frac{1}{10}$의 $\frac{1}{2}$을 계산하는 데 어려움을 보이자, 이 학생들에게 소수정사각형 그림을 제공하여 $\frac{1}{100}$을 이해하도록 해서 $\frac{1}{100}$과 $\frac{1}{10}$의 관계를 시각적으로 보여주려고 하였다. 소수정사각형 그림을 이용해서 $\frac{1}{100}$과 $\frac{1}{10}$의 관계를 활용한 것은 이전 수업 중에 이뤄진 것으로 론 선생님은 이 지식을 활용하였다.

교사가 개념적 연결성을 만든다. 오전 수업에서 론 선생님이 활용한 연결성은 대부분 절차와 관련된 것인 반면, 오후 수업에서 연결하려고 한 부분은 학생들이 100%=1=1.0임을 인식하도록 하는 것이었다. 백분율, 분수, 소수의 전체 단위를 확인할 수 있게 되는 것은 이런 종류의 활동에서 가장 중요한 기본 개념이고 론 선생님은 이것을 명확히 함으로써 "학습의 순간"으로 활용하였다.

인지 요구 수준이 높은 실행의 모델링. 두 번째 반 수업에서는 학생들이 주어진 문제에 대해 "인지 요구 수준이 높은 해결 방법"이 어떤 것인지를 보거나 들을 기회조차 없었다. 반면 여섯 번째 반 수업에서 론 선생님은 고심 끝에 해답을 얻는 학생들을 주의 깊게 선정해서 학급학생들에게 해답을 설명하도록 하였다. 전체 학급을 대상으로 이뤄진 두 번의 발표에서 백분율을 이해하는 두 가지 중요한 방법이 드러났다. 론 선생님은 학생들에게 답을 제시하는 것뿐만 아니라 사고 과정도 설명하도록 하였다. 전체 학급을 대상으로 이뤄진 마지막 발표는 완벽하지는 않았지만 이 발표를 통해서 학생들은 $\frac{1}{10}$의 $\frac{1}{2}$을 어떻게 계산하는지 "다른 사람의 생각을 들을 수" 있었다.

충분한 시간 제공. 두 번째 반 수업에서 론 선생님은 시간에 쫓겼다. 학생들이 더 많은 문제를 해결하긴 했지만 여섯 번째 반 학생들이 이해한 것만큼을 이해했는지는 확실치 않다. 여섯 번째 반 수업에서 론 선생님은 시간이 얼마나 경과했는지를 알고 있었지만 이런 이유로 학생들의 생산적인 참여를 제지하지는 않았다. 학생들은 과제를 의미 있는 방법으로 해결하고 다른 사람들이 어떻게 했는지를 볼 수 있는 충분한 시간을 가졌다.

해석의 다른 측면

두 가지 사례에서 제기되는 또 다른 논의 이슈 중 하나는 학생들에게 심층적인 수학적 아이디어와 개념, 알고리즘 절차를 학습할 수 있는 기회를 어떤 방식으로 제공해야만 하는가의 문제였다. 이것은 론 선생님의 목표였고 지금도 달성하기 위해서 노력하는 목표이다. 실제로 개념적 지식과 절차적 지식의 통합 및 높은 인지 요구 수준과 낮은 인지 요구 수준의 통합은 많은 수학 교사들의 관심사이자 어려움이다.

론 선생님은 절차적 알고리즘을 먼저 가르친 후 개념적인 활동으로 옮겨갔다. 수업 참관자들은 아마도 반대의 순서, 즉 시각적 그림을 활용한 활동(실제로 이것이 NCTM의 권고이다)으로부터 시작했어야 한다고 제안할지도 모른다. 이런 방식으로 수업이 진행됐다면 론 선생님은 알고리즘의 방해 없이 개념적인 기초를 먼저 마련할 수 있었을 것이다. 학생들이 백분율, 소수, 분수의 의미를 이해한 것이 확인되면 배경지식이 되는 개념과 연결이 이뤄지도록 자릿값에 주의를 기울이면서 전통적인 변환 알고리즘을 제공할 수 있다.

이 사례와 관련해서 논의할 또 다른 이슈는 수업관행의 개선을 위한 교사의 수업 반성의 유용성이다. 론 선생님은 자신이 무엇을 했는지, 학생들은 무엇을 학습한 것처럼 여겨지는지의 두 가지 모두를 반성한 좋은 예라고 할 수 있다.

가능한 해결 전략

제시된 문제를 해결하는 접근 방법을 세 가지로 나누어 설명한다. 먼저 알고리즘을 이용한 해결 방법을 논의한 후, 시각적인 그림에 대한 추론을 바탕으로 한 해결 전략을 논의할 것이다. 마지막으로 그림을 확장해서 활용한 해결 전략을 논의하고자 한다.

알고리즘 및 절차

알고리즘을 이용한 해결 방법은 학습한 절차를 바탕으로 한 것들이다. 학생들은 무엇을 왜 하는지에 대해서 이해하지 못한 채로 이런 절차를 실행하곤 한다.

1. **백분율.** 비율을 이용해서 백분율을 구하여라.

$\frac{6}{40} = \frac{N}{100}$ 백분율은 기준량이 100이기 때문이다.

$40 \times N = 6 \times 100$ 내항의 곱 = 외항의 곱

$40 \times N = 600$

$N = \frac{600}{40}$

$N = 15$ 칠해진 6개의 정사각형은 15%를 나타낸다.

2. **소수.** 40개 가운데 6개가 칠해졌고 소수나눗셈의 절차에 따라 분자를 분모로 나눈다. 칠해진 6개의 정사각형은 0.15를 나타낸다.
3. **분수.** 분수는 전체에 포함된 부분의 개수와 칠해진 부분의 개수를 비교하는 것이다. 따라서 칠해진 6개의 정사각형은 $\frac{4}{60}$ 또는 $\frac{3}{20}$을 나타낸다.

시각적 그림으로부터 추론

학생들은 다양한 방법으로 6개의 정사각형을 칠하였다. 가장 대표적인 네 가지 방법이 [그림 5.5]에 제시되어 있다. 백분율과 소수를 구하기 위해서 각각의 그림으로부터 학생들이 추론한 방법들이 아래에 제시되어 있다. 부분-전체 관계로서의 분수에 대한 이해로부터 $\frac{4}{60}$ 또는 $\frac{3}{20}$이라는 분수 답을 얻는 것은 어렵지 않다. 따라서 문제 c에 대한 설명은 제시하지 않았다.

첫 번째 배열. 학생들은 첫 번째 열에서 4칸을 칠하고 두 번째 열에서 2칸을 칠했다.

1. **백분율.** 전체 직사각형은 100%를 나타낸다. 그런데 직사각형에 10개의 열이 있으므로 4칸이 칠해진 열은 직사각형의 $\frac{1}{10}$ 또는 10%이다. 두 번째 열은 2칸 또는 한 열의 $\frac{1}{2}$이 칠해졌다. 한 열이 10%이므로 한 열의 반은 5%이다. 따라서 칠해진 여섯 개의 블록은 한 열의 $1\frac{1}{2}$이며 이것은 10%와 5%의 합 즉 15%가 된다.
2. **소수.** 전체 직사각형은 하나의 전체를 나타낸다. 그런데 직사각형에는 10개의 열이 있으므로 4개의 칠해진 정사각형 한 열은 직사각형의 0.1 또는 0.10이 된다. 두 번째 열은 2개의 정사각형이 칠해졌는데 이것은 한 열의 반이다. 0.1 또는

[그림 5.5] 서로 다른 해결 전략과 관련된 정사각형의 네 가지 배열

첫 번째 배열

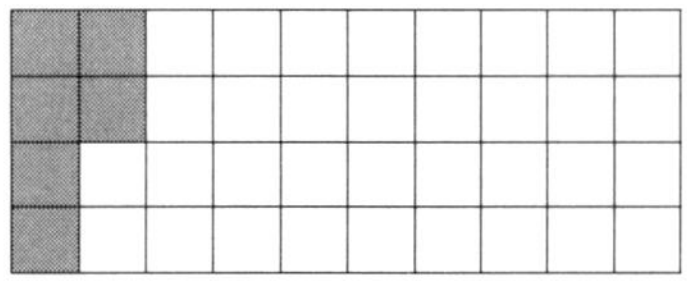

두 번째 배열

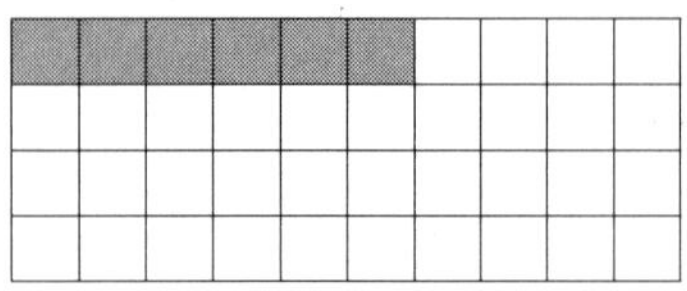

세 번째 배열

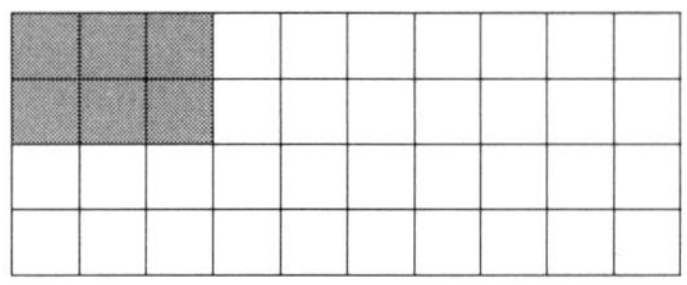

네 번째 배열

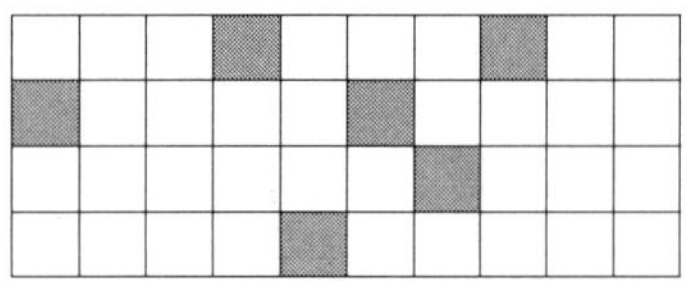

0.10의 반은 0.05이다(또는 학생들이 다음과 같이 추론할 수 있다. $\frac{1}{10}$의 $\frac{1}{2}$은 $\frac{1}{20}$ 또는 $\frac{5}{100}$이다). 따라서 칠해진 6개의 블록은 $1\frac{1}{2}$열이며 이것은 0.1과 0.05의 합 즉 0.15와 같다.

두 번째 배열. 학생들은 첫 번째 행에서 6개의 정사각형을 가로로 나란히 칠했다.

1. **백분율.** 전체 직사각형은 100%를 나타낸다. 그런데 직사각형에는 4개의 행이 있으므로 한 행은 직사각형의 $\frac{1}{4}$ 또는 25%이다. 한 행에 10개의 정사각형이 있으므로 정사각형 하나는 2.5%를 나타낸다. 따라서 2개는 5%, 4개는 10%, 6개는 15%를 나타낸다.

2. **소수.** 전체 직사각형은 하나의 전체를 나타낸다. 그런데 직사각형에는 4개의 행이 있으므로 한 행은 직사각형의 $\frac{1}{4}$ 또는 0.25이다. 그런데 한 행에 10개의 정사각형이 있으므로 6개의 정사각형은 한 행의 0.6 즉 0.25×0.6이다. 따라서 $0.25 \times 0.6 = 0.15$가 된다.

세 번째 배열. 학생들은 처음 두 행에서 각각 정사각형을 3개씩 나란히 칠했다. 이것을 "우표배열"이라고 한다.

1. **백분율.** 전체 직사각형은 100%를 나타낸다. 그런데 전체 직사각형의 마지막 한 열을 제외한 나머지 부분은 2×3의 직사각형 6개로 분할할 수 있다. 전체 직사각형에는 10개의 열이 있으므로 마지막 한 열은 $\frac{1}{10}$ 또는 10%이다. 따라서 6개의 2×3의 직사각형이 전체 직사각형의 90%를 차지한다. 90%를 6으로 나누면 15%가 된다. 따라서 2×3의 직사각형 하나는 15%이다.
2. **소수.** 전체 직사각형은 하나의 전체를 나타낸다. 그런데 전체 직사각형의 마지막 한 열을 제외한 나머지 부분은 2×3의 직사각형 6개로 분할할 수 있다. 전체 직사각형에는 10개의 열이 있으므로 마지막 한 열은 $\frac{1}{10}$ 또는 0.1이다. 따라서 6개의 2×3의 직사각형이 전체 직사각형의 0.9를 차지한다. 0.9를 6으로 나누면 0.15가 된다. 따라서 2×3의 직사각형 하나는 0.15이다.

네 번째 배열. 학생들은 전체 직사각형의 여기저기에 6개의 작은 정사각형을 색칠했다.

1. **백분율.** 전체 직사각형은 100%를 나타낸다. 그런데 40개의 정사각형이 있으므로 각각의 정사각형에 2%씩을 할당하면 80%가 되고 20%가 남는다. 40의 반이 20이므로 각각의 정사각형에 0.5%씩을 더 할당하면 20%가 된다. 따라서 각각의 정사각형은 2.5%(2%+0.5%)를 나타낸다. 2개의 정사각형은 5%, 4개는 10%이므로 6개의 정사각형은 15%(또는 $2.5\% \times 6 = 15\%$)를 나타낸다.
2. **소수.** 전체 직사각형은 하나의 전체를 나타낸다. 각각의 정사각형은 $\frac{1}{40}$이지만 이것을 소수로 나타내면 얼마일지 잘 모르겠다. 정사각형 2개씩을 쌍으로 묶으면 20개의 쌍이 생기고 1달러에 5센트가 20개 들어가듯이 각각은 $\frac{1}{20}$ 또는 0.5

가 된다. 따라서 6개의 정사각형은 3쌍 또는 5센트짜리 3개와 같으므로 0.15가 된다.

그림을 확장한 추론

학생들은 주어진 그림을 10×10의 그림(그림 5.6)으로 확장하였다.

1. **백분율.** 만약 작은 정사각형이 100개라면 칠해진 정사각형의 개수가 백분율이 된다. 그런데 처음 그림은 작은 정사각형이 40개이고 그중 6개가 칠해져 있다. 만약 작은 정사각형을 40개를 더 더하면 6개의 작은 정사각형이 더 칠해진다. 100개의 작은 정사각형을 얻기 위해서는 20개를 더 더해야 한다. 그런데 20개는 원래 주어진 작은 정사각형 40개의 반이므로 칠해진 작은 정사각형의 개수는 원래 칠해진 개수의 반이 된다. 따라서 20개 중 3개의 작은 정사각형이 칠해진다. 칠해진 작은 정사각형을 모두 더하면 100개의 작은 정사각형 중 6+6+3=15개가 칠해진 것이다. 100개 중 15개는 15%이다.
2. **소수.** 전체가 100개의 작은 정사각형이라면 칠해진 각각의 작은 정사각형은 0.1을 나타낸다. 전체 100개 중 15개가 칠해졌으므로 이것은 0.15와 같다.

[그림 5.6] 론 선생님의 과제를 10×10 그림으로 확장하기

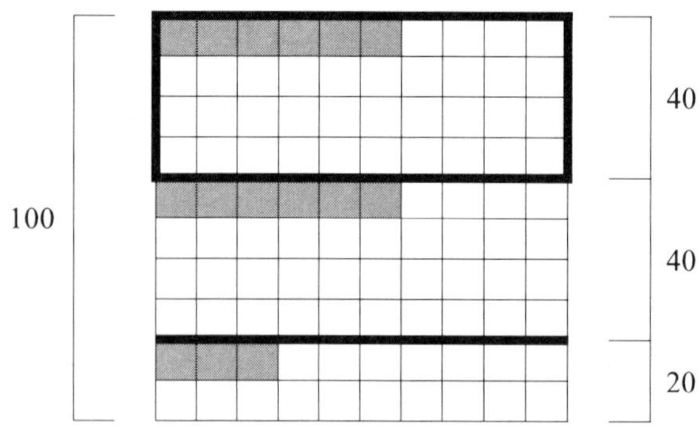

6 패턴블록을 활용해 분수 곱셈하기

프랜 선생님과 캐빈 선생님의 사례

프랜 선생님과 케빈 선생님은 경력이 15년 이상인 중학교의 교사이다. 이들이 근무하는 학교는 최근에 NCTM의 학교수학을 위한 원리와 규준(2000)에 일치하는 수학 프로그램을 개발하여 상을 받았다. 두 선생님은 전통적인 교과서 위주의 수학 수업에 점점 만족하지 못하고, 수학지도법을 개선하는 학교의 개혁방침을 열성적으로 지지하게 되었다. 특히 NCTM에서 강조한 조작물을 활용한 수학 수업에 매료되었고, 현재의 접근법보다 더 구체적이고 "조작적인" 접근법이 학생에게 더 개념적으로 학습할 수 있는 기반이 될 것이라 기대하였다. 두 선생님은 자신의 학생들이 식, 정의, 절차만을 학습하고, 그 이면의 수학 아이디어에 대해 이해하지 못하는 경우가 있음을 겸허히 인정해야 했다.

프랜 선생님과 케빈 선생님은 근무하는 학교가 상을 수상하자 동료 교사들과 함께 패턴블록[8], 퀴즈네어 막대, 대수 막대, 분수 띠, 십진블록을 주문하고, 조작물 활용 여름 워크숍에 등록하였다. 그리고 교장 선생님의 도움으로 7학년 교사가 공동의 수업 계획을 공유할 수 있도록 수업 시간표를 조절할 수 있었다. 첫해에 교사들은 함께 만나서 어려움과 성공적인 사항을 공유하고 서로를 도와주었다. 프랜 선생님과 케빈 선생님은 7학년 수학의 몇 부분을 지도하였는데, 모임에 가장 잘 참여하였다. 또한 학급 학생들의 성적이 비슷하기 때문에 교육과정을 비슷한 속도로 운영할 수 있다는 것을 알았다. 그들은 단원과 차시를 함께 계획하고, 자주 만나서 수업을 반성하였다.

8) 패턴블록은 밝은 색의 나무 또는 플라스틱 소재의 2차원 도형 모양이다. 분수 문제해결에 패턴블록을 활용할 수 있다. 패턴블록은 다양한 모양(정삼각형, 평행사변형, 사다리꼴, 정육각형 등)으로 구성되며, 조각들이 잘 맞추어지게 크기가 정해져 있다. 예를 들어, 정삼각형 조각 여섯 개(또는 평행사변형 세 개)는 정육각형 하나와 일치한다.

[그림 6.1] 프랜 선생님과 케빈 선생님의 사례를 읽기 전 도입 활동

1. 패턴블록을 사용하여 $\frac{1}{3}$의 $\frac{1}{2}$을 구하시오. 답을 그리시오.

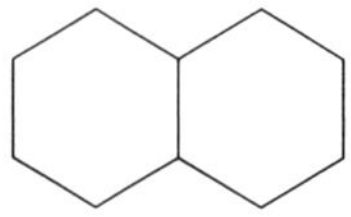

$\frac{1}{3}$

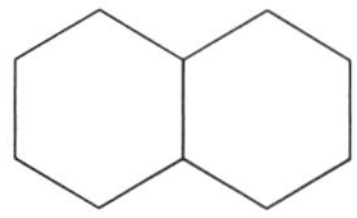

$\frac{1}{3}$의 $\frac{1}{2}$ 또는 $\frac{1}{3}\times\frac{1}{2}=$ □

2. 패턴블록을 사용하여 $\frac{1}{4}$의 $\frac{1}{3}$을 구하시오. 답을 그리시오.

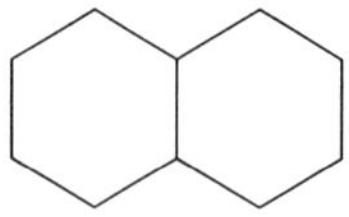

$\frac{1}{4}$

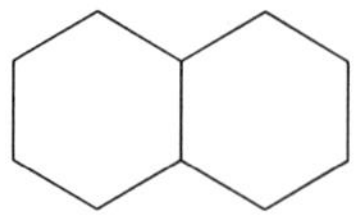

$\frac{1}{4}$의 $\frac{1}{3}$ 또는 $\frac{1}{4}\times\frac{1}{3}=$ □

3. 패턴블록을 사용하여 $\frac{1}{3}$의 $\frac{1}{4}$을 구하시오. 답을 그리시오.

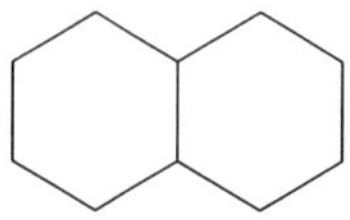

$\frac{1}{3}$

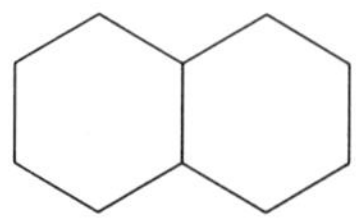

$\frac{1}{3}$의 $\frac{1}{4}$ 또는 $\frac{1}{3}\times\frac{1}{4}=$ □

4. 패턴블록을 사용하여 $\frac{1}{4}$의 $\frac{2}{3}$를 구하시오. 답을 그리시오.

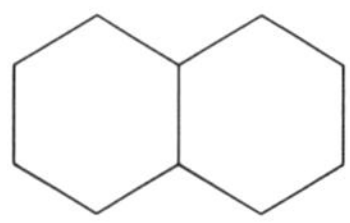

$\frac{1}{4}$

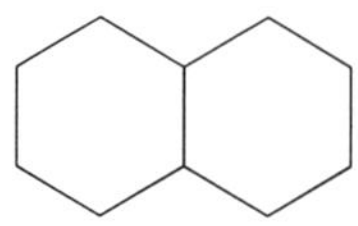

$\frac{1}{4}$의 $\frac{2}{3}$ 또는 $\frac{1}{4}\times\frac{2}{3}=$ □

5. 패턴블록을 사용하여 $\frac{1}{3}$의 $\frac{3}{4}$을 구하시오. 답을 그리시오.

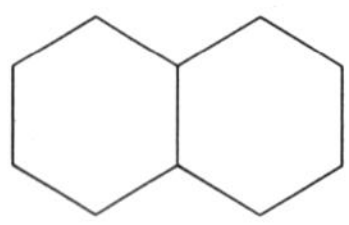

$\frac{1}{3}$

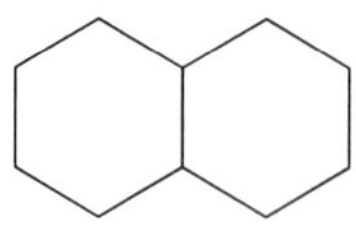

$\frac{1}{3}$의 $\frac{3}{4}$ 또는 $\frac{1}{3}\times\frac{3}{4}=$ □

6. 패턴블록을 사용하여 해결하시오.

(a) $\frac{1}{2}\times\frac{2}{3}=$ (b) $\frac{1}{2}\times\frac{5}{6}=$

프랜 선생님의 수업 이야기

가족과 휴일을 즐겁게 보내며 쉬고 있는 동안에도, 나는 새로운 수학프로젝트가 어떻게 진행되고 있는지 생각하였다. 의미를 추구하며 조작물을 활용하는 수학 수업은 쉽지 않았다. 새로운 문제를 풀기 위해 학생들은 자기가 하고 있는 것에 대해서 생각을 해야 했다. 그렇지 않으면 문제를 풀 수 없다. 학생들은 해결하지 못하면 당황했다. 자신들이 개념을 활용할 수 있을 만큼 잘 이해하지 못했고, 알고리즘이 없으면 헤맨다는 것을 알게 되었기 때문이다.

전형적인 문제에 대해 새롭게 생각하는 방법과 학생들이 어떻게 생각하는지에 대해 나도 많이 배웠다. 가장 명석한 학생도 놀랄 만한 오개념을 가지고 있다는 것을 알았다. 그러나 나는 전체적으로 이 새로운 접근법에 매우 만족하였으며, 다음 단원인 분수의 곱셈과 나눗셈에도 활용하기로 계획하였다.

이 단원의 수업은 이전에 하던 방법대로 지도하면 상당히 편하다. 분수의 덧셈과 뺄셈 단원보다 알고리즘이 더 쉽다. 그러나 그렇게 되는 이유를 알지 못해 기분이 좋지 않았다. 나는 올해에는 학생들이 "역수를 곱한다!"는 이유를 이해하게 만들기로 마음먹었다. 그러나 학생들이 분수의 개념에 약하고 단위가 되는 전체의 중요성을 완전히 이해하지 못하고 있기 때문에, 약간 혼란스러워 하고 천천히 이해하게 될 것이라고 예상하였다. 천천히 이해한다고 나쁘지만은 않다. 분수의 단위를 전부 이해하고 나면, 학생들은 "멈추어서 장미향을 맡을 만큼" 알게 될 것이다.

케빈 선생님과 수업에 대해서 대화를 나누었다. 몇 번의 모임 끝에, 우리는 계획을 완성하였다. 처음에 "x의 y"로서의 곱셈을 도입할 것이다. 먼저 범자연수(예. 한 통에 24병이 들어 있는 음료수가 5통이 있다면 모두 120병이다)에서 시작하여 분수(예. 우유 $\frac{1}{2}$리터의 $\frac{1}{2}$은 $\frac{1}{4}$리터와 같다)로 이동할 것이다. 이것은 케빈 선생님과 내가 가장 마음에 들어 하는 자료에서 곱셈을 다루는 방식이다(Zulie, 1988). 이 자료에서는 분수의 곱셈을 패턴블록 모델로 나타내게 한다(그림 6.2 참고).

[그림 6.2] 분수 곱셈에 대한 패턴블록 모델의 예

패턴블록을 사용하여 $\frac{1}{2}$의 $\frac{1}{2}$을 구하시오. 답을 그리시오.

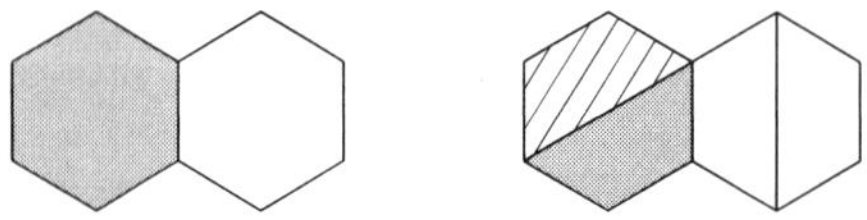

$\frac{1}{2}$ $\frac{1}{2}$의 $\frac{1}{2}$. $\frac{1}{2}\times\frac{1}{2}=\boxed{\frac{1}{4}}$

처음에 이 접근법은 너무 어려워보였다. 정육각형 두 개가 전체 단위를 나타내고 있기 때문이다. 나는 이 문제가 학생들을 쩔쩔 매게 만들 것이라 확신하였다. 그러나 케빈 선생님과 많은 대화를 나눈 후에 학생들이 단위가 되는 전체를 이해하는 것이 매우 중요하다고 결정하였다. 대부분의 교과서에서는 단위에 대해 고민하게 하지 않는다. 도움을 주면 학생들은 해결할 수 있을 것이다. 케빈 선생님과 나는 곱셈이 항상 피승수보다 곱이 더 커지게 하지 않는다는 것도 이해하게 하자고 상의하였다. 보통 학생들은 이를 이해하기 어렵다. 일상적으로 곱셈은 더 커지는 것을 의미해왔기 때문이다. 우리는 학생들이 $\frac{1}{2}$의 $\frac{1}{3}$에서 어떤 과정이 이루어지는지를 알게 되고, 곱인 $\frac{1}{6}$이 피승수인 $\frac{1}{2}$보다 작아지는 이유가 무엇인지 알게 되는 데 패턴블록이 도움이 되기를 바랐다.

가을 학기에 패턴블록을 꽤 많이 사용하였기 때문에 우리 학급 학생들은 패턴블록에 매우 익숙하다. 사실 패턴블록을 사용하기보다는 블록을 그린 적이 많았다.

프랜 선생님의 과제 설정

오늘은 단원의 두 번째 차시이다. 어제 수업에서 우리는 분수와 곱셈의 의미를 복습하였다. 범자연수에서 시작하여, 곱셈의 의미 중 "－의"에 대하여 논의하고, 분수를 배웠다. 그때 나는 패턴블록을 이용하여 $\frac{1}{2}$의 $\frac{1}{2}$을 모델로 나타내었다. 패턴블록을 활용하여 $\frac{1}{2}$의 $\frac{1}{2}$을 나타낸 후, 학생들에게 두 개의 문제($\frac{1}{2}$의 $\frac{1}{3}$, $\frac{1}{2}$의 $\frac{1}{4}$)를 주고 나의 안내하에 해결할 시간을 갖게 하였다.

오늘 수업은 반 학생 중 똑똑한 편인 쇼나에게 $\frac{1}{2}$의 $\frac{1}{6}$을 앞에서 발표하게 하면서 시작하였다. 쇼나는 나를 실망시키지 않았다. 실수 하나 없이 패턴블록을 활용하여 절차를 모델링하고, 주저 없이 어떻게 왜 그렇게 했는지를 설명하였다(그림 6.3).

[그림 6.3] 쇼나의 설명

패턴블록을 사용하여 $\frac{1}{2}$의 $\frac{1}{6}$을 구하시오. 답을 그리시오.

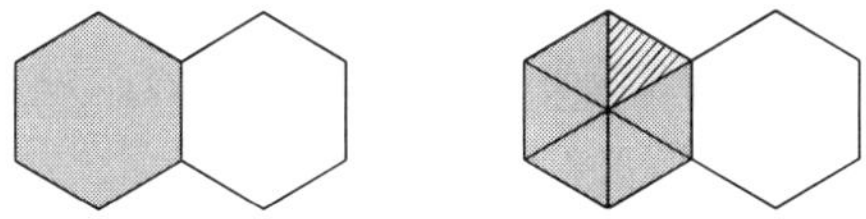

$\frac{1}{2}$　　　$\frac{1}{2}$의 $\frac{1}{6}$, $\frac{1}{2}\times\frac{1}{6}=\boxed{\frac{1}{12}}$

쇼나는 $\frac{1}{2}$의 $\frac{1}{6}$을 알아보면서, 먼저 정삼각형 모양 조각 여섯 개가 정육각형 하나에 포함되며, 이 정육각형 하나는 전체의 $\frac{1}{2}$이 된다고 것에서 설명을 시작하였다. 삼각형 하나를 가리키며, $\frac{1}{2}$ 조각의 $\frac{1}{6}$을 나타낸다고 말하였다. 쇼나는 정육각형 두 개를 단위로 하면, 정삼각형 하나가 전체의 $\frac{1}{12}$가 된다고 말하면서 설명을 마쳤다. 나는 쇼나의 발표를 들으며 흐뭇하여 미소를 지었다. 나는 생각했다. '그래, 이 방법으로 해야겠어. 패턴블록으로 $\frac{1}{2}$의 $\frac{1}{6}$이 $\frac{1}{12}$인 이유를 명확히 나타낼 수 있어.'

다른 학생들이 아무런 질문을 하지 않았다. 나는 남은 문제를 풀게 하였다. 문제는 [그림 6.1]과 같은 것으로 워크북 두 쪽에 나뉘어 제시되어 있다. 앞의 다섯 문제는 패턴블록 그림이 워크북에 제공되어 있어 학생들이 실제 패턴블록 조각을 겹쳐 볼(또는 패턴블록을 본을 떠서 그릴) 수 있었다. 마지막 두 문제는 학생이 패턴블록 모양(또는 그림)을 만들어야 했다.

학생들은 개인 활동지를 가지고 있었지만, 짝과 함께 이야기하며 활동하게 하였고 어려운 점이 있을 땐 나에게 질문하기 전에 짝에게 물어 확인하게 하였다. 나는 "분수의 곱셈을 할 때 여러분이 활동하고 있는 것에 주목하세요. 패턴블록이 도움이 될 거예요. 패턴블록을 활동지 위에 놓거나 본떠도 좋습니다. 하지만 여러분이 블록을 사용하는 건 이 문제들을 어떻게 해결하고 있는지를 알기 위해서입니다."라고 간곡히 말하였다.

프랜 선생님의 실행

나는 교실을 돌아다니며, 모든 책상마다 들러 올바르게 하는지 살펴봤다. 첫 번째로 확인했던 안토니오는 내가 예상했던 대로 어려움을 겪고 있었다. 안토니오는 두 정육각형이 단위가 되는 전체라는 것을 알지 못했다. 정육각형 하나만을 단위(전체)로 삼아 $\frac{1}{3}$의 $\frac{1}{2}$을 표현하였다. 안토니오는 정육각형 하나에 $\frac{1}{3}$을 표시하고 그것의 $\frac{1}{2}$로 삼각형 하나를 표시하였다. 이는 정육각형의 $\frac{1}{6}$이다(그림 6.4 안토니오의 첫 번째 시도). 안토니오는 수로는 올바른 답을 얻었지만, 패턴블록으로 올바른 양을 표시하지 못했다.

나는 안토니오에게 다가가 부드럽게 설명하였다. 쇼나가 수업의 초반에 했던 단계를 따르지 않았으며 그대로 시작해야 한다고 말이다. 안토니오는 실망한 것처럼 보였으며 묵묵히 패턴블록을 치웠다. 안토니오를 돕기 위해 "−의 앞에 어떤 분수가 오

[그림 6.4] 첫 번째 문제에 대한 안토니오의 해결

패턴블록을 사용하여 $\frac{1}{3}$의 $\frac{1}{2}$을 구하시오. 답을 그리시오.

안토니오의 첫 번째 시도

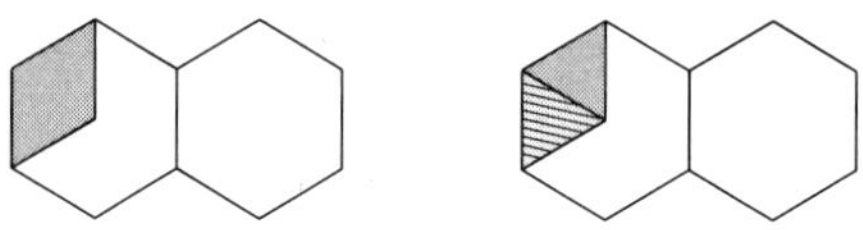

$\frac{1}{3}$　　　$\frac{1}{3}$의 $\frac{1}{2}$, $\frac{1}{3}\times\frac{1}{2}=\boxed{\frac{1}{6}}$

패턴블록을 사용하여 $\frac{1}{3}$의 $\frac{1}{2}$을 구하시오. 답을 그리시오.

안토니오의 두 번째 시도

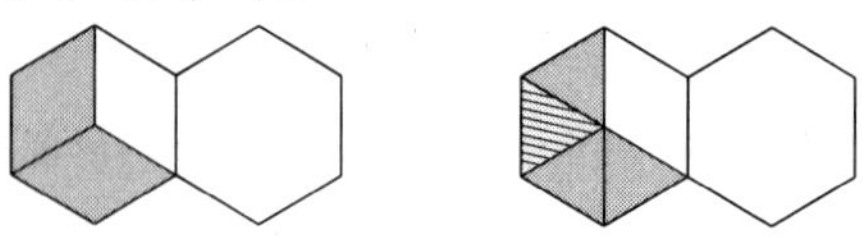

$\frac{1}{3}$　　　$\frac{1}{3}$의 $\frac{1}{2}$, $\frac{1}{3}\times\frac{1}{2}=\boxed{\frac{1}{6}}$

니?"라고 물었다. 안토니오가 $\frac{1}{3}$이라고 올바르게 대답하자, 나는 "정육각형 두 개의 $\frac{1}{3}$은 무엇이지?"라고 물었다. 안토니오는 혼란스러워 보였으며 답이 없었다. 나는 질문하였다. "분모의 3은 무엇을 의미하지?" 이 질문이 도움이 되는 듯했다. 안토니오는 두 정육각형의 $\frac{1}{3}$에 색칠하였다(그림 6.4 안토니오의 두 번째 시도).

안토니오는 다음에 무엇을 할지 확신이 안 서는 듯하였다. 개념을 혼동하기 때문에 잘 모르는 것이라 느꼈지만, 나는 안토니오가 이 문제를 해결하게 하고 싶었다. 안토니오가 절차를 학습하여 다른 문제에 절차를 적용하게 하고 싶었다. 나는 $\frac{1}{2}$을 가리키며 말했다. "분모를 보면 $\frac{1}{3}$조각을 두 부분으로 나눈다는 것을 알 수 있지. 분자는 이 두 부분 중의 하나를 찾아야 한다는 것을 알려준단다. 그래. 이제 색칠한 부분을 두 부분으로 나누도록 선을 그리자." 놀랍게도 안토니오는 $\frac{1}{3}$을 평행사변형 두 개가 아니라 삼각형 네 개로 나누었다(그림 6.4 안토니오의 두 번째 시도). 그러나 내가 $\frac{1}{2}$에 정삼각형이 몇 개 있는지 묻자 안토니오는 "$\frac{1}{3}$을 두 부분으로 나누면 각각 삼각형 2개를 얻는다."고 하였다. 안토니오는 내가 생각한 것보다 잘 이해하고 있는 것 같았다. 그는 기호와 그림을 잘 연결 짓고 있는 것으로 보였다.

"그러면 답을 얻으려면 이러한 것(그림 6.4의 삼각형을 가리키며)이 얼마나 있어야 하지?" 하고 물었다. 안토니오는 주저하였고 나는 $\frac{1}{2}$의 분자 1을 가리켰다. 그는 씨익 웃으며 삼각형 하나를 가리켰다. 나는 이 부분에서 매우 혼란스러워졌다. 나는 안토니오가 무엇을 하고 있는지 모른다는 생각이 들었다.

그렇지 않다면, 안토니오는 $\frac{1}{3}$의 $\frac{1}{2}$로 삼각형 두 개라고 말하고 나서, 또 삼각형 하나라고 답할 수 있을까? 한숨을 깊게 내쉬고, 나는 그에게 $\frac{1}{2}$은 정삼각형 두 개를 포함한다고 말해주었다. 안토니오는 고개를 끄덕이고 나서 가만히 조각을 응시하였다. "그러면 답이 무엇이지?" 물었다. 안토니오는 재빨리 "육분의 일입니다." 하고 대답했다. 나는 말했다. "좋아. 다음 문제를 해보자." 그러나 나는 다른 곳으로 걸어가다가 답이 너무 빨리 나왔다는 생각이 불현듯 들었다. 안토니오는 분모끼리 곱하여 전 과정을 건너뛴 것이 아닐까? 아니면 틀린 단위(전체)를 이용하여 얻은 답을 기억하였을까?

뒤를 돌아보니, 도움을 청하기 위해 들고 있는 학생의 손이 바다를 이루고 있었다. 내가 안토니오와 너무 많은 시간을 보낸 것 같았다. 수학을 잘하는 학생 몇 명에게 주위의 학생들을 도와주라고 말하고, 나에게서 가장 가까운 곳에 있는 대니엘에게 갔다. 대니엘($\frac{1}{4}$의 $\frac{1}{3}$을 틀림)은 안토니오와 같이 처음부터 실수하지는 않았지만, 안토니오와 비슷한 부분을 어려워하였다. 나는 대니엘이 어떻게 하고 있는지를 이해하기 힘들었다. 그래서 처음부터 해보도록 했다. 나는 기세를 몰아 대니엘이 처음부터 마지막까지의 과정을 잘 따라가게 하리라 마음먹었다.

"−의 앞에 어떤 분수가 오나요?"라고 물으며 시작하였다. 대니엘은 $\frac{1}{4}$이라고 바르게 대답하였고, 나는 정육각형 두 개의 $\frac{1}{4}$을 나타내보게 하였다. 대니엘에게 4등분한 중의 한 부분이라고 말해주었다. 대니엘이 정육각형 두 개의 $\frac{1}{4}$에 색칠을 끝냈을 때(그림 6.5), 나는 재빨리 $\frac{1}{3}$을 가리키면서 말하였다. "분모는 $\frac{1}{4}$을 세 부분으로 등분하라는 뜻이야. 좋아, 이제 색칠한 부분을 세 부분으로 나누자. 분자는 답이 세 부분 중의 하나라는 뜻이지." 대니엘은 어려움이 없었다(그림 6.5). 그러고 나서 나는 대니엘에게 세 등분한 중의 하나를 찾아보라고 했고 대니엘은 잘 찾았다. "그러면 답이 얼마지?"라고 물었다. 대니엘은 $\frac{1}{12}$이라고 말하고 빈칸에 답을 쓰고 다음 문제로 넘어갔고, 그 문제를 끝내어 안심하는 것 같았다. 그러나 대니엘이 이해하고 있는지 확신이 서지 않았다.

[그림 6.5] 두 번째 문제에 대한 대니엘의 해결

패턴블록을 사용하여 $\frac{1}{4}$의 $\frac{1}{3}$을 구하시오. 답을 그리시오.

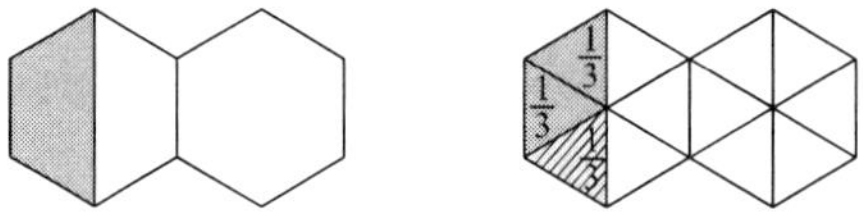

$\frac{1}{4}$ $\qquad$ $\frac{1}{4}$의 $\frac{1}{3}$ 또는 $\frac{1}{4} \times \frac{1}{3} = \boxed{\frac{1}{12}}$

남은 20분 동안에, 나는 학생들이 각 단계를 정확하고 효과적인 방법으로 시도하고 있는지 모든 자리를 돌아보았다. 이렇게 함으로써 학생들이 스스로 남은 문제에 절차를 따라할 수 있기를 바랐다. 내가 학생들 사이를 두 번째 돌기 시작했을 때, 모두들 상당히 잘하는 것으로, 적어도 분수의 분자가 1인 문제는 잘하는 것으로 보였다. 분수의 분자가 1이 아닌 네 번째, 다섯 번째, 여섯 번째 문제를 올바르게 해결한 학생은

거의 없었다. '이것은 무엇을 의미할까? 내일 수업의 도입 부분에서 이 과정을 강조해야 하겠구나' 하고 생각했다.

협의회 시간

다음은 7학년 수학 교사의 협의회 시간의 내용이다. 프랜 선생님은 교실을 나와 계단 내려가 협의실의 케빈 선생님에게 달려갔다. 케빈 선생님은 "수업이 어떠했나요?" 하고 물었다. 케빈 선생님은 동일한 수업을 그날 해야 했다. 프랜 선생님과 마찬가지로 학생들이 첫 번째 시도에서 "알 수" 있을지 예측하기 어려웠다. 프랜 선생님은 "나는 괜찮았어요. 협의회 시간에 이야기해요. 다른 선생님들도 듣고 싶어 할 거예요."라고 대답했다.

교사들이 모이자, 네 명의 교사가 돌아가면서 가장 최근의 수업에 대해서 이야기하였다. 각 교사가 말하는 동안, 다른 교사들은 교사가 시도했던 창의적인 아이디어에 대해 집중하여 듣고 칭찬하는 등 호의적으로 반응하였다. 모두들 나누어 줄 자료를 준비해 왔다. 과거의 경험상 다른 교사들도 자신의 교실에서 동일한 활동을 시도하기 원할 것이기 때문이다. 프랜 선생님의 차례가 되었을 때, 그녀는 자신이 사용했던 문제(그림 6.1)를 복사하여 나누어 주었다. 그녀는 첫 번째 문제를 집중적으로 안내하는 것이 중요하다는 것을 어떻게 알게 되었는지 설명하고, 학생들이 절차를 따라하고 스스로 성공적으로 할 수 있는 것처럼 보였다고 말하였다. 프랜 선생님은 학생들이 어려워했던 마지막 부분의 문제들에 대해 우려 사항을 말하고, 충분히 길게 이야기했으므로 스스로 다음날 해결할 수 있다고 결정했다. 그러고 나서 프랜 선생님이 수업 중의 일에 대해서 공유하였던 것 같다. 동료들은 프랜 선생님의 수업을 칭찬하였고, 그들이 본 중 가장 창의적으로 패턴블록을 활용한 수업이었다고 입을 모았다. 심지어 봄 학기 공개 수업 기간에 그 수업을 시범 보이자고 논의하였다.

잠깐

프랜 선생님의 수업과 협의회에 대해 토의해보자.

케빈 선생님의 수업 이야기

전반적으로 나는 올해 나의 학급에 매우 만족한다. 이 새로운 접근법으로 수업을 한 덕에 학생들은 아마 생애 처음으로 수학에 진정한 눈을 떴을 것이다. 나는 “아하”라는 소리를 수도 없이 들었다. 하지만 오늘 오후의 수업에 대해서 약간의 우려가 있다. 어제 도입한 내용이 “침투”되었는지 확신이 들지 않았다. 오늘 협의회에서 프랜 선생님의 수업에 대한 설명을 듣고도 우려가 여전히 가시지 않는다고 말했어야 했다. 하지만 비판적으로 보이기 싫어서 그때는 말을 많이 하지 않았다. 학생들이 어떻게 사고했는지, 즉 학생이 활동하며 이해한 방법(또는 이해의 여부)을 프랜 선생님에게 좀 더 많이 듣기를 기대했었다. 어쨌든 이것이 핵심 아닌가? 오늘 협의회에서, 패턴블록을 활용하는 여러 가지 방법이 전체적인 핵심이었던 것 같다.

이번 주 초반에 프랜 선생님과 나는 정말 좋은 회의를 하였다. 우리는 학생들이 분수를 다루면서 어떻게 학습해야 하는지와 학생들이 단위(전체)가 무엇인지 더 잘 알아야 한다고 이야기 나누었다. 프랜 선생님은 이 점에 대해서 매우 열중하였고 그녀의 반 학생들이 단위(전체)가 정육각형 두 개인 과제가 생소하기 때문에 어려워하지 않을까 우려하였다. 프랜 선생님은 오늘 협의회에서 이 점을 말하지 않았고, 나는 그렇게 크게 문제되지 않았을 것이라고 생각했다. 나는 프랜 선생님의 학생들이 곱한 결과가 피승수보다 작아졌다는 것에 주목했는지 궁금하였다. 이 점에 대해 우리 반 학생들이 스스로 알아내지 못하면 내가 수업의 초점으로 삼을 것이다.

케빈 선생님의 과제 설정

어제 나는 프랜 선생님과 같은 방법으로 단위를 도입하였다. 우리는 분수와 곱셈의 의미를 복습하였다. 범자연수에서 시작하여, 곱셈의 “－의” 개념을 논의하였다. 그 다음에 분수로 나아갔으며 패턴블록으로 $\frac{1}{2}$의 $\frac{1}{2}$을 모델링하였다. 패턴블록을 활용하여 $\frac{1}{2}$의 $\frac{1}{2}$을 표현한 후, 나의 안내하에 학생들은 두 개의 문제($\frac{1}{2}$의 $\frac{1}{3}$, $\frac{1}{2}$의 $\frac{1}{4}$)를 푸는 시간을 가졌다. 오늘 수업의 처음에, 찰리스에게 앞으로 나와서 $\frac{1}{2}$의 $\frac{1}{6}$을 구하는 문제를 해결하게 하였다. 찰리스는 패턴블록을 사용하여 절차를 나타내고 각 단계와 그 이유에 대해 자신 있게 설명하였다.

학생들이 아무런 질문을 하지 않았기 때문에, 나는 학생들이 찰리스가 한 것을 이해했는지 알 수 없었다. 나는 학생들의 침묵이 이해를 의미하기를 바랐지만, 학생들이 무엇을 질문해야 하는지도 모르는 것이라는 불안이 엄습하였다. 나는 다른 학생에게 두 번째 문제를 모델로 표현하게 할까 하다가, 짝과 함께 자신의 책상에서 해결해보게 하였다. 학생들을 돌아보면서 머릿속으로 학생들의 이해 상태에 대한 노트를 만들었다. 활동하기 바로 전에 나는 학생들에게 패턴블록과 패턴블록 그림이 활동 과정과 이유를 이해하는 데 도움이 될 것이고 말하였다. "명심하세요. 패턴블록(또는 패턴블록 그림)을 사용하게 되면 과정을 잘 이해하게 되고 그 의미도 잘 알 수 있어요."라고 말하였다.

케빈 선생님의 과제 실행

나는 교실을 돌아다니며 살펴봤다. 처음에 나는 보고 듣기만 하였다. 어떤 학생들은 잘하고 있었지만 대다수의 학생들이 어려움을 겪고 있는 것 같았다. 나는 반 학생들에게 짝과 함께 상의하라고 말했다.

10분 후 나는 학생들이 하고 있는 것에 대해 개입하여 좀 더 알아보아야겠다고 생각하였다. 내가 첫 번째로 자리에 가서 지도한 학생(찰스)은 정육각형 하나를 단위(전체)로 하여 $\frac{1}{3}$의 $\frac{1}{2}$을 알아보고 있었다. 정육각형 하나의 삼분의 일을 색칠하고 반으로 자른 후 $\frac{1}{6}$이라고 썼다. 찰스는 빈칸에 $\frac{1}{6}$이라고 쓰고 두 번째 문제를 해결하려고 하였다. 나는 빈칸에 쓰인 분수 $\frac{1}{6}$을 가리키며 조용히 물었다. "$\frac{1}{6}$이라고 답을 썼구나. 왜지?" 찰스는 조용하지만 확신에 차서 그림을 가리키며 대답하였다. "왜냐하면 $\frac{1}{3}$의 $\frac{1}{2}$이 $\frac{1}{6}$이기 때문이에요." "무엇의 육분의 일이지?" 하고 나는 물었다. 찰스는 첫 번째 정육각형을 가리키며 "이것이요."라고 답했다. 그의 목소리에는 주저함이 없었다. 찰스에게 어떻게 한 것인지에 대해 도전해야겠다고 생각했지만 어떻게 해야 할지 확신이 없었다. 먼저 나는 "문제에서 묻고 있는 것이 무엇이지? 생각해 보렴." 하고 말한 후 다른 쪽으로 걸어갔다. 나는 마음이 매우 불편했다. 그에게 더 많은 정보를 주어 올바르게 해결하게 했어야 하지 않는가?

돌아보는 동안 두 학생이 동일한 문제에 대해서 올바른 답을 한 것을 보았다. 나는 영감이 떠올랐다. "조지, 찰스의 자리로 와 보세요." 하고 말하였다. "두 사람이 같은 문제에 대해 답을 $\frac{1}{6}$이라고 썼단다. 하지만 조지는 정삼각형 두 개에 빗금을 칠했고 찰스는 정삼각형 하나에 빗금을 칠했단다. 어떻게 된 것일까요? 둘 중에 누가 맞을까요?" 그러고 나서 둘이서 고쳐보도록 하고 자리를 떴다.

나는 다시 학생들을 둘러봤다. 마리아는 완전히 혼돈스러워 하고 있었다. 나는 마리아가 한 것을 잘 이해할 수 없었다. 마리아에게 $\frac{1}{4}$의 $\frac{1}{3}$에 대해서 어떻게 해결한 것인지 설명하게 하자, 무엇을 하고 있는 것이지 잘 모르겠다고 답하였다. 나는 마리아 짝인 타마라가 올바르게 해결(빈칸의 답과 그림 모두)한 것을 보았다. 나는 타마라에게 어떻게 해결했는지 마리아에게 설명하라고 한 후 옆에서 들었다. 듣고 나서 매우 놀랐다. 타마라는 직접 식을 쓰고 나서 분자끼리 곱하고 분모끼리 곱하여 답 $\frac{1}{12}$을 구했다고 설명하였다. 그러고 나서 그림에서 두 정육각형의 $\frac{1}{12}$을 어떻게 알아내었는지는 설명하였다. 이것은 내가 예측하지 못했던 것이었다. 나는 짝 활동을 멈추고 학급 전체 활동으로 다른 문제에 대해서 이야기하기로 하였다.

처음에 짝지어줬던 두 명(조지와 찰스)은 1번 문제($\frac{1}{3}$의 $\frac{1}{2}$)를 해결하였는지 발표하려고 열정적으로 손을 들었다. 나는 그들에게 되돌아가서 올바르게 하고 있는지를 확인하지 못한 상태였다. 하지만 조지와 찰스가 그림으로 추론하고 있었다는 것까지는 알고 있었다. 나는 그들에게 교실 앞으로 가서 OHP용 패턴블록을 활용하여 설명하라고 말하였다.

찰스(발표에 도움을 얻기 위해 조지를 옆에 두고)는 OHP용 패턴블록으로 $\frac{1}{3}$의 $\frac{1}{2}$을 알아낸 방법을 멋지게 설명하였다. 마지막으로, 나는 찰스에게 처음에 정육각형 하나를 단위(전체)로 어떻게 했었는지를 설명하게 했다. 찰스가 학생들에게 설명하고 나서, 나는 찰스가 숫자로는 바른 답을 내었지만, 틀렸었다는 점을 지적하였다. 그 후에 단위(전체)에 따라 $\frac{1}{6}$의 값이 달라진다는 것을 논의하였다. "육분의 일은 무엇의 $\frac{1}{6}$인지에 따라 매우 작을 수도 있고 매우 클 수도 있습니다." 하고 말했다. 학급 전체가 큰 피자의 $\frac{1}{6}$과 작은 피자의 $\frac{1}{6}$ 또는 큰 빌의 $\frac{1}{6}$과 뒷빌의 $\frac{1}{6}$처럼 서로 다른 예를 만들어냈다. 한 학생이 원래 가격이 얼마인가에 따라 할인 금액을 다르게 해석해야 한다는 사실, 예를 들어 100만원의 10%는 25만원의 10%보다 많다는 사실을 말하였다. 나는 이 기회를 잡아 퍼센트와 분수를 연결하여 둘 모두 단위(전체)에 따라 다르게 해석된다고 말하였다.

학생들이 짝 활동을 재개하여 한창 진행하고 있다 보니 수업 시간이 15분 남았다. 그때 기호 조작을 시작한 학생이 없었다. 적어도 학생들은 그림이 중요하다는 것을 깨달은 것 같았다. 알고리즘으로만 설명했던 타마라에게서 가장 인상적인 내용을 관찰할 수 있었다. 타마라는 "수는 그림에 있어요."라고 하였다. 무슨 의미인지 묻자, 타마라는 답했다. "첫 번째 모양을 육등분하여 답을 얻게 되는데 이는 2×3이에요(곱셈 식의 분모 부분을 가리키며). 두 번째 모양 조각을 더 나누어 12조각이 되게 하고 (다시 곱셈식의 분모를 가리키며) 이는 3×4예요." 나는 타마라가 그 규칙을 따라야 하는 이유를 이해하기 시작했다며 칭찬하였다.

5분을 더 활동한 후, 대부분의 학생들이 4, 5, 6번을 해결하기 시작하였다. 4, 5, 6번은 약간 더 어려운 문제이지만(예, $\frac{1}{4}$의 $\frac{2}{3}$), 대부분의 학생들이 잘하고 있는 것 같았다. 나는 문제를 숙제로 내주고 학생들의 주의를 환기시키며 수업을 정리하기로 했다. 학생들을 집중시킨 후, 나는 학생들에게 처음에 제시하였던 곱셈식 문제 3개 ($\frac{1}{3}\times\frac{1}{2}=\frac{1}{6}$, $\frac{1}{4}\times\frac{1}{3}=\frac{1}{12}$, $\frac{1}{3}\times\frac{1}{4}=\frac{1}{12}$)를 보고 알게 된 점을 말하게 하였다. $\frac{1}{4}\times\frac{1}{3}$과 $\frac{1}{3}\times\frac{1}{4}$가 어떻게 같은지를 논의한 후, 인수와 곱의 크기에 대한 논의로 옮겨갔다. 학생들은 처음에 시작한 수(피승수)보다 끝나는 수(곱)가 더 작다고 말하자, 나는 "하지만 나는 곱셈은 항상 수를 더 크게 만든다고 생각하는데요! 우리가 잘못한 것일까요?" 학생들은 조용히 있었다. 하지만 생각하는 중이었다.

"숙제로 다음 문제에 답해오세요. 패턴블록 그림이나 문장을 이용하여 1보다 작은 분수를 곱하면 처음에 시작한 수보다 곱이 작아지는 이유를 설명해 오세요."

토의할 문제

프랜 선생님의 수업 협의회 후

1. 프랜 선생님과 케빈 선생님은 왜 그 과제를 선택하였을까? 그 과제를 선택할 때의 의도를 잘 구현하였다고 생각하는가? 그 이유는?
2. 프랜 선생님 학급의 학생이라면 당신은 어떤 기분이었을지 설명하시오. 무엇을 하려고 시도하였을까? 가장 관심을 둔 것은 무엇이었을까? 무엇을 배웠을까?
3. 협의회 동안에 달성된 것은 무엇인가?
   a. 케빈 선생님과 다른 교사들은 프랜 선생님에게 도움이 되었는가? 그 이유는?
   b. 프랜 선생님은 다른 교사들에게 솔직하였는가? 그 이유는?
   c. 협의회는 어떻게 달라질 수 있다고 생각하는가?

케빈 선생님의 수업 후

4. 케빈 선생님은 학생들이 잘 "알지" 못하는 것 같을 때 학생들을 어떻게 다루었는가? 프랜 선생님과 어떻게 다른가? 두 선생님의 접근법에 대해서 논의하여 보자.
5. 케빈 선생님 학급 학생이라면 당신은 어떤 기분이었을지 설명하시오. 가장 관심을 둔 것은 무엇이었을까? 무엇을 배웠을까?

수업 노트

프랜 선생님과 케빈 선생님 모두 변화의 의욕이 충만한 교사이다. 이들은 "낡은" 체제하에서 학생들은 피상적이고 불완전 정확하지 않게 이해하게 된다는 것을 알게 되었다. 두 교사는 진심으로 학교의 새로운 수학 프로젝트를 원했다. 그 프로젝트는 절차를 훈련하고 연습하고 사실을 이우는 데에만 치중하지 않고 의미의 이해를 위해 지도하는 것이다.

프랜 선생님과 케빈 선생님은 둘이 만나거나 다른 교사와 함께 만나서 새로운 수학 프로그램을 논의하는 시간을 가졌다. 그들은 만나서 분수의 곱셈 수업을 계획하였다. 프랜 선생님과 케빈 선생님은 그 수업의 큰 아이디어(단위가 되는 전체와 "무엇을 더 크게 만드는 것" 이상의 곱셈 개념 확장)를 논의하였고, 자료를 활용하면 학생들이 이 아이디어를 발전시키는 데 도움을 얻는다는 것을 알았다. 그들은 큰 아이디어를 강조하여 학생들이 일반적인 수업에서보다 더 심오하게 이해하도록 독려하려고 하였다. NCTM(1989)의 교육과정과 평가 규준에 따르면, 조작물과 그림을 사용하여 지도하면 유리수에 대한 학생의 오개념과 절차적 어려움을 교정하는 데 도움이 된다.

수업 협의회는 한 사람의 수업을 반성하는 포럼 시간이며, 협의회가 의도대로 잘 진행되지 않더라도 동료로부터 도움을 받을 수 있는 시간이다. 이 사례에서 협의회가 이러한 목적으로 활용되었는지는 더 논의해 볼 것이다.

인지 수준

동일한 과제가 두 교실 모두에 활용되고 같은 방식으로 계획되었다. 프랜 선생님과 케빈 선생님의 교실에서, 우리는 계획된 과제가 **연결성 있는 절차 수준**이라고 생각한다. 일반적으로 연결성 있는 절차 과제는 학생이 중요한 수학 개념이나 아이디어를 더 깊게 이해하려는 목적으로 절차를 사용하는 데 초점을 둔다. 이 사례에서 사용된 과제에는, 문제 공간에서 따라야 할 제안된 과정(또는 절차)이 있다. 과제는 패턴블록으로 정육각형 두 개를 단위로 하여 단위(전체)의 x의 y를 모델링하는 것이다.

이 과제를 성공적으로 해결하려면, 학생들은 분수의 다양한 표현을 의미 있는 방법으로 연결하여야 한다. "분수의 분수"의 의미를 분명히 하는 절차가 제시된 좋은 방법이다. "분자의 곱과 분모의 곱"이라는 알고리즘과는 달리, 이 방법은 뒷받침되는 구조와 개념을 이용한다. 이 과제에서, 학생들은 분수의 기호 표현($\frac{1}{2}$)과 패턴블록 표현을 연결할 기회를 가졌으며, 곱셈의 기호 조작과 분수로 나타낸 양의 분수만큼의 양($\frac{1}{2}$의 $\frac{1}{2}$)을 물리적으로 찾는 방법을 연결할 기회를 가졌다. 능력이 있는 학생이 과제 설정 단계에 "이렇게 하는 방법"을 시범 보였지만, 학생들은 능력 있는 소수 학생이 활동한 것의 의미가 무엇인지에 대해 나머지 문제를 가지고 생각하였다. 그들은 절차를 아무 생각 없이 적용한 것이 아니다.

이 과제는 프랜 선생님의 교실과 케빈 선생님의 교실에서 다르게 실행되었다. 프랜 선생님의 교실에서, "이렇게 하는 방법"인 절차가 많이 강조되었다. 학생들은 프랜 선생님의 지시에 따르려 하였고, 개념을 연결 짓거나 과제와 연결된 의미를 찾지 못하는 것 같았다. 그들은 자신들이 어떤 과정에 있는지 그들이 왜 그렇게 하고 있는지를 잘 몰랐다. 당연히 과제의 요소가 조금이라고 바뀌면(분자가 1보다 큰 분수의 곱셈), 학생들은 혼란스러워하였다. 이 학생들의 지식은 매우 약하며 피상적이어서, 어떤 유형의 문제와만 연결되고 바탕이 되는 아이디어와 연결되지 못했다는 것을 보여준다. 프랜 선생님의 수업에서 과제의 실행 수준은 "**연결성 없는 절차의 사용**"이라고 분류할 수 있다.

반면에 케빈 선생님의 수업에서 학생들은 문제를 푸는 동안에 진정으로 사고하고 있는 것처럼 보였다. 초반에 잘못 해결한 부분이 있음에도 불구하고(패턴블록으로 활동하는 대신 알고리즘에 맞추어 조작함), 대부분의 학생이 개념적인 이해를 위해 노력하였고, 분수의 양에 대한 기호 표현과 패턴블록의 형상을 연결하였다. 케빈 선생님의 수업에서 과제의 실행 수준은 "**연결성 있는 절차의 사용**"이라고 분류할 수 있다.

요인

프랜 선생님과 케빈 선생님의 수업에서 비슷한 방법으로 수업이 이루어졌고 유사한 문제에 직면하였지만, 두 교사가 문제점을 다루는 방법은 매우 달랐다.

프랜 선생님 수업의 요인

이 절에서 우리는 프랜 선생님의 수업에서 과제의 인지 수준이 절차의 연습으로 퇴보한 요인으로 보이는 것에 대해서 논의한다.

1. **도전이 문제가 되지 않는다.** 프랜 선생님은 "과제"를 떠맡아, 학생들에게 어떤 순서로 무엇을 할지 차례대로 보여주었다. 프랜 선생님은 학생 스스로 노력할 기회를 주지 않고 학생에게 사고 및 추론 과정을 시범 보였다. 게다가 교사의 지도 내용은 매우 분절되어 있다. 프랜 선생님은 어쩌다가 관련된 개념을 묻는 질문(예. 분모 3은 무엇을 의미하나요?)을 하였지만, 대부분 그들이 왜 그렇게 했는지 설명 없이 (또는 학생에게 설명하게 하지 않고) 활동하게 하였다.

2. **교사가 의미, 개념, 이해가 아니라 답의 정오를 강조한다.** 프랜 선생님은 학생들이 옳은 방법 즉, 시범 보인 방법으로 올바른 답을 하기를 원하는 것 같다. 그녀는 절차의 모방과 반복된 연습을 통해서 학생들이 절차를 실수 없이 수행하고 정답을 얻는다고 확신하는 것 같다. "길을 따라 장미향을 맡을" 여유는 거의 주어지지 않았다. 프랜 선생님은 학생들이 목적지를 향해 절차에 맞추어 한발 한발 행진하게 하였다. 그러나 이 과정에서 프랜 선생님은 학생들이 무엇을 하고 있으며 왜 그렇게 하고 있는지를 생각하게 하지 못하였다. 결과적으로 학생들은 교사의 세세한 지침하에서는 잘 활동하지만, 전체적인 개념도를 형성하지 못했다.
3. **학생은 높은 수준의 결과나 과정을 내지 않아도 된다.** 프랜 선생님은 자신이 의도했던 수업의 큰 아이디어 두 가지(전체 단위와 곱이 항상 더 커지는 것은 아니라는 것)에 대해서 학생들에게 학습의 책임을 부여하지 않았다. 단계 단계의 세부적인 사항에 주목하다보니 두 가지 큰 아이디어는 수업 속에서 사라지게 되었다.
4. **학생의 지식을 구성하지 않는다.** 프랜 선생님의 수업에서 나타난 두 학생의 예에서 프랜 선생님이 학생의 사고 방식을 "듣는 것"보다 자신의 사고 방식을 "말하는 것"에 집중하고 있다는 것을 알 수 있다. 프랜 선생님은 학생에게 재빨리 "시작하라"고 하고, 학생들이 만든 사고나 노력을 신뢰하지 않는 것 같다. 이는 프랜 선생님이 학생이 문제를 이해하는 방법에 대해 구성한 지식이기도 하다.

케빈 선생님 수업의 요인

이 절에서, 우리는 케빈 선생님의 수업에서 과제가 높은 수준을 유지할 수 있었던 요인을 논의한다.

1. **학생의 선행 지식 위에 구성한다.** 대체적으로 케빈 선생님은 학생이 학습하고 있는 것과 학습하지 않는 것에 대해 더 집중하는 것처럼 보인다. 수업 계획의 단계에서조차, 케빈 선생님은 학생이 침묵하는 이유에 의문을 가졌다. 침묵을 이해의 의미가 아니라고 신중하게 가정하였다. 실행 단계의 초반에, 케빈 선생님은 학생들의 해결에 끼어들거나 학생에게 문제를 해결해주지 않고 "들어보는 데" 시간을 들였다. 학생들과 함께 개인적으로 도우면서, 처음에는 생각한 바를 설명하게 하고(틀렸다 하더라도) 나서 도전해보게 하거나(찰스), 학생들을 도와주게(타마

라) 하였다. 이런 방식으로 케빈 선생님은 학생의 지식과 태도에 알맞게 반응할 수 있었다.

2. **교사나 더 능력 있는 학생이 높은 수준의 수행 모범이 된다.** 케빈 선생님은 대부분의 학생이 예상과 다르게 과제를 해결하자, 두 학생을 교실 앞으로 나오게 하여 해결방법을 설명하게 하였다. 두 학생이 동일한 해결 방법을 발표할지 아닐지 몰랐다. 하지만 교사는 기회를 잡았다. 학생들은 모델을 이용하여 올바르게 설명하였다. 찰스는 처음에 해결했을 때 단위(전체)를 어떻게 혼돈했었는지를 설명하였다. 이로 인하여 단위(전체)의 중요성을 논의하게 되었다.
3. **교사는 개념적 연결을 유도한다.** 케빈 선생님은 학생들이 큰 아이디어에 집중하게 하고 싶었다. 찰스의 실수(정육각형 하나를 단위로 삼음)를 실마리로 잡아 이야기함으로써, 케빈 선생님은 학급 전체가 단위의 중요성에 대해서 논의하게 하였다. 또한 백분율과 분수를 연결하였다. 나중에는 케빈 선생님이 의도했던 대로 학생들이 곱셈에서 피승수보다 곱이 더 작아질 수 있다는 아이디어에 주목하게 하였다. 케빈 선생님은 학생들에게 이유를 적어오라고 숙제를 냈다.
4. **교사는 질문, 논평, 피드백을 통해 학생이 정당화하고 설명하도록 지속적으로 압력을 가한다.** 케빈 선생님은 항상 의미와 개념에 대해서 논의하게 한다. 예를 들어, 찰스에게 단위(전체)를 생각하게 하려고 "무엇의 $\frac{1}{6}$이지요?"라고 질문하였다. 케빈 선생님은 타마라가 패턴블록으로 표현한 것과 분모와 분자끼리의 곱셈 알고리즘을 의미 있게 연결 짓자 칭찬하였다.

기타

두 교실의 사례에 대한 논의에서 추가 이슈는 교사의 협력 과정이다. 많은 개혁 프로젝트에서 교사들은 일과 중에 학교에서 서로 만나 수업이 어떻게 진행되고 있는지 협의하고 서로 도와준다. 하지만 교사들이 이 협의 시간에 실제로 무엇을 하고 있으며 어느 정도 도움이 되는지에 대해 알려진 바는 거의 없다. 수업의 실제에 대해 밀도 높은 논의를 하지 않는 경우가 많다. 그리고 동료 교사의 결정이나 행위에 대한 비판적인 질문은 개인 간의 결례로 여겨 꺼린다(Little, 1990). 이 형태의 교사 협력은, 동료의 수업 실제에 관여하지 않는 오래된 교직의 관행을 따르는 것이다.

7 대푯값의 의미 이해하기

[그림 7.1] 트리나 선생님과 우르줄라 선생님의 사례를 읽기 전 도입 활동

주어진 자료를 이용하여 평균, 중앙값, 최빈값 및 범위의 의미를 추측하여라.	
자료 A: 5, 12, 16, 10, 2 평 균: 9 중앙값: 10 최빈값: 없음 범 위: 14	자료 E: 8, 6, 7, 8, 9, 10 평 균: 8 중앙값: 8 최빈값: 8 범 위: 4
자료 B: 1, 2, 2, 6, 7, 18 평 균: 6 중앙값: 4 최빈값: 2 범 위: 17	자료 F: 8, 0, 5, 0, 12 평 균: 5 중앙값: 5 최빈값: 0 범 위: 4
자료 C: 7, 6, 8, 10, 9, 11 평 균: 8.5 중앙값: 8.5 최빈값: 없음 범 위: 5	자료 G: 6, 9, 9, 6, 8, 5, 9, 4 평 균: 7 중앙값: 7 최빈값: 9 범 위: 5
자료 D: 1, 20, 5, 8, 1 평 균: 7 중앙값: 5 최빈값: 1 범 위: 19	자료 H: 3, 15, 21, 9, 18, 12 평 균: 13 중앙값: 13.5 최빈값: 없음 범 위: 18

트리나 선생님과 우르줄라 선생님의 사례

트리나 선생님은 현재 혁신적인 수학 프로그램을 포함하여 다양한 교육개혁 노력을 기울이고 있는 도시 지역 교육구의 한 학교에서 7, 8학년을 가르치고 있다. 이 학교는 영어가 유창하지 않은 스페인계 학생들의 비율이 가장 높고, 영어가 유창하지 않은 아시아계 학생 수는 점차 감소하고 있다. 트리나 선생님은 수학적인 능력이 뛰어나며, 예비 교사 과정을 보면 NCTM 규준에서 주장하는 수업과 교육과정에 대해서도 잘 알고 있는 것 같다. 트리나 선생님은 이 학교에 부임한 후 교사 교육 프로그램에서 배운 것들을 자유롭게 이용할 수 있음을 알고 매우 기뻐했다.

트리나 선생님이 가장 좋아한 것 중의 하나는 동료들과 상호작용하고 협동하는 것이었다. 트리나 선생님은 올해 신임 교사 중 하나인 우르줄라 선생님과 많은 시간을 같이 보냈다.

우르줄라 선생님도 트리나 선생님과 마찬가지로 스페인어와 영어를 구사하며, 이해를 위한 교수학습을 강하게 지향하고 있다. 우르줄라 선생님은 올해 처음으로 수학을 가르치며, 중학교에서 사회를 가르친 경험이 있다. 트리나 선생님과 마찬가지로 우르줄라 선생님은 교실 관리를 잘하며 학생들과 공감대 형성도 잘하고 있다. 트리나 선생님과 우르줄라 선생님은 함께 활동하는 것을 좋아하며, 과에서 이용할 수 있는 대체 교사를 이용하여 서로의 수업을 관찰하고 피드백을 제공하는 데 필요한 시간을 활용하고 있다[9].

트리나 선생님의 수업 이야기

지난해 나는 학생들이 평균, 중앙값, 최빈값 및 범위를 이해하지 못한다는 생각에 좌절한 적이 있다. 학생들은 용어와 계산하는 방법을 혼동하고 있는 것 같았다. 이러한 이유는 내가 학생들에게 정의를 가르치고 정의를 수에 적용하도록 했기 때문이다. 이러한 수업 방법으로는 학생들 스스로 중심경향성 측정의 의미를 구성하게 하기 어

9) 타일러 중학교에서는 교사들에게 수업을 지원할 수 있도록 수학과 부장 교사의 수업 시간을 반으로 줄여 준다. 교사들이 다른 동료 교사의 수업을 관찰하고자 할 때, 부장 교사에게 수업을 대신해 달라고 요구할 수 있다.

려운 것 같다. 올해는 학생들이 중심경향성을 충실히 이해하여 수업이 끝난 후 중심경향성에 대한 정보를 더 많이 알 수 있도록 자료를 제시하는 방법을 찾고 싶었다. 나는 학생들이 스스로 상황을 구성하거나 발견하는 활동에 참여할 때 더 잘 이해할 것이라고 확신했다. 그래서 이 주제에 대해 학생들 스스로 상황을 탐구할 수 있는 방법을 찾고 있다.

올해 7학년 두 학급을 맡게 되었는데 그 두 학급은 통합수업 학급이었다. 각 반에는 특수교육 대상 학생들이 포함되었기 때문에 특수교육 교사와 함께 학생들을 가르치게 되었다. 특수교육 교사인 에드워즈 선생님과 나는 사이가 좋았으며 학생들이 우리를 공동 교사라 생각할 수 있도록 열심히 노력을 했다. 특수교육 대상 학생들은 소집단에 나뉘어 편성되었으며, 우리 둘은 일반 학생들이 그들을 차별하지 않는 것이 중요하다고 생각하였다. 우리는 보조교사 에조토 선생님과 함께 수업을 했는데 그녀는 프랑스어 또는 베트남어를 주로 사용하는 베트남 학생들이 편성된 소집단에서 주로 활동하였다. 이 학급에는 베트남 출신의 학생들 외에도 다양한 수준의 영어가 유창하지 않은 학생들이 있었다. 나는 스페인어를 잘하기 때문에, 이러한 상황이 나에게는 큰 문제가 되지 않았다. 그렇지만 수업 시간에는 주로 영어를 사용하였고, 도움이 필요한 경우 스페인어를 사용하였다. 학급의 학생 수는 41명이었다.

에드워즈 선생님과 나는 학생들이 다양한 자료를 관찰·탐구하여 평균, 중앙값, 최빈값, 범위의 의미를 찾아내야 하는 소집단 프로젝트를 개발하였다. 우리는 학생들이 다양한 자료들을 탐구한 결과를 근거로 평균, 중앙값, 최빈값, 범위가 어떻게 정의될 수 있는지를 추측하기를 원했다. 추측은 아주 중요한 수학적 과정이며, 학생들이 추측 활동을 더 많이 경험할 필요가 있다고 생각하였다. 추측은 학생들이 자료에 근거해서 추론하는 발견의 과정이다 학생들은 또한 추측을 검사해서 추측이 타당한지 아닌지를 스스로 확신하는 경험을 할 필요가 있다. 따라서 이 수업에서는 중심경향성의 측정은 물론 수학적 논리적 추론 과정이 중요하다. 학생들이 이러한 개념의 의미를 이해하고 나서, 개념을 실제 자료에 적용할 수 있을 것이라 기대했다. 대푯값이 어떻게 정의되느냐를 이해하면 대푯값을 계산하는 방법도 알 수 있다. 우리는 또한 특수 교육 대상 학생들을 포함하여 다양한 수준의 학생들이 참여할 수 있는 프로젝트를 개발해야 했다. 우르줄라 선생님이 관찰한 후 자기의 수업에서 실행할 예정이기 때문에 이 모든 것이 잘 진행되기를 희망했다.

트리나 선생님의 과제 설정

에드워즈 선생님과 나는 학생들이 프로젝트에서 하게 될 발견 과정의 특징에 관해 이야기하면서 수업을 시작하기로 하였다. 우리는 학생들이 활동 자료를 통해 평균, 중앙값, 최빈값, 범위의 의미에 대한 패턴과 단서를 탐구하는 과정으로 이해하기를 희망했다. 에드워즈 선생님은 OHP에 '발견'이라는 단어를 쓰면서 수업을 시작했다. 나는 스페인어로 그것을 번역했다. 에드워즈 선생님은 학생들에게 그 단어의 의미가 무엇인지를 발표하라고 요구했다. 에드워즈 선생님은 학생들이 발표한 아이디어를 OHP에 써 내려갔다.

무엇인가를 찾는 것

보물

금을 찾는 것

알고 있는 것을 이용하여 알지 못하는 무엇인가를 발견해내는 것

정보

에드워즈 선생님은 마지막 두 아이디어에 주목했다. 에드워즈 선생님은 무엇인가를 발견할 때 단서를 찾아야 하고, 수학에서 발견은 주어진 정보에서 패턴을 찾고 자료를 탐색한 결과를 가지고 추측을 하는 것을 의미한다고 말했다. 이러한 활동은 학생들이 최근 발견하는 활동을 해보지 않았기 때문에 수업에서 해야 할 것이 무엇인지 잘 이해하게 돕기 위한 시도였다. 5분 정도 이 토의를 하였고 보조교사 에조토 선생님은 토의 과정을 베트남 출신 학생들에게 베트남어로 번역해 주었다.

다음에는 나는 과제를 설명하고 칠판에 수 10, 14, 12, 10, 10, 16을 썼다. 각 소집단에게 이 수들과 평균, 중앙값, 최빈값 및 범위가 쓰인 카드를 줄 것이라고 설명하였다. 카드의 예(그림 7.2 참조)를 보여주었다.

먼저 수를 잘 보라고 말했다. 수업이 본격적으로 시작되기 전, 제랄도는 수를 순서대로 나열하여야 한다고 생각하였다. 잠시 동안이었지만 몇 명의 학생이 패턴 찾기를 했던 과거의 경험을 기억해냈다. 나는 제랄도의 생각을 받아들여 작은 수에서 큰 수로 순서대로 정리해놓고, 이런 방법이 패턴을 찾기에 더 쉽다고 생각하는지를 학생들에게 질문하였다. 학생들이 이런 수 배열 방법이 패턴을 찾는 데 도움이 된다는 것에 동의하는 것 같았다.

[그림 7.2] 수 카드의 예

10, 14, 12, 10, 10, 16
평 균: 12
최빈값: 10
중앙값: 11
범 위: 6

수 카드가 8개 있고, 각 모둠은 수 카드의 자료를 기록하고 그래프를 그린 후 옆의 모둠으로 수 카드를 넘겨주고 새 카드를 받는 것이라고 학생들에게 설명하였다(우리는 그 수 카드가 가능한 한 많은 모둠에 돌아가도록 할 것이다). 나는 각 모둠별로 적어도 수 카드 4장 이상을 조사해야 한다고 말했다. 학생들이 하나 또는 두 개 이상의 수 카드를 조사할 수 있게 하기 위함이었다. 나는 학생들에게 두 가지를 해야 한다고 말했다. 첫째, 모눈종이를 이용하여 각 수 집합의 그래프를 그리고 그 수 카드에서 발견된 다른 정보를 기록한다(이렇게 하면 각 모둠별로 어떤 카드를 보았는지를 알 수 있고, 각 수 카드 사이를 비교 관찰할 수 있다). 둘째, 각 모둠별로 검토한 카드의 수를 근거로 제시된 4개의 용어의 의미를 추측 또는 비형식적 추정을 하고 기록한다. 나는 다시 학생들이 단서와 패턴을 찾아야 한다는 점을 상기시켰다. 수 카드는 [그림 7.1]에 나와 있다.

에드워즈 선생님과 나는 신중하게 자료를 선택하여, 학생들이 추측을 과도하게 일반화하지 않도록 주의하였다. 짝수, 홀수, 중복된 수가 없는 자료, 중복된 수가 있는 자료 등 여러 가지 유형의 자료가 포함된 수 카드를 준비하였다. 나는 우르줄라 선생님에게 자료들을 검사해서 어떤 중요한 것을 간과하지는 않았는지 확인해 달라고 하였다. 자료는 문제가 없었다. 모든 자료들을 나누어준 다음 학생들에게 활동을 시작하라고 하였다. 학생들은 약 40분 동안 그 과제를 해결하였다.

트리나 선생님의 과제 실행

5분 후 나는 학생들에게 무엇을 해야 하는지를 이해했는지 물어보았다. 우리들은 교실을 순회하면서 학생들이 첫 번째 자료를 가지고 시작하도록 도와주었다. 각 모둠별로 하나의 자료를 완성하면 다음 자료가 주어졌다. 각 모둠별로 첫 번째 자료를 보고 추측한 후 다음 자료를 관찰하여 추측을 수정하도록 격려하였다. 자료를 어떻게 분석해야 하는지를 모르는 모둠과 무엇을 써야 하는지를 모르는 모둠을 발견하였다. 몇 분 후에, 수업을 잠시 멈추고 두 모둠에게 처음 추측한 것을 학급 전체에 말해달라고 하고, 그것을 칠판에 썼다. 마르타의 모둠은 1, 1, 5, 8, 20이 쓰인 카드를 가지고 있었다. 그들은 처음에 다음과 같이 추측하였다. “범위는 가장 작은 수와 가장 큰 수 사이의 거리가 얼마인지를 나타낸다. 최빈값은 두 번 반복된 것이다. 중앙값은 가운데 있는 수이다. 평균도 가운데 있지만 가운데 수는 아니다.” 나는 최빈값에 대한 첫 번째 추측이 마르타의 모둠과 다르게 나온 모둠이 있는지를 물어 보았다. 리고의 모둠은 4, 5, 6, 6, 8, 9, 9, 9가 쓰인 카드를 가지고 있었고 다음과 같이 추측하였다. “최빈값은 세 번 나온 수이다.” 나는 두 모둠에게 추측을 수정해야 하는지를 질문하였다. 리고는 “최빈값은 특정 횟수가 아니라 가장 많이 나타난 수인 것 같아요.”라고 대답하였다. 나는 그 아이디어를 다른 자료를 이용하여 검사해 볼 수 있는지 질문하였다. 학생들이 추측을 검사하고 자료에서 발견된 예와 반례를 근거로 추측을 수정하는 것이 중요하다. 이런 질의응답이 5~6분간 계속되었고, 이 과정은 과제를 해결하려고 노력하고 있던 다른 모둠에 도움이 되는 것 같았다. 첫 번째 자료를 해결한 후, 대부분의 모둠이 어떻게 해야 하는지 이해하고 자기들만의 추측을 쓰기 시작했다. 나는 학생들이 자신들이 그린 그래프를 보고 패턴을 찾기 위해 집중하고, 타당해 보이는 추측을 하는 것을 보고 정말 기뻤다.

모든 학생들이 다 같은 수준으로 참여하고 있지는 않았지만, 모든 학생들이 과제와 모둠의 활동에 집중하고 있었다. 학생들 대부분이 잘하고 있는 것 같았다. 특수교육 대상 학생들은 에드워즈 선생님과 나의 도움이 필요했지만 그들 역시 잘 해나가고 있는 것 같았다. 예를 들어, 가끔씩 특수교육 대상 학생들은 다른 학생들처럼 해결하지 못할 때가 있지만 우리가 검토해주었다. 어떤 때는 쓰기를 어려워해서(읽고 쓰는 문제에 심각한 문제가 있는 학생도 있다) 학생들이 설명한 것을 우리가 기록해주었다. 같은 모둠 학생들도 특수교육 대상 학생들을 도와주려고 노력하였다. 보조교사는 여러 모둠에 흩어져 있는 베트남 학생들을 밀착해서 도와주고 있었다. 나는 보조교사가 베트남 학생들에게 너무 많이 알려주는지 또는 학생들이 필요로 하는 모든 것을 도와주고 있는지는 잘 파악하지 못했다. 그러나 수업시간 동안 그것을 크게 염려하지 않았다. 나는 스페인어를 잘하지만 베트남어는 잘 모르고 교실에는 관심이 필요한 35명의 다른 학생이 있었기 때문이다.

우리들은 계속해서 한 모둠에 1~15분 정도를 머물면서 모둠을 돌아다니며 지도하였다. 새로운 추측을 볼 때마다 그 추측이 왜 참인지를 설명하도록 요구하였다. 나는 정말 학생들이 자신들이 본 자료로부터 추측을 어떻게 했는지에 관한 증거를 보여줄 수 있기를 원했다. 어떤 모둠에서는 최빈값을 "가장 많이 나타나는 것"이라고 설명했다. 그 학생들은 그들이 본 모든 자료에서 최빈값은 빈도가 가장 큰 수였다고 설명하였다. 그들은 나에게 빈도 그래프를 관찰하면 막대의 높이가 가장 높기 때문에 쉽게 최빈값을 찾을 수 있다고 말했다. 나는 그들에게 가장 높은 막대가 항상 존재하는지를 질문하였다. 그들은 잠시 생각한 후 지금까지는 그렇다고 대답하였다. 나는 밝은 표정으로 그 모둠을 떠났다. 그들이 하나의 자료에 근거하여 아이디어를 찾은 것이 아니라 모든 자료를 관찰하여 추론하고 있었다는 것이 매우 기뻤다. 이것은 학생들이 이해해야 하는 중요한 수학적 과정이다.

다음에 나는 중앙값을 "중앙의 두 사이의 반"(자료를 크기순으로 배열할 때)이라고 추측을 한 모둠으로 이동했다. 그들은 수의 개수가 짝수인 자료를 가지고 있었다. 나는 그들에게 예를 제시해 보라고 요구했다. 그 모둠 학생들은 1, 2, 2, 6, 7, 18을 제시하였다. 학생들은 "2와 6의 중앙"이기 때문에 중앙값은 4이다. 이어서 "4의 반은 2이기 때문에 2보다는 2만큼 더 크고 6보다는 2만큼 더 작다. 그래서 4이다. 그것은 가운데 있기 때문에 옳다."라고 말했다. 나는 그 학생들에게 그 설명이 모든 자료에 대해서 성립한다고 확신하는지를 물어 보았다. 학생들은 여전히 다른 자료를 가지고 검사할 필요가 있었다. 학생들은 홀수 개로 이루어진 자료를 본 후 짝수 개와 홀수 개로 이루어진 모든 자료에 대해 성립하도록 그 추측을 수정하였다. 내가 기대했던 대로 하나 이상의 자료를 관찰하여 추측하고 있었다.

수업이 끝나갈 무렵, 나는 두 모둠의 중앙값의 의미에 대한 추측이 다르다는 것을 알았다. 두 모둠 모두 부분적으로 옳게 추측하였다. 각 모둠의 학생들은 동의를 했고 더 이상 의문을 제기하지 않았다. 그들이 추측을 발전시키도록 하기 위해서는 모둠원이 아닌 사람이 문제를 제기할 필요가 있었다. 학생들이 차이를 해결할 수 있는지를 알아보기 위해 두 모둠 학생들에게 모든 자료를 동시에 비교해 보라고 하였다. 처음에는 약간의 혼란이 있었지만 두 모둠의 학생들은 그린 그래프들을 책상 위에 펼쳐놓고 살펴보기 시작했다. 결국 두 모둠의 학생들은 추측에 어떤 문제가 있는지를 이해하고 추측을 적절히 수정하였다. 두 모둠의 학생들은 스스로를 매우 대견해 했다.

수업이 끝날 때 모든 모둠은 적어도 범위와 중앙값 두 용어에 대해서는 정확한 추측을 하였다. 나는 학생들 대부분이 최빈값을 이해하지 못했다는 사실에 약간 놀랐다. 어떤 모둠의 경우 중앙값에 대해 너무 많은 시간을 보내서 최빈값을 추측하지 못한 것 같았다. 그러나 다음 시간에도 이어져야 할 것이라고 생각했기 때문에, 학생들의 탐구 속도에 대해 그렇게 걱정하지 않았다. 내일 수업이 끝날 때 4개의 용어에 대한 정의를 마무리할 수 있을 것이며, 이런 방법으로 정의를 알아가게 되면 학생들은 정의를 잊지 않고, 혼동하지 않으며, 정의를 적용하여 더 정확하게 자료를 기술하고 해석할 수 있을 것이라고 생각한다. 에드워즈 선생님과 나는 수업이 진행되는 방식에 만족했다. 나머지 5분 동안 학생들에게 모둠별로 기록을 폴더에 정리하도록 했다. 학생들이 프로젝트 활동을 잘했다고 칭찬해 주었고 내일 계속하자고 말했다. 수업이 끝난 후 우르줄라 선생님과 수업 시간에 관찰한 것에 관해 이야기하면서 점심시간을 보냈다. 우르줄라 선생님은 우리의 수업을 자신의 다섯 번째 수업에 적용하기로 하였다.

잠깐 트리나 선생님의 수업에 대해 토의해보자.

트리나 선생님과의 대화에 대한 우르줄라 선생님의 반성

트리나 선생님과 나는 점심시간에 트리나 선생님의 수업이 어떻게 진행되었는지에 관하여 이야기를 나누었다. 나는 트리나 선생님의 질문 전략과 그것이 모둠 활동에 어떤 역할을 했는지에 관하여 기록을 하였다. 트리나 선생님이 학생들에게 모든 것을 말하지 않고 학생들의 활동을 잘 안내했다고 생각했기 때문에 트리나 선생님과 나는 질문에 관하여 많은 이야기를 나누었다. 예를 들어 수업의 시작 부분 학생들이 무엇을 써야 하는지 알지 못하자, 트리나 선생님은 학생들에게 무엇을 하라고 직접 말하지 않고도 학생들이 시작하도록 도왔다. 나는 그렇게 하는 것이 너무 어렵다고 생각하지만 잘하려고 노력하고 있었다. 나는 믿음직한 트리나 선생님이 계셔서 기뻤다. 트리나 선생님은 나의 잘못에 대해 판단한 적이 없다. 그래서 나는 트리나 선생님이 나에게 그런 잘못을 지적하는 것을 염려하지 않는다. 또 나는 학생들과 모둠 활동을 많이 하지 않는 편이어서 트리나 선생님의 수업의 양상에 대해 많은 관심이 없었다. 나는 주로 학생들이 좋은 추측을 해나갈 수 있을까를 걱정했다. 트리나 선생님은 학생들과의 탐구 활동을 나보다 더 많이 하는 편이기 때문에 나의 학생들은 그 과제의 요점을 이해하게 하는 것이 쉽지 않을 것이라 생각했다. 그렇지만 트리나 선생님의 수업을 관찰한 후 트리나 선생님의 수업이 훌륭한 수업이며 나도 그러한 수업을 시도해야겠다고 생각했다. 트리나 선생님이 나의 수업을 관찰하고 피드백을 해 주겠다고 해서 반가웠다.

우르줄라 선생님의 수업 이야기

나의 수업은 트리나 선생님의 수업만큼 다양하지는 않다. 나의 학급에는 영어가 유창하지 못한 아시아 학생도 없었고 특수교육 대상 학생들도 없다. 나의 학급 학생들은 모두 영어가 유창하지 못한 스페인계 학생들이고 다양한 수준의 언어 능력을 가지고 있다. 하지만 내가 스페인어를 잘하기 때문에 큰 문제가 되지 않는다. 학생 수는 35명으로 트리나 선생님의 학급보다 적다. 재미있는 것은 내가 35명을 적다고 생각하리라고는 상상하지 못했었다는 점이다. 다인수 학급에 익숙한 교사들이 일반적인 것 같다. 나의 학급에도 트리나 선생님의 학급처럼 스페인어와 영어를 모두 할 수 있는 보조교사가 있다. 나의 보조교사는 다이애나 선생님이다. 그녀는 두 달 전부터 나의 학급에서 일해 왔으며 나는 그녀가 마음에 든다. 다이애나 선생님은 수학과 모임에 참석하고 있으며, 트리나 선생님의 보조교사인 에드워즈 선생님처럼 정상적으로 퇴근한다. 다이애나 선생님은 콜롬비아에서 교사를 했었기 때문에, 수학적 능력도 우수하다. 나는 다이애나 선생님이 나와 같은 방법으로 모둠 활동을 도와줄 것이라고 믿는다.

우르줄라 선생님의 과제 설정

트리나 선생님의 수업과 같은 방식으로 수업을 진행하고 싶었기 때문에 수업을 어떻게 설계했는지를 자세히 관찰하였다. 우리 학생들이 트리나 선생님의 학생들이 했던 것과 똑같이 과제를 다룰 기회를 갖기를 원했다. 그래서 나 또한 발견과 패턴을 찾는 것에 관해 논의를 하면서 수업을 시작했고, 그 다음에 학생들에게 활동 자료를 내 주었다. 내가 학생들 활동에 개입하지 않았다는 점을 제외하고 나머지는 트리나 선생님의 수업과 똑같이 진행되었다. 그래서 수업은 좀 더 빠르게 진행되었다. 학생들은 45분간 과제를 해결하였다. 트리나 선생님과 같은 자료를 사용했고 모둠별로 자료 카드를 내줄 때, 트리나 선생님이 도와주었다. 그 후 트리나 선생님은 뒤에 앉아서 수업을 관찰하였다.

우르줄라 선생님의 과제 실행

처음에 학생들은 무엇을 해야 하는지 약간 혼란스러워하는 것 같았다. 보조교사와 나는 교실을 순회하면서 모든 학생들이 첫 번째 받은 카드의 수에 대해 작업하고 있는지 확인하였다. 수업이 진행되면서 수 카드들이 가능한 한 많은 모둠에게 전달되고 있는지를 확인해야 했다. 트리나 선생님처럼 우리는 첫 번째 카드의 자료로 추측을 한 다음 다른 수 카드를 관찰하여 추측을 수정하도록 학생들을 격려하였다. 첫 번째 카드의 자료를 보고 추측을 완료하는 데 예상보다 시간이 많이 걸렸다. 결국 우리는 각 모둠마다 들러 반복해서 안내를 해주어야 했다. 많은 시간이 걸렸지만, 학생들은 적어도 과제를 해결하려고 노력하고 있었으며 나와 보조교사가 도와주기를 기다리면서 시간을 허비한 것은 아니다.

이때 전체 학생들과 하나의 수 카드를 선택해서 같이 해결해보는 활동이 도움이 될 것이라는 생각이 들었다. 하지만 학생들이 내가 한 방법을 모방하지 않고 스스로 하기를 원했기 때문에, 그러지 않았다. 단서 또는 패턴을 찾아야 한다는 것을 알고 있었지만 자료를 어떻게 분석해야 하는지를 모르는 학생들이 있음을 알았다. 모둠을 방문했을 때, 나는 걸음을 멈추고 첫 번째 자료를 해결하는 과정을 처음부터 끝까지 보곤 했다. 보조교사도 마찬가지였다. 이 때문에 많은 모둠에서 첫 번째 자료를 탐색하는 데 너무 많은 시간을 보냈다. 트리나 선생님의 수업에서 나타났듯이 학생들이 추측을 발전시키려면 여러 종류의 자료를 탐색할 필요가 있기 때문에 이것은 문제였다. 학생들은 그 활동에 매우 열중하였다. 순회하면서 학생들이 어떤 추측을 기록했는지, 모든 학생들이 논의 또는 기록에 참여하고 있는지를 확인하려고 하였다. 모든 학생들이 같은 수준의 깊이로 참여한 것은 아니지만 모든 모둠이 과제를 수행하고 있었고 서로의 아이디어에 집중하고 있는 것 같았다.

각 모둠을 돌면서 나는 그렇게 추측한 이유를 설명해보라고 요구하였다. 후안의 모둠은 최빈값은 "가장 많이 있는 것"이라고 말했다. 어떻게 그 추측을 한 것인가를 설명하라고 하자, 후안의 모둠은 그래프 하나를 보여 주며 "녹색 카드에는 최빈값이 2이고 2가 가장 많이 있어요. 그래서 최빈값은 가장 많이 있는 것입니다."라고 말했다. 계속 열심히 하라고 말하고 다른 모둠으로 이동하였다. 잠시 후 로자, 루즈, 마리아에게 질문을 했고, 후안의 모둠이 설명을 잘한 것이 아니라는 것을 깨달았지만, 나는 이미 다른 모둠에 와 있었다. 후안의 모둠이 여러 카드 속의 수를 비교 관찰해서 일반화 가능한 정의를 내릴 수 있기를 기대했다.

수업이 반 정도 지나갈 쯤에, 토마스의 모둠에 갔다. 토마스의 모둠원은 중앙값을 "순서대로 늘어놓았을 때 가운데 있는 두 수의 반"이라고 추측을 하였다. 그들은 짝수 개로 된 수 카드를 가지고 있었다. 그들에게 예를 제시해 보라고 하자 6, 7, 8, 9, 10, 11로 된 카드를 제시하였다. 토마스의 모둠 학생들은 "가운데 두 수 8과 9 사이의 차가 1이고 그것의 반은 0.5이기 때문에 그 두 수의 반은 8과 $\frac{1}{2}$"이기 때문에 중앙값은 8.5라고 말했다. 다른 수 카드에 대해 검토하여 항상 그 방법이 맞는지 확인해보라고 말했다.

학생들이 홀수 개로 된 수 카드를 찾아 자신들의 추측이 그럴듯하지만 문제가 있다는 것을 이해하기를 기대했다. 하지만 토마스의 모둠은 다른 수 카드를 조사하였지만, 중앙값에 대해서 알아보지는 않았다. 많은 모둠이 하나의 용어에 대해 처음 추측을 유지하고 있었고, 다른 자료들을 비교 관찰하여 추측의 타당성을 검토하지 않은 채 다른 용어에 대해 알아보려고 한다는 것을 깨달았다. 이러한 결과에 실망했지만 너무 직접적인 힌트를 주고 싶지 않았고, 나는 어떻게 해야 할지 알 수 없었다.

수업이 끝나갈 무렵, 두 모둠이 중앙값이 무엇인가에 대해 서로 다르게 추측했다는 것을 알았다. 트리나 선생님의 수업에서도 이와 같은 일이 있었음을 기억했다. 두 모둠에게 추측한 것이 서로 다르며, 검사를 더 해야 하고 다른 자료들을 더 관찰할 필요가 있을 것 같다고 지적하였다. 불행히도 기대했던 효과는 없었다. 한 모둠은 다른 자료들을 관찰하고는 추측을 수정했지만, 한 모둠은 자신들의 추측이 옳고 다른 모둠의 추측이 틀렸다고 성급하게 판단하고는 더 이상 아무것도 하지 않았다. 그들에게 가서 학생들과 함께 다른 활동을 하려고 했지만 시간이 끝나버렸다.

수업이 끝났을 때, 모든 모둠이 적어도 범위와 중앙값에 대해 추측을 한 상태였다. 최빈값과 평균에 대해서 추측을 쓴 모둠들도 있었다. 이 과제에 대해 일어난 상황에 여전히 만족할 수 없었지만 왜 그런지를 알 수 없었다.

토의할 문제

트리나 선생님의 수업에 대해

1. 트리나 선생님의 입장에서 볼 때, 수업 시간에 그녀는 어떤 문제에 부딪혔는가?
2. 그 과제에서 트리나 선생님의 수학적 목표는 무엇인가?
   트리나 선생님의 목표는 달성되었는가?
3. 학생들이 높은 수준에서 과제에 참여하도록 지원했던 트리나 선생님의 수업에서 어떤 일이 일어났는가?

우르줄라 선생님의 수업에 대해

4. 트리나 선생님과 우르줄라 선생님의 수업의 공통점과 차이점은 무엇인가?
5. 우르줄라 선생님의 수업의 목표는 트리나 선생님의 수업의 목표와 같은가?
   우르줄라 선생님의 목표는 과제를 실행하는 동안 변했는가? 우르줄라 선생님의 목표는 달성되었는가?
6. 두 학급에서 학생들의 수업 참여 수준을 다르게 만든 수업의 요인은 무엇인가?
   a. 트리나 선생님과 우르줄라 선생님이 학생들에게 제공한 지원의 차이가 있는가?
   b. 두 교사 수업의 공통점은 무엇인가?
   c. 과제 참여 수준에 영향을 끼친 학생들의 행동 방식에 차이가 있는가?

수업 노트

트리나 선생님과 우르줄라 선생님은 비교적 새로운 방법으로 수학을 가르쳤으며, 두 교사 모두 학생들이 수업에 능동적으로 참여할 때 수학을 더 잘 이해할 것이라는 생각을 가지고 있었다. 트리나 선생님과 우르줄라 선생님은 학생들이 능동적으로 참여할수록 학습하고 있는 수학을 의미 있게 구성하여 더 잘 이해할 수 있을 것이라 생각했다. 두 교사는 수업 시간에 NCTM의 권고안을 실행하려고 열심히 노력했고 그 과정에서 협동이 잘 이루어졌다.

사례에 제시된 수업에서 트리나 선생님과 우르줄라 선생님은 학생들이 용어의 정의를 암기하기보다는 수가 제시된 자료들을 보고 여러 가지 대푯값의 의미를 이해하도록 도와주려고 노력했다. NCTM 규준에 따르면, 학생들은 자료의 중심과 퍼짐 정도 개념을 수로 된 자료와 수가 아닌 자료에 연결시킬 수 있는 활동에 참여할 필요가 있다. 또한 학생들에게 평균 외에 다양한 대푯값을 탐구할 기회가 제공되어야 한다 (NCTM, 1989, 108-109). 트리나 선생님과 우르줄라 선생님은 수학적 추론과 증명이라는 중요한 수학적 과정인, 추측을 하고 추측을 검사하는 과정에 학생들을 참여시키고 싶어 했다.

우리는 참가자에게 과제의 모든 특징을 탐색할 기회를 제공하기 위해, 사례를 읽기 전에 과제를 해결해볼 것을 권하였다. 이 과제에서는 평균, 중앙값, 최빈값, 범위를 새로운 방법으로 제시하였다. 참가자들이 과제를 탐구해 보면 그 사례에서 일어나는 다양한 이슈를 더 잘 이해할 수 있을 것이다.

인지 수준

두 수업에 사용된 과제는 동일하였고 본질적으로 같은 방법으로 설정되었다. 그 과제는 설정된 대로 **수학 행하기** 과제의 예라고 생각한다. 이 과제에 대해 학생들은 관련 지식과 경험을 이용하여야 한다. 그 과제에 풀이 방법이 암시적으로 제시되지 않았으며, 학생들은 여러 가지 자료들을 관찰하고 귀납적 추론 과정을 통해 평균, 중앙값, 최빈값, 범위의 개념을 탐구해야 한다.

이 과제를 성공적으로 해결하기 위해, 학생들은 제시된 여러 수 데이터를 탐구하여, 각 자료에 대한 그래프를 그리고, 각 자료의 평균, 중앙값, 최빈값, 범위가 어떻게 도출된 것인지에 관한 패턴을 찾아내야 한다. 다음에 학생들은 탐구한 결과를 토대로 각 개념의 의미를 추측해야 한다. 이러한 방법은 중학교 교육과정 자료에 개념이 제시되는 방법과 다르다. 일반적으로 교과서에서는 먼저 평균, 중앙값, 최빈값, 범위의 용어를 정의하고, 정의를 이용하여 계산하게 한다. 이 수업 사례의 교사들은 과거의 경험으로 볼 때, 정의를 자료에 연결시키지 못하는 경우가 많다고 생각했기 때문에 개념을 먼저 제시하지 않았다. 또한 교사들은 정의와 자료를 연결하지 못하면, 개념과 계산 방법을 혼동하게 된다고 생각했다. 학생들에게 대푯값의 측정과 관련하여 여러 가지 다양한 자료들의 구조를 분석하고 각 자료들을 비교 관찰하여 패턴을 찾도록 함으로써, 학생들이 이러한 개념에 대해 더욱 의미 있는 지식을 구성할 것이라고 생각했다.

과제의 실행은 두 교사의 수업에서 차이가 있었다. 트리나 선생님의 수업에서 대부분의 학생들은 자료들을 분석하고 적어도 몇 개의 용어의 정의에 대한 추측을 기록하는 등 수업의 대부분 동안 모둠별로 생산적으로 활동을 하였다. 학생들은 자료를 증거로 추측을 정당화할 수 있었다. 대부분의 모둠에서 처음에는 하나의 자료만을 근거로 추측을 기록하였지만 다른 자료들을 조사한 후에 추측을 수정할 수 있었다. 또한 추측이 다른 모둠들은 모순을 해결하기 위해 각 모둠의 결과를 모아 놓고 서로 질문을 하기도 하였다. 우리는 트리나 선생님의 수업에서 나타난 실행은 **수학 행하기** 수준을 유지한 것으로 판단하였다.

우르줄라 선생님의 수업에서는 과제를 다소 다른 방식으로 제시하였다. 교사와 보조교사 그리고 학생들 모두 수업 내내 열심히 과제를 탐구하고 추측했지만, 트리나 선생님의 수업에서만큼 수학적 개념과 수학적 과정에 대한 목표를 달성하지 못했다. 우리는 우르줄라 선생님의 수업에서의 실행을 **체계적이지 못한 탐구**의 수준으로 판단하였다. 우르줄라 선생님의 학생들은 과제에 접근하는 방법, 특히 자료를 분석하고 패턴을 찾는 방법에 관하여 상당히 혼란스러워했다. 학생들은 추측을 정당화하는 것, 즉 증거를 이용하여 추측을 명확하게 설명하지 못했다. 여러 가지 자료를 이용하여 처음의 추측을 검사하는 것이 왜 중요한지를 이해하지 못한 학생들이 많았다. 자신들의 정의가 모든 자료에 잘 적용될 수 있는지를 확인하지 않고 네 개의 용어의 정의를 추측하는 데만 집중하는 학생들도 있었다.

요인

트리나 선생님과 우르줄라 선생님이 같은 과제를 이용하고 유사한 방법으로 수업을 설계했음에도 불구하고 두 수업에서 과제 실행은 차이가 있었다.

트리나 선생님의 수업

트리나 선생님의 수업에서 학생 대부분이 과제의 인지 수준을 높은 상태로 유지하였지만, 우르줄라 선생님의 수업에서는 학생들이 수학적 아이디어를 추측하고 검사하는 과정을 이해한 것 같지 않다. 이 절에서 우리는 트리나 선생님의 수업에서 높은 인지 수준의 유지에 기여한 요인이 무엇인가를 논의한다. **사례 논의에서 다음의 아이디어를 검토해보아라.**

1. **학생들의 선행 지식을 토대로 하기.** 트리나 선생님과 에드워즈 선생님은 과제의 설계부터 실행까지 수학 내용과 과정에 관해 학생들이 이해하는 것에 집중하였다. 수업을 시작할 때, 그들은 학생들이 최근 해보지 않았던 활동이기 때문에 수업 동안 참여할 과정의 성격(자료에서 패턴과 단서를 찾고, 결론을 내리는 것)에 관하여 학생들과 이야기하였다. 트리나 선생님은 제랄도의 수를 배열하는 방법에 관한 경험을 강조하였고 이로 인해 패턴을 찾는 것이 용이해졌다. 트리나 선생님은 제랄도의 아이디어를 이용하여 학생들에게 과제를 제시하였다.
2. **스캐폴딩하기.** 트리나 선생님은 학생들의 의견을 듣고 학생들이 무엇을 어려워하고 혼란스러워하는지를 판단해서 학생들 스스로 혼란을 극복하는 활동을 제안하였다. 예를 들어 수업 후반에, 트리나 선생님은 중앙값의 의미에 대해 모순이 되는 추측을 한 두 모둠으로 다가갔다. 두 추측은 부분적으로는 옳았다. 트리나 선생님은 두 집단이 중앙값에 관한 처음 생각에 모순이 있는지 알아보아야 한다고 생각하고는 더 일반적인 정의를 생각해 보라고 하였다. 트리나 선생님은 두 모둠 학생들에게 추측을 비교해보고 다른 카드의 자료들을 비교 관찰하여 이러한 방법으로 문제를 해결할 수 있는지를 알아보라고 하였다.
3. **시간을 적절히 안배하기.** 트리나 선생님은 과제를 한 시간 내에 끝낼 수 있을 것이라고 기대하지 않았기 때문에 여유 있게 수업을 진행하였다. 학생들은 여러 가지 자료를 탐구하는 데 많은 시간을 보냈다(이 수업에서 결정적인 부분).

4. **설명과 의미를 지속적으로 요구하기.** 트리나 선생님과 에드워즈 선생님이 일관되게 추측에 대한 증거를 요구했고 다양한 자료를 이용하여 추측을 검사하도록 하였다. 예를 들어 트리나 선생님이 중앙값을 "(수를 크기순으로 나열할 때) 가운데 있는 두 수 사이의 반"이라고 제한된 추측을 한 모둠에게, 이 정의대로 설명할 수 있는 예를 제시해 보라고 했다. 또한 모든 자료에 대해 그 정의가 적용될 수 있는지를 질문하였다. 트리나 선생님은 다른 모둠 학생들과도 유사한 상호작용을 하였다.

우르줄라 선생님의 수업

우르줄라 선생님의 수업에서 과제의 높은 인지 수준은 유지되지 못했다. 이 이유는 다음과 같다.

1. **도전 사항이 중요하게 여겨지지 않았다.** 학생들은 과제의 과정을 이해하지 못했다. 대부분의 학생들은 특별한 자료로부터 추측하고 결과가 잘됐다고 생각했지만, 모든 자료에 적용할 수 있는 정의를 찾는 것이 중요하다는 것을 이해하지 못했다. 학생들은 하나 또는 두 개의 자료를 조사하는 데서 멈췄다. 따라서 소수의 예에서 탐구한 추측은 제한적이었지만 이것이 문제가 있다는 것을 깨닫지 못했고, 우르줄라 선생님이 의도했던 대로 과제에 참여하지 않았다.
2. **학생들에게 높은 수준의 인지 과정을 요구하지 않았다.** 우르줄라 선생님은 높은 수준의 인지 과정을 학생들에게 요구하지 않았다. 예를 들어 후안의 모둠에게 추측을 정당화하기 위한 증거를 제시하라고 하였지만, 후안 모둠의 부적절한 설명을 수용하고 더 질문하지 않았다. 학생들이 어떤 자료에 적용될 수 있는 정의인가를 깨달았는지가 명확하지 않다. (우르줄라 선생님이 나중에 후안의 모둠에게 충분히 요구하지 않았다는 것을 깨달았지만 다른 학생과 상호작용하고 있어서 이러한 생각을 분명히 밝힐 수 없었다.) 우르줄라 선생님의 수업 후반부에 두 모둠이 중앙값에 대해 모순이 되는 추측을 했는데, 이는 트리나 선생님의 수업에서 발생한 상황과 비슷했다. 우르줄라 선생님은 트리나 선생님의 전략을 따라 두 모둠이 함께 모여 더 많은 자료를 조사해 보라고 하였다. 두 모둠은 해결 노력을 지속하지 않았고 우르줄라 선생님도 더 이상 요구하지 않았다.

3. **시간을 잘 안배하지 못했다.** 우르줄라 선생님은 학생들이 다양한 자료를 조사하는 시간이 충분해야 한다고 생각하였다. 이 때문에 학생들이 하고 있는 것에 관해 초점을 맞추어 질문을 하거나 학생들에게 추측을 더 탐구해보게 하지 않았다.
4. **높은 인지 수준의 실행에 관한 모델링이 부족하였다.** 수업의 초반에 모든 모둠에게 과제에 대한 정보를 반복해서 제공하면서, 우르줄라 선생님은 학급 전체적으로 하나의 예를 보여주면 학생들이 더 잘할 수 있을 것이라고 생각했다. 하지만 우르줄라 선생님은 학생들에게 높은 인지 수준의 실행에 대한 모델을 제공하지 않았다. 그 이유는 너무 직접적으로 알려주어 학생들이 단순히 자기가 한 것을 따라하게 만들 것 같은 두려움 때문이었다. 그렇지만 적어도 시작하는 방법에 대한 몇 가지 모델을 제시하게 되면, 학생들은 여러 자료에 관해 추측하고 검사하는 과정에 도움을 얻는다. 선생님이나 과제를 성공적으로 해결하고 있는 학생들로부터 이러한 모델링을 제공받을 수 있다.

또 다른 해석

이 수업 사례는 수학과제틀 외에 적어도 두 가지 이슈를 제공한다. 첫째 이 사례에는 동료 교사의 협동이 유익하다는 시사점이 있다. 트리나 선생님과 우르줄라 선생님은 보조교사를 활용할 수 있기 때문에 수업에서 협력할 수 있었다. 보조교사가 있어서 서로의 수업을 관찰할 수 있는 시간을 낼 수도 있다. 트리나 선생님과 우르줄라 선생님은 비슷한 활동과 수업을 시도하고 각자의 수업에서 어떻게 진행되는지에 관해 이야기를 나누곤 한다. 이로 인해 그들은 자신의 수업을 반성하고 동료에게 유용한 피드백을 제공할 기회를 갖게 된다.

둘째, 이 사례에서 영어가 모국어가 아닌 학생들이 대부분인 다언어 학습상황에서 어떻게 가르칠 것인가의 문제가 제기된다. 트리나 선생님과 우르줄라 선생님은 스페인어를 할 수 있다. 그렇지만 트리나 선생님의 학급에는 영어를 잘 못하는 스페인 학생과 베트남 학생들이 있다. 이러한 수업 상황에서 어려운 것 중의 하나는 교사와 이중언어 보조교사가 서로 의사소통하고 각자의 역할을 조정하는 것이다. 트리나 선생님과 우르줄라 선생님은 이중언어 보조교사의 수학의 이해와 학생들의 참여 방법 개발에 노력한다. 이 수업에서 이중언어 보조교사들은 모든 학생들을 위한 중요한 자원이 된다.

8 대수타일을 활용해 단항식과 이항식의 곱셈하기

[그림 8.1] 모니크 선생님의 사례를 읽기 전 도입 활동

대수타일을 이용해서 다음 곱셈을 그림으로 나타내고 곱을 구하시오.

1. $2x(x-1)$	2. $(x+1)(x+2)$
3. $(x-2)(3x+3)$	4. $(x-3)(x+3)$
5. $(2x+2)(2x-2)$	6. $(x+3)(x+3)$

모니크 선생님의 사례

모니크 선생님은 도시의 남동부 교육청에 속한 중학교에서 8학년 학생들에게 수학을 지도한다. 학생들은 대부분 두 개의 대규모 공공 주택 사업 지역출신으로, 표준 성취도 검사에서 낮은 성취도를 보인 이력을 가지고 있다. 이런 상황에 대처하기 위해서, 학교의 행정가들과 수학교사들은 학생들을 위한 5개년 수학 수업개혁 프로그램을 시작하였다. 이러한 노력의 기본적인 생각은 모든 학생들이 대수와 다른 대학준비과정을 포함하는 고등학교의 수학과정을 성공적으로 완수하도록 학교가 준비하는 것이었다. 모니크 선생님과 그녀의 동료교사들은 학생들에게 암기와 신속 정확한 절차의 수행이 아닌 사고, 추론, 문제해결에 초점을 둔 수업을 제공하는 데 동참하였다. 그러나 여전히 이 교육청에서는 기본기능에 치중한 평가를 실시하기를 요구했고 학생들의 수학적 개념에 대한 이해를 평가하는 문항은 전혀 포함되어 있지 않았다.

개혁 노력의 첫해에 모니크 선생님 역시 교사로서의 첫해였다. 교사자격증을 취득하기 위해서 대학으로 돌아오기 전 4년간 모니크 선생님은 대기업의 정보시스템 분석가로 근무하였었다. 기업에서 몇 년간 일을 하면서 모니크 선생님은 팀의 협력을 가치롭게 여겼고 학생들에게도 이런 중요한 삶의 기능을 개발할 수 있는 기회를 주고 싶

었다. 그녀는 대도시에 위치한 교육청에서 가르치는 것이 기뻤고 자신과 비슷한 환경을 가진 학생들에게 긍정적인 역할모델이 될 수 있다고 생각하였다.

모니크 선생님의 수업 이야기

8학년 학기말 시험이 임박했고 대수식을 이용한 계산이 시험범위에 포함되어 있어서 학생들에게 최소한 단항식과 이항식의 사칙연산을 다뤄줘야 한다. 대수과정은 아니지만 8학년에서 대수 관련 주제를 다룬다. 교육청에서 실시하는 시험에는 대부분 계산문제만 나오지만 난 자신들이 뭘 하고 있는지를 이해하고 그것을 설명할 수 있었으면 좋겠다. 즉, 학생들이 단순히 기호를 조작하는 것 이상을 알기를 원한다. 난 학생들에게 교육청에서 실시하는 시험뿐 아니라 자체적인 학기말 시험도 치른다. 이런 방식으로 나는 학생들에게 내가 중요하다고 생각하는 것에 대해서 질문하고 이를 통해 단순히 그들이 얼마나 문제를 빨리 해결하는지가 아니라 무엇을 알고 있는지에 대한 정보를 얻는다.

올해 우리 학교에서는 8학년 수학교사들을 위해서 대수타일 — 학급용 세트와 교사용 OHP세트 — 을 구입했다. 이 교구는 추상적인 기호가 무엇을 의미하는지를 시각적인 표상으로 나타내는 데 매우 효과적이다. 예를 들면, x는 $x\times 1$인 직사각형으로 나타내고 x^2은 $x\times x$인 정사각형으로 나타낸다. 다음은 수업에 필요한 대수타일 조각들이다(그림 8.2).

[그림 8.2] 모니크 선생님의 교실에서 이용한 대수타일 조각

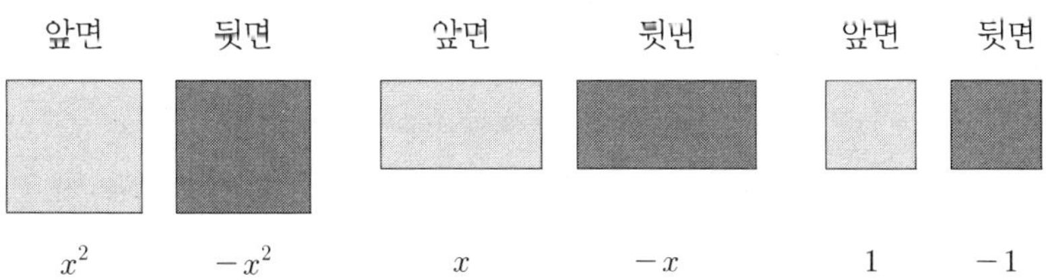

각 타일의 앞면은 **빨강**, 뒷면은 **검정**이어서 한 색으로 양의 항과 다른 색으로 음의 항을 나타낼 수 있다. 몇 주 전 다항식의 덧셈과 뺄셈을 할 때 대수타일을 이용했었는

데 대부분의 학생들이 쉽게 이해했었다. 6학년과 7학년에서 분수타일을 이용하기는 하지만 이전에 대수타일을 본 적이 없는 학생들이기 때문에 수를 이용한 연산을 표현하기 위해서는 구체적 조작물을 이용해서 연습할 필요가 있었다.

학기말 시험에서는 기호조작을 강조하고 시간은 부족하기 때문에 어제 나는 학생들에게 $3w(5w+3)$과 같은 기호식을 이용한 단항식과 이항식의 곱셈을 어떻게 하는지 설명해 주었다. $3w$와 $5w$를 곱할 때는 먼저 수들끼리 곱한 후 변수들의 지수를 더해서 곱의 차수를 결정한다. 시험에서 학생들은 두 이항식을 곱하는 것을 해야 하기 때문에 우리는 포일 방법(FOIL) — 앞의 것끼리, 바깥쪽끼리, 안쪽끼리, 끝의 것끼리(그림 8.3) — 을 적용해 보았다.

[그림 8.3] 포일 방법을 이용한 $(2x+1)(x+3)$의 예

$$(2x+1)(x+3)$$

앞의 것끼리 (**F**irst)		바깥 것끼리 (**O**utside)		안쪽 것끼리 (**I**nside)		끝의 것끼리 (**L**ast)
$(2x)(x)$	+	$(2x)(3)$	+	$(1)(x)$	+	$(1)(3)$
$2x^2$	+	$6x$	+	x	+	3

$$2x^2+7x+3$$

우리는 또 직사각형의 넓이 구하는 공식이 왜 (가로)×(세로)인지와 어떻게 직사각형의 변의 측정값을 이항식(항이 두 개인 식)으로, 넓이를 변의 길이의 곱으로 볼 수 있는지에 대해서도 얘기했다. 이 부분은 특히 오늘 했던 수업에서 대수타일을 성공적으로 이용하기 위한 준비과정으로 중요했다. 시간이 충분치 않았지만, 오늘 수업에서 정말로 하고 싶었던 것은 대수타일을 이용해서 이항식의 곱셈을 어떻게 직사각형의 가로와 세로의 곱으로 생각할 수 있는지를 학생들에게 보여주는 것이었다. 즉, 학생들이 타일을 이용해서 곱셈을 모델링함으로써 기호식과 타일을 함께 보면서 곱에서 각 항이 어떻게 나오는지를 이해했으면 했다.

과제 설정

변수를 특정한 값으로 치환해서 다양한 식의 값을 찾아내는 숙제를 검사한 후에, 학생들에게 이전에 했던 단항식과 이항식의 곱을 찾는 활동을 하는데 이번에는 대수타일을 이용할 것이라고 말했다. 학생들에게 대수타일을 나눠주고 직업이 쓰인 카드를 모둠에 나눠주었다. 카드의 색깔에 따라서 칠판에서 해당하는 직업을 찾아보도록 하였다. 우리는 먼저 어떤 직업이 있는지 살펴보았다. 건축가(디자인, 타일배열), 시간기록원(모둠활동 확인, 시간의 적절한 활용), 모둠장(모둠에 질문하기, 모둠활동 확인), 기술자(자료 가져오기/치우기, 모둠활동공간의 청결 유지). 각 모둠원들의 활동을 좀 더 생산적이 되도록 돕기 위해서 이런 역할체계를 개발했다. 각 구성원이 모둠에서 어떤 책임을 져야 하는지를 잘 명시해 놓는 것이 중요하다고 생각한다. 기술자가 모둠활동을 위해서 대수타일을 받아가면 나는 학생들에게 예를 보여주었고, 각 모둠의 건축가는 내가 OHP에서 보여준 것을 자기 모둠에서 만들어야 했다.

전체 학급 활동으로 $(3x+2)(2x-1)$을[10] 해 보았다(그림 8.4). 건축가는 내가 하는 대로 세로에 $3x+2$를 놓고 가로에 $2x-1$을 놓았다(가로, 세로에 놓은 막대는 직사각형의 일부가 아니라 직사각형의 치수를 기억하기 위해서 표시한 것이다).

[그림 8.4] 과제활동 전에 전체 학급 활동으로 한 $(3x+2)(2x-1)$의 예

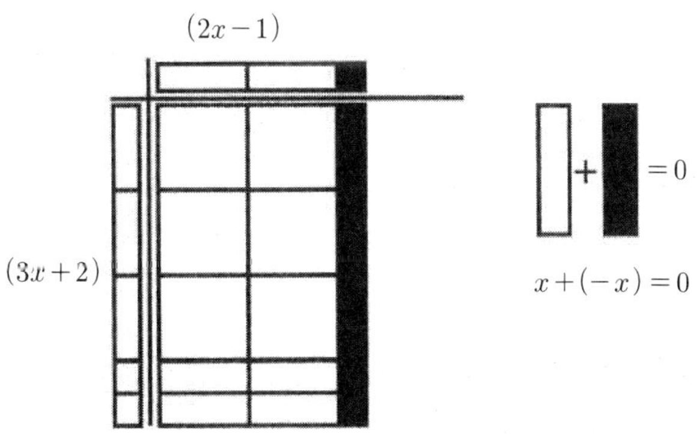

$$(3x+2)(2x-1)=6x^2-3x+4x-2=6x^2+x-2$$

10) 역자 주: 두 인수의 곱을 타일이나 넓이 모델로 표현할 때, 우리나라에서는 (가로) × (세로)로 생각하지만 미국에서는 (세로) × (가로)로 대수타일을 배열한다. 여기서는 타일 표현을 원서 그대로 두어 (세로) × (가로) 형태로 설명하였다. 우리나라에서는 가로와 세로를 바꾸어 나타내는 것이 더 적절하다.

그런 후 나는 학생들에게 각각의 치수를 가지는 직사각형을 어떻게 채워야 하는지를 보여주었다. 왼쪽 위쪽에 x^2 타일을 놓는 것을 시작으로 2개의 x^2 타일 3줄을 한 번에 하나의 타일을 놓으면서 만들었다. 곱하는 인수를 바탕으로 내가 어떤 타일을 이용해야 할지를 학생들에게 말하게 하였다. 예를 들면, 내가 $(3x)\times(-1)$을 할 때 학생들은 $-x$를 나타내기 위해서는 x를 나타내는 타일의 뒷면을 이용해야 한다는 것을 알고 있어야만 했다. 활동을 진행하면서 기호를 이용한 곱이 직사각형과 어떻게 관련되는지를 보여주기 위해서 나는 학생들에게 포일 방법을 이용해서 곱을 구하도록 하였다. 학생들이 구한 곱은 $6x^2-3x+4x-2$이었다. 그런 후 식의 각 항과 직사각형의 해당 조각을 대응시켜서 보여주었다. 예를 들면, x^2을 나타내는 6개의 타일을 본 후에 가로와 세로의 치수에 포함된 x항에서 어떻게 이 타일들이 나오게 되었는지를 보여주었다. 또한 치수의 상수항과 다른 치수의 x항을 곱했을 때 x를 나타내는 타일이 어떻게 나오는지 등을 보여주었다.

마찬가지로 $-x$를 나타내는 타일 조각과 x를 나타내는 타일 조각을 이용해서 어떤 음수 항과 부호가 반대인 항이 더해지면 0이 된다는 것 역시 보여주었다. 학생들에게 양수인 항과 음수인 항 사이에 선을 그어서 모두 짝지으면 남는 것이 무엇인지를 확인할 수 있도록 하였다. 그 결과는 $-3x+4x$와 같았다. 가로와 세로 치수에 해당하는 타일로 만들어진 직사각형 영역은 포일 방법을 이용해서 얻은 기호식과 같았다. 대부분의 학생들이 내가 활동하는 것을 보았고 각 모둠의 건축가는 타일을 이용해서 내가 한 것을 자신의 모둠에서 똑같이 하려고 하였다. 많은 학생들이 고개를 끄덕이면서 "아, 이제 알겠네."라는 표현을 하는 것을 들을 수 있었다. 시범을 보인 후에 나는 각 모둠의 책상 가운데에 놓여있던 활동지에 제시된 문제들을 풀어보게 하였다. 활동지에는 아래와 같은 지시와 함께 6개의 곱셈문제를 제시하였다.

> 타일을 이용해서 곱셈을 하여라. 타일을 그림으로 나타내고 치수를 명시하여라. 더해서 0이 되는 타일은 화살표로 연결하여라. 얻어진 곱을 써라.
>
> 1. $2x(x-1)$
> 2. $(x+1)(x+2)$
> 3. $(x-2)(3x+3)$
> 4. $(x-3)(x+3)$

5. $(2x+2)(2x-2)$
6. $(x+3)(x+3)$

단항식과 이항식의 곱셈이나 이항식끼리의 곱셈 문제들로 구성되었다. 각 학생들에게 문제에 대한 답을 쓸 수 있도록 개별 활동지를 제공하였다. 여느 때와 마찬가지로 학생들에게 각 문제를 풀기 위해서 무엇을, 어떻게, 왜 했는지를 설명할 수 있어야 한다고 상기시켰다. 타일을 이용해서 답을 얻기 위해 서로 협동해야 하지만 답을 구성하는 것은 각 모둠의 건축가가 해야 한다는 것도 말해 주었다. 타일을 구성할 사람을 정해주지 않으면 혼란이 생길 것 같아서 각 모둠에서 타일을 구성할 사람을 미리 정해야만 했다. 답을 찾은 후에 학생들은 각자 자신의 활동지에 타일을 그림으로 나타내고 이를 기호로도 표현해야만 했다. 30분 동안 여섯 문제를 모두 해결하도록 하였다.

과제 실행

각 모둠에서 학생들이 활동을 시작할 때, 나는 학생들의 활동을 관찰하기 위해서 교실을 돌아다녔다. 대부분의 학생들은 협력하면서 문제해결을 하였다. 그런데 콸리는 모둠의 다른 학생들이 타일을 가지고 하는 활동과는 별개로 그림을 그리고 기호식을 쓰면서 혼자서 활동을 하였다. 콸리는 1년 내내 모둠활동을 별로 좋아하지 않았기 때문에 나는 별다른 말을 하지 않았다. 콸리를 모둠활동에 동참시키려고 노력도 해 보았지만 도움이 되기보다는 오히려 방해가 됐다. 내가 보기에 지금 콸리에게 모둠활동은 크게 중요한 것처럼 보이지 않았다.

대부분의 학생들은 음수나 음의 변수가 주어져 있어도 문제에서 주어진 인수를 타일을 이용해서 나타내는 데 어려움을 겪지 않았다. 그러나 곱을 나타내기 위해서 직사각형 내부에 무엇을 넣어야 할지를 생각해내는 데는 어려움을 겪고 있다는 것을 알게 되었다. 문제를 푼 지 8분이 지나자 몇몇 모둠의 학생들이 손을 들고 도와달라고 요청하였다. 학생들은 단계별로 자신들이 무엇을 해야 할지를 알려주기를 원했다. 그렇지만 나는 답을 알려주고 싶지는 않았기 때문에 학생들에게 이전에 함께 했던 예를 다시 살펴보라고 말해주었다. 그런 후 모둠에서 다시 한 번 생각하며 얘기해 보라고 말해 주었다.

몇 분이 더 지났지만 사정이 나아지지는 않았다. 그때서야 나는 각 모둠의 시간기록원들이 시간만 기록할 뿐 모둠활동에 전혀 기여를 하고 있지 않다는 것을 알게 되었다. 그래서 나는 모든 학생들에게 각자의 역할에 해당하는 책임을 지는 것도 중요하지만 모두가 모둠의 수학적 활동에 기여하는 것 역시 책임이라고 말해 주었다.

몇몇 모둠에서 타일을 이용해서 곱을 제대로 나타내기는 한 듯 보였지만 직사각형 모양은 아니었다. 예를 들면, 첫 번째 문제인 $[2x(x-1)]$에서 브리안나, 헨리, 타이론, 휘트니의 모둠은 직사각형이 아닌 모양을 그림으로 그린 것을 볼 수 있었다(그림 8.5).

[그림 8.5] $2x(x-1)$에 대한 브리안나, 헨리, 타이론, 휘트니의 그림

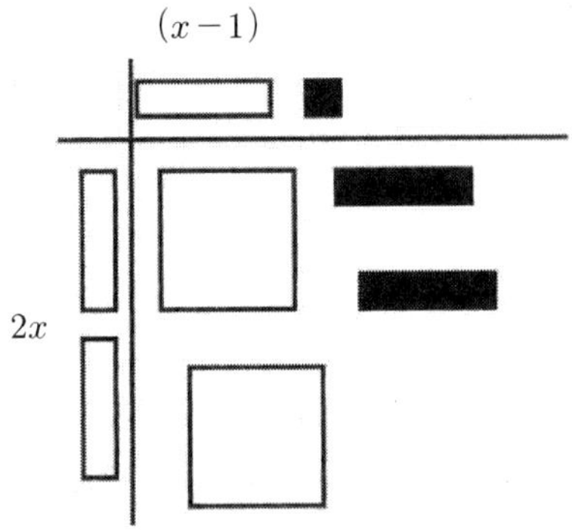

이 문제는 어렵지 않았지만 타일 조각들을 직사각형 모양으로 만들지 못하면 나중에는 문제가 될 것이 분명했다. 그래서 나는 네 명의 학생들에게 타일을 직사각형 모양으로 만들게 했고, 곱을 나타내는 타일과 치수를 나타내는 타일이 어떻게 관련되어 있는지에 주의를 기울일 필요가 있음을 말해주었다. 타일 조각을 재배열하면서 나는 학생들에게 이 퍼즐 같은 문제를 생각해 보라고 말해주었다. 네 명의 학생들이 내가 한 말을 이해했는지의 여부는 확신할 수는 없었지만 이들은 직사각형 모양을 만들어냈다. 그들에게 곱을 나타내는 타일에 기호를 쓰라고 하였다. 이들이 올바르게 기호를 쓸 때까지 나는 단계별로 이 활동을 계속했다. 다른 모둠에서 질문을 하면서 수업은 계속 진행되었다.

나는 걱정이 되기 시작했다. 왜냐하면 전체 시간의 반 이상을 모둠 활동에 할애했지만 문제의 반 이상을 해결해서 활동지에 올바른 그림과 이를 기호로 나타낸 것은 오직 한 모둠뿐이었기 때문이었다. 내가 준 힌트는 학생들이 올바른 방향으로 문제를 해

결하는 데 별로 도움이 되지 못한 것 같았다. 나는 문제 중 하나에 대해서 한 학생이 답을 얻는 과정을 OHP를 통해서 보여주면 학생들 모두가 이 과정을 다시 한 번 볼 수 있을 것이라고 생각했다. 그래서 내가 원하는 해결과정과 가장 비슷한 방법을 쓴 모둠에게 답을 어떻게 얻었는지를 전체 학급학생들에게 설명해줄 수 있는지를 물었다. 그러자 모둠장인 맬컴은 자기 모둠은 어제부터 포일 방법을 이용해서 문제를 해결해 왔으며 시행착오를 통해서 타일 조각을 직사각형으로 만드는 방법을 알아냈다고 내게 설명했다. 그 얘기를 듣고 난 소리를 지르고 싶었다. 이 학생들은 내가 원하는 방법으로 타일을 이용하지 않고 있었던 것이다. 나는 이 학생들에게 곱을 미리 알지 않았다면 어떻게 곱을 나타내는 그림을 알 수 있는지에 대해서 더 생각해 보라고 말했다. 그 말을 들은 학생들은 나를 외계인 보듯이 바라보았다. 나는 "뭔가 연결을 지었을 것이라고 생각한 모둠이 실제로는 전혀 아니네."라고 혼자 되뇌었다.

수업시간이 15분 정도 남아 있었다. 시간이 없었다. 난 학생들을 주목시킨 후 문제를 해결한 멋진 그림들을 많이 봤지만 원래 의도했던 대로 대수타일을 사용해서 얻은 답들은 아니었다고 말해 주었다. 버네타가 손을 들고 자신들이 무엇을 해야만 하는지 단계별로 보여줄 수 있느냐고 물었다. 많은 학생들이 웅성거리면서 버네타의 생각에 동의를 표했고 나는 다른 보기를 이용해서 어떻게 문제를 해결하는지를 학생들에게 보여주기로 결심했다.

대부분의 모둠이 아직 해보지 않은 5번 문제 — $(2x+2)(2x-2)$ — 를 풀어보기로 했다. 난 학생들에게 제일 먼저 할 일이 무엇인지를 물어보았다. 민지는 "먼저 $(2x+2)$와 $(2x-2)$에 해당하는 모든 타일 조각이 있어야 해요."라고 말했다. 그래서 OHP에 해당하는 타일 조각을 올려놓고 내가 하는 대로 따라 하라고 말했다. 그런 후 다음 단계는 무엇인지를 물었다. 시은이는 타일 조각을 가장자리에 놓아야 한다고 소리쳤다. "첫 번째 괄호에 든 것을 세로에, 두 번째 괄호에 든 것을 위쪽 가로로 놓아요." 난 그렇게 한 후 세 번째 단계가 무엇인지를 물었다. 맬컴이 손을 들고 자리에서 일어났다. 그러고는 "선생님, 이제 알겠어요. 제가 해 봐도 돼요?"라고 말했다. 그래서 나는 맬컴에게 앞으로 나와서 보기 문제를 완성하도록 하였다.

수업시간이 5분 정도밖에 남지 않았기 때문에 맬컴에게 서둘러 달라고 말했다. 그는 "보세요. 어떤 타일 조각을 이용해야 하는지는 가로와 세로를 맞춰보면 알 수 있어요."라고 말했다. 그는 x^2과 x타일을 들어서 길이를 맞춘 후 "보세요. 이만큼 아래로 내리고 이만큼은 옆으로 가야 하니까 여기는 정사각형이 들어가야 해요. 이렇게 모두 채울 때까지 하면 돼요."라고 말했다. 그런 후 계속해서 직사각형을 모두 채운다(그림 8.6의 첫 번째 그림).

그런 후 맬컴은 $4x^2+8x+4$가 답이라고 말했다. 나는 $+2$와 -2는 달라야 하지 않느냐고 물었다. 그러자 "아, 그렇죠. 이것들은 음수니까 색칠된 것으로 뒤집어야 해요."라고 말한 후 두 개의 음수 단위 타일 밑에 있는 네 개의 x타일과 네 개의 단위 타일을 뒤집었다(그림 8.6의 두 번째 그림).

이제 답을 바꿀 거냐고 물었을 때 그는 "예. 칠해진 네 개의 타일이 이 네 개를 없애니까 답은 $4x^2$과 -4가 남습니다."라고 말했다. 버네타는 "$4x^2-4$"라고 그의 말을 고쳐주었다. 난 학생들에게 이해했냐고 물었고 대부분의 학생들은 고개를 끄덕였다. 나는 학생들에게 용기 있게 앞에 나와 준 맬컴에게 박수를 쳐주라고 말했다. 수업이 끝날 무렵이어서 각 모둠의 기술자에게 타일을 정리하라고 말했고 학생들 모두에게 활동지를 집으로 가져가서 숙제로 문제를 모두 풀어보라고 하였다.

나중에 이 수업을 생각해보니 만감이 교차했다. 한편으로 맬컴이 전체 아이들 앞에 선 것이 기뻤다. 특히 정답을 구했기 때문에 더 기뻤다. 반면에 맬컴이 설명할 때 했던 말들을 생각하면서 내 스스로에게 자문했다. "그가 한 설명은 수학적이었는가? 내가 바라던 연결성을 찾았는가? 다른 아이들은?"

[그림 8.6] $(2x+2)(2x-2)$에 대한 맬컴의 해답

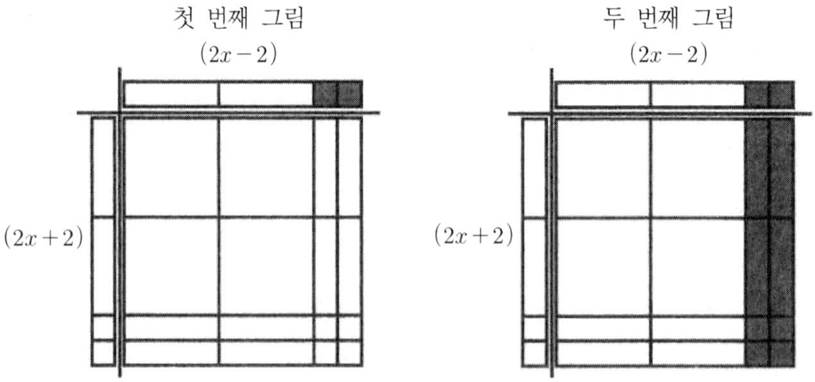

토의할 문제

1. 수업에서 모니크 선생님이 걱정했던 것은 무엇인가?
   a. 모니크 선생님이 걱정한 것 중 수학적인 것은 무엇인가?
   b. 모니크 선생님이 학생들이 무엇을 학습하길 원했다고 생각하는가?
   c. 모니크 선생님이 걱정한 것 중 비수학적인 것이 있었는가?
2. 모니크 선생님의 수업에서 학생들이 학습한 것은 무엇이라고 생각하는가?
   a. 학생들은 넓이 표상과 기호 절차 사이의 관련성을 찾았다고 생각하는가?
   b. 수업의 말미에 맬컴이 한 설명은 수학적으로 좋은 설명인가? 왜 그런가?
3. 모니크 선생님이 찾기를 바랐던 연결성을 학생들이 찾는 데 영향을 미쳤던 요인은 무엇이라고 생각하는가?
   a. 모니크 선생님이 한 것들 중 학생들의 고등사고를 지원하거나 저해한 것이 있었는가?
   b. 학생들이 한 일들 중 자신들의 학습에 영향을 미친 것들은 무엇인가?
4. 모니크 선생님이 다음에 해야 할 일은 무엇이라고 생각하는가? (또는 수업에서 모니크 선생님에게 시간이 더 있었다면 맬컴의 설명에 어떻게 반응해야 한다고 생각하는가?)

수업 노트

앞의 사례에서 제시된 수업에서 다른 내용은 단항식과 이항식의 곱셈으로 다항식의 인수분해와 관련된 전통적인 대수 주제이다. **학교수학을 위한 교육과정과 평가의 규준**(NCTM, 1989)에서는 대수에서의 기호 조작과 규칙이나 절차의 암기는 덜 강조할 것을 권고하고 있다. 모니크 선생님의 목표는 학생들이 단항식과 이항식의 일반적인 곱셈 알고리즘을 개념적으로 이해하는 것이다. 이를 바탕으로 자신들이 이용하는 곱셈 절차에 의미를 부여할 수 있기를 기대한다.

모니크 선생님은 학생들이 대수타일과 이를 그림으로 나타낸 것을 활용함으로써 이 맥락에서의 곱셈과정을 넓이모델과 관련짓기를 원한다. NCTM 규준(1989)에 따르면, "모델들 간의 관련성을 찾는 것은 각각의 모델에 대한 이해를 깊게 한다"(p.104). 모니크 선생님의 경우, 학생들이 대수타일을 활용해서 직사각형의 넓이에 해당하는 단항식과 이항식의 항들의 곱을 기호로 나타냄으로써 단항식과 이항식의 인수를 어떻게 직사각형의 가로와 세로의 길이로 나타낼 수 있는지를 이해하기를 원한다.

모니크 선생님은 대수타일을 활용함으로써 학생들이 대수 연산을 이해하기를 원한다. 그러나 곧 있을 교육청 단위의 평가 때문에 구체적 조작물을 활용한 경험을 하기 전에 이항식의 곱셈에 대한 쉬운 알고리즘(포일 방법)을 먼저 보여주었다. 수업이 끝날 때 쯤, 모니크 선생님은 기대했던 연결성을 학생들이 찾았는지에 대해서 의문을 갖게 되었다. 모니크 선생님의 사례에서 나타난 이런 측면은 론 선생님의 사례에서 있었던 일과 비슷하다. 론 선생님 역시 학생들에게 기호와 그림의 연결성을 쉽게 찾도록 돕기 위해서 학생들에게 기호표상을 활용하지 않는 활동을 하기 전에 기호 알고리즘을 먼저 도입했었다.

인지 수준

과제 설정 단계에서, 모니크 선생님은 학생들이 단항식과 이항식의 곱을 찾아내기 위해서 모둠별로 대수타일을 이용해서 넓이를 모델링하게 한다. 특히 학생들에게 다음과 같은 일반적인 절차를 따르도록 한다.

- 곱에 포함된 단항식과 다항식의 인수를 대수타일 조각을 이용해서 모델링한다.
- 넓이모델로 나타내기 위해 직사각형의 가로와 세로의 치수에 해당하는 대수타일을 배열한다.
- 배열된 대수타일에 맞게 직사각형의 넓이를 적당한 대수타일로 채우고 그림으로 나타낸다.
- 넓이를 결정하고 그림을 이용해서 넓이가 어떻게 결정되었는지를 보인다(예를 들면, 화살표를 이용해서 양수항과 음수항이 어떻게 결합되는지를 보인다).
- 직사각형의 넓이로 나타낸 곱을 그에 해당하는 기호식으로 변형한다.

설정 단계에서 이 과제는 **연결성 있는 절차** 수준이라고 보았다. 과제를 설정하면서 모니크 선생님은 학생들이 과제를 완성할 때 따라야 할 일반적인 경로를 제공한다. 이 경로를 따라서 학생들은 단항식과 이항식 곱을 나타내는 다양한 표상들(기호, 구체물, 그림) 간의 연결성을 찾을 것이라고 기대한다. 그러나 실행 단계에서 이 과제의 인지적 수준은 기대한 것보다 낮아진다. 이 학급의 대부분의 학생들이 모니크 선생님이 기대했던 연결성을 찾지 못한 것처럼 보이며, 따라서 실행 단계에서 이 과제는 **연결성 없는 절차** 수준이 된다. 학생들은 자신들이 다루고 있는 기호식이 직사각형의 치수나 넓이와 어떻게 관련되어 있는지를 이해하지 못하며 심지어는 대수타일을 이용해서 곱셈을 하는 활동에도 참여하지 않는다. 많은 학생들이 시행착오로 답을 얻거나 기호를 이용한 곱셈절차를 미리 실행한 후 이에 맞는 타일 조각을 찾는 방법으로 답을 찾는다. 물론 이 경우에도 각각의 타일 조각이 무엇을 나타내는지에 대한 고민 없이 조각을 끼워 맞추려는 노력만 한다.

요인

과제에서 요구하는 인지 요구 수준이 설정 단계에서 실행 단계로 이행하면서 퇴보한다면 이런 인지 요구 수준의 변화에 영향을 미치는 요인에 대해서 생각해 보는 것이 중요하다. 이런 요인들의 유무가 의도한 수준에서 과제가 실행되게 하는지 또는 인지 요구 수준이 높은 과정에 학생들이 참여할 수 있는 가능성을 제한하는 유형으로 퇴보하는지를 결정한다. **사례에 대해서 논의할 때 이러한 요인들을 반드시 생각해 보아야 한다.**

학생들의 이전 지식 활용. 모니크 선생님의 사례는 학생들의 이전 경험이 교사가 바라던 학생들의 연결성을 찾는 능력을 방해한 경우이다. 모니크 선생님은 이항식의 곱셈 알고리즘인 포일 방법을 학생들에게 먼저 경험시키는 것이 대수타일을 이용한 곱셈과정을 이해하는 데 도움이 될 것이라고 생각했다. 그러나 수업 도중에 많은 학생들이 포일 방법을 활용해서 문제해결을 하려고 했기 때문에 대수타일을 이용해서 문제해결과정을 나타낼 수는 없었다. 또 많은 학생들이 곱셈에 대한 넓이 모델을 이전에 경험해보지 못했기 때문에 과제에서 주어진 문제를 해결하는 것과 직사각형이 어떤 관련이 있는지 이해하는 데 어려움을 보였다.

도전 목표의 상실. 모니크 선생님 반 학생들 중 다수가 곱셈을 위한 넓이 모델이 인수, 곱과 어떻게 관련되어 있는지를 이해하지 못하기 때문에 직사각형 넓이 모델을 구성하지 못하고 더불어 이를 이용해서 문제의 답을 얻을 수도 없다. 따라서 기호와 대수타일 또는 타일을 이용한 그림 간의 관련성을 생각하는 데 시간을 투자하는 대신 기호 조작 활동만을 한다. 예를 들면, 다수의 학생들이 인수와 직사각형의 가로, 세로 길이 사이의 관계를 나타내는 데 필요한 직사각형 영역을 구성하는 것 대신 일련의 대수타일들을 아무런 관련성 없이 배열한다. 따라서 과제의 가장 핵심적인 부분이 학생들에게는 더 이상 해결해야 할 문제가 아니다. 또 다수의 학생들이 이항식의 곱을 구하기 위해서 직사각형 넓이를 먼저 활용해서 활동하는 것 대신 포일 방법을 사용한다. 일단 기호 알고리즘을 통해서 곱을 얻고 나면 시행착오를 통해서 직사각형을 만든다. 따라서 학생들은 직사각형의 넓이와 기호 알고리즘 간의 연결성을 찾지 못한다.

교사에게 과제를 단순화해 달라는 학생들의 요구. 수업 중간중간에 학생들은 여러 번에 걸쳐서 모니크 선생님에게 과제를 단순화해 달라고 요구한다. 모니크 선생님은 수업 전반에서 이런 학생들의 요구에 대해 예를 다시 검토해보게 하거나 좀 더 생각해보게 함으로써 성공적으로 대처한다. 그러나 시간이 지나면서 모니크 선생님은 차츰 자신이 했던 결심을 지키지 못하게 된다. 예를 들면, 수업종료가 15분 정도 남았을 때 여러 명의 학생들이 모니크 선생님에게 과제 해결 단계를 다시 보여줄 것을 요청한다. 대부분의 학생들이 모니크 선생님이 원했던 해결과정에 집중하지 못하고 있었기 때문에 그녀는 포기하고 서둘러 학생들에게 다른 예를 보여준다. 이 과정에서 해결 단계에 내재된 의미를 정당화하거나 설명하는 데 전혀 시간을 투자하지 않는다. 이런 조치는 과제의 초점을 대수타일과 직사각형 넓이를 이용한 탐구로부터 과제를 성공적으로 해결하기 위해서 단계를 좇아가는 것으로 변화시킨다.

인지 요구 수준이 높은 학습과정에 대한 학생들의 책임 방기. 모니크 선생님은 학생들이 문제해결 전략을 설명할 때 표상들 간의 연결성을 밝히기를 바라지만 연결성 찾기에 대해서 학생들이 항상 책임을 지도록 하지는 않는다. 전체학급토론 중에 모니크 선생님은 학생들에게 기호와 대수타일, 그림 간의 연결성을 명확히 하도록 요구하지 않고 대신 절차적인 단계를 말하게 한다. 모니크 선생님이 학생들에게 좀 더 고민해 보라고 하면 학생들은 답하는 것조차 하지 않으려고 하곤 한다. 이것은 곱셈과 직사각형 넓이 사이의 관계에 대한 학생들의 이해 정도를 드러낸다.

시간. 모니크 선생님은 학생들에게 과제에 포함된 문제를 탐구하는 데 충분한 시간을 주는 것으로 시작한다. 그러나 시간이 지나면서 모니크 선생님은 학생들이 과제를 완수할 수 있을지의 여부에 신경을 쓰기 시작한다. 시간이 15분밖에 남지 않자 모니크 선생님은 학생들에게 가장 강조하려고 했던 연결성을 보여주는 문제해결 전략의 탐구조차도 포기하게 된다. 예를 들면, 모니크 선생님은 수업이 끝난 후에 맬컴의 설명이 수학적으로 충분했는지 또는 기호절차와 직사각형의 가로와 세로 치수, 넓이 사이의 관련성을 실제로 찾았는지의 여부를 의심한다. 시간이 없었기 때문에 모니크 선생님은 맬컴에게 설명을 마무리하라고 격려하였다. 자신의 질문에 답이 될 만한 정교화나 정당화를 맬컴에게 요구할 시간적 여유가 없었다.

추가적인 해석

이 사례에서 제기되는 또 다른 이슈는 기본기능에 치중하는 외부시행평가에 학생들을 대비시켜야 한다는 압박과 수학적 개념을 깊이 있게 탐구해서 인지 요구 수준이 높은 사고와 추론기능을 개발할 수 있도록 적정한 시간을 제공하는 것 사이의 균형을 교사가 어떻게 유지하는가이다. 모니크 선생님은 교육청에서 실시하는 학기말 시험의 진도를 맞춰야만 했다. 이런 종류의 시험이 자기 반 학생들의 개념적 이해에 대한 적절한 평가정보를 제공해 줄 것이라고 생각하지 않았기 때문에 모니크 선생님은 수학적 활동에 치중하는 자신만의 학기말 시험을 치르기로 하였다.

이 사례에서 논의할 또 다른 이슈는 학생들을 모둠이나 협력 학습으로 조직하는 모니크 선생님의 접근 방법이다. 모니크 선생님의 사례에서 학생들은 모둠에서 각자의 역할과 그 역할에 맞는 일련의 책임을 부여받는다. 이런 접근 방법의 한 가지 장점은 각각의 학생들이 무엇인가 할 일이 있다는 점이다. 따라서 학급에서 모둠활동에 참여할 기회가 늘어난다. 반면 모둠 내에서 역할을 미리 지정하면 역할이 때때로 지나치게 구체화되어서 학생들이 모둠활동에 참여하는 방법을 제한한다는 단점이 있다. 예를 들면, 모둠 기록원은 토론에 완전히 참여하지 못하는데 그 이유는 미리 지정된 역할이 토론하는 것이 아니라 기록하는 것이기 때문이다.

이 사례에서 제기된 또 다른 이슈는 학생들에게 어떤 방식으로 심층적인 수학적 아이디어, 개념, 알고리즘의 절차를 학습할 수 있는 기회를 제공할 것인가이다. 론 선생님과 마찬가지로 모니크 선생님도 절차적인 알고리즘을 먼저 지도한 후에 좀 더 개념적인 접근 방법으로 옮겨갔다. 모니크 선생님은 대수타일을 먼저 이용하는 활동을 한 후에 이 경험을 활용해서 기호식을 곱하는 기호적인 알고리즘을 개발하도록 했어야 한다고 참가자들은 제안한다. 이런 접근방법은 기호알고리즘이 대수타일을 의미 있게 활용하는 학생들의 능력을 방해하기 때문에 모니크 선생님의 사례에서 많은 학생들이 가지고 있는 문제점을 덜어주는 데 도움을 줄 수 있었을 것이다.

9 자료 조직하기

[그림 9.1] 니콜 선생님의 사례를 읽기 전 도입 활동

1부 여러분과 여러분의 학급 학생은 막 자료 분석 단원을 마쳤다. 단원의 마무리 프로젝트로 모둠원이 "좋아하는 ○○"을 정하여 자료를 수집하여야 한다. 자료를 수집한 후에 자료를 분석하고 그래프를 그려야 한다.

2부 1부의 과제인 그래프 그리기는 완성되었다. 모둠원이 학급에서 발표할 자료를 만들어야 한다. 이 발표의 목적은 학급의 학생들과 그래프에 있는 가장 중요한 수학 아이디어에 대해 소통하는 것이다. 이 발표에서 어떤 점을 설명해야 할까?

니콜 선생님의 사례

니콜 선생님은 소도시에 최근 개교한 중학교의 교사이다. 학교의 교육과정은 예술교육 위주이며, 학생들은 재능을 기준으로 입학한 것은 아니지만 예술 중심으로 학습하고 프로젝트를 진행하는 데 관심이 있다. 학교의 수업 프로그램의 주요 초점은 학생의 자신감과 자아존중감을 기르는 것이다. 모든 학생들에게 영어와 스페인어를 지도하는 이중언어 수업을 통하여 학생들은 자신감을 갖게 되었다. 대다수의 학생이 라틴계열이고 많은 학생이 영어를 학습해야 했기 때문에 이는 특별히 중요하였다.

니콜 선생님은 이 학교에 부임하기 전에 여러 초등학교에서 지도한 경력이 있다. 니콜 선생님은 온화하고 배려심이 많으며 어떤 학생이든 가르치면 된다고 생각하였다. 니콜 선생님은 도움의 손길이 닿지 않았던 학생들에게 기회를 주려고 노력하였다. 이 점은 니콜 선생님에게 매우 중요했다. 니콜 선생님의 학생 시절 많은 수학 선생님들이

니콜 선생님이 성공할 수 있을 것이라고 생각하지 않았다. 그 결과, 니콜 선생님은 수학과 과학 성적이 부족하여 소아과 의사가 되려는 꿈을 접어야 했다. 니콜 선생님은 교육과정을 개발하는 자신의 능력을 발견하였고 이로 인하여 긍정적인 자아존중감을 갖게 되었으며 학생의 사회적·정서적 요구사항을 가장 잘 아는 교사가 되었다.

니콜 선생님의 수업 이야기

내가 맡은 6학년에서는 최근 자료 분석 단원을 시작하였다. 이번 주 초반에 나는 학생들에게 학교에서 "당신이 좋아하는 것은 무엇입니까?"라는 질문에 답하는 과제를 내주었다. 이 프로젝트는 (1) 질문을 확인하고 자료 수집 방법을 설계하기, (2) 자료를 조직화하고 그래프로 표현하기, (3) 그래프를 학급에 발표하기의 세 부분으로 구성된다. 나는 학생들에게 모둠으로 작업하게 했으며 몇 차례 수업 시간을 할애하였다.

지금까지 우리 학급에서는 〈USA Today〉 신문의 그래프를 이용하여 자료를 표현하는 방법에 대해서 논의하였다. 사용한 자료 표현의 유형(예. 그림그래프, 원그래프, 히스토그램, 꺾은선그래프), 그래프가 자료를 이해하는 데 어떻게 도움이 되는지, 그래프를 통하여 자료에 대해서 알 수 있는 점, 눈금을 정하는 문제(예. 표집에 포함된 사람의 수를 나타내는 방법)에 대하여 논의하였다. 나는 학생들이 그래프에 대해 기본적으로 이해했고, 이 과제의 목표는 학생들에게 자료 수집과 조직의 경험을 제공하는 것이라고 생각했다. 학생들이 선택한 주제에 대한 자료를 수집하도록 했기 때문에, 더욱 흥미로워한다고 생각하였다. 또한 모든 모둠이 서로 다른 자료를 수집하였기 때문에 여러 그래프에 대한 논의의 결말은 열려 있고 예측하기 어렵지만, 전체 학급이 자료의 의미를 성찰할 수 있는 풍부한 기회가 될 것이라고 생각했다. 과제의 개방성으로 인하여 학생들에게 몇 가지 논쟁거리(예. 주제를 어떻게 선택해야 하는가, 표본을 어떻게 표집해야 하는가, 어떤 그래프를 이용해야 하는가)를 야기했지만, 학생들이 충분한 경험을 했고 모둠활동을 하였기 때문에 이 쟁점을 해결할 수 있으리라 생각하였다. 학생들이 스스로 그래프를 만들면서, 자료 표현과 관련된 쟁점을 더 잘 이해하고 따라서 다양한 출처의 자료를 더 잘 해석할 수 있으리라고 생각하였다. 교육과정의 일부분이기도 하고 일상생활에 필요한 기능으로 여겼던 것이다.

이 프로젝트의 세 번째 부분인 그래프를 학급에 발표하기는 나에게 매우 중요하였다. 왜냐하면 학생들이 발표와 토의를 더 능숙하게 하게 하려는 나의 목표와 부합하기 때문이었다. 나는 학기의 첫 달 동안 사고하고 말하기를 위하여 학급 학생들이 서로 신뢰하고 존중하는 분위기를 만드느라 노력하였다. 많은 학생들이 중학교에서 친구들을 "바보" 또는 "멍청이"라고 비난하는 것을 묵인한다. 나는 서로를 존중하는 가운데 다른 사람에게 질문하게 하였다. 많은 학생들이 영어를 제2언어로 사용하였고 발표하는 것을 힘들어하였기 때문에 토의가 이루어지기 어려웠다. 나는 스페인어를 약간 말할 수 있었기 때문에, 내가 영어와 스페인어로 설명해 주면 학생들은 자신이 할 수 있는 언어로 질문하거나 답하라고 하였다. 이는 두 언어 모두 가치 있다는 메시지를 전달하고, 학생들로 하여금 자신이 덜 경험한 언어를 학습하는 데 도움을 준 것 같았다. 또한 또래와 모둠으로 협력하여 활동하고 그래프 자료를 이용하여 정보를 의사소통하다보니, 학생들의 수학 학습과 의사소통 능력을 모두 향상시킬 수 있었다고 생각하였다.

과제는 학생들에게 적절해 보였다. 학생들은 며칠 동안 주제를 선정하고, 학교에서 설문조사를 실시하고, 자료를 수집하고, 그래프를 만드느라 열심이었다. 나는 학생들이 스스로 수학적으로 사고하기를 원했기 때문에, 학생들의 관찰을 안내하거나 나의 의도를 짐작해보게 하고 싶지 않았다. 나는 선제 과정에서 질문에 답해주고, 학생들이 과정에 따를 수 있게 안내를 해주었지만, 나를 통해서 추측하지 않고 학생들이 계획을 만들고 실행하도록 내버려 두었다.

학생들이 그린 그래프는 예술이었다. 학생들은 마커펜, 색연필, 물감, 크레용을 이용하여 시각적으로 꾸몄고 미술 선생님은 칭찬을 하였다. 어떤 학생들은 손으로 그리지 않고 스텐실과 캘리그래피까지 이용하여 제목을 붙였다. 독특한 디자인(예. 좋아하는 TV 프로그램 그래프의 외곽을 텔레비전 모양으로 함)을 만든 학생도 있었다. 모든 것에서, 나는 학생들이 보여준 창의성에 매우 감동받았다.

과제 설정

오늘 학생들은 자신의 그래프를 발표하여야 한다. 나는 각 모둠에게 10분 동안 발표자와 교실 앞에서 발표할지 제자리에서 발표할지, 자기 모둠의 표에서 가장 발표하고 싶은 중요한 수학아이디어는 무엇인지를 정하라고 하였다. 나는 발표에 너무 많은 형식을 정해놓고 싶지 않았기 때문에 발표에 포함되어야 할 중요한 요소를 말하지 않았다. 모둠의 학생들이 서로 의사소통하여 중요한 것이 무엇인지 합의했으면 했다.

과제 실행

모둠에서 토의하는 동안, 나는 교실을 순회하였다. 각 모둠 앞에 잠깐 멈추어 무엇을 하려고 하는지를 묻고, 과제에 참여하는지 확인하였다. 학생들은 발표자를 선정하는 데 가장 관심이 있어 보였다. 토의가 거의 끝나가는 모둠에게 투표로 발표자를 선택할 것을 제안하였다. 득표가 같으면, 동점자의 이름을 종이 위에 적고 제비뽑기로 한 장을 선택하였다. 내가 중요하게 생각한 발표할 내용을 학생들이 발표했으면 하고 간절히 바랐다. 수업 시간을 확인하기 위해 시계를 보았다. 적어도 두 모둠이라도 그래프를 발표했으면 했다.

학생들이 발표를 하는 첫 시간이었기 때문에 자원자가 적었던 것 같다. 나는 첫 번째 발표할 모둠을 정하기 위해서 각 모둠에 숫자를 하나씩 배정하고 "당첨 봉투"에 각 숫자를 써 넣었다. 10분이 지나고 나서, 학생들의 주위를 환기시키고 첫 번째 발표를 할 시간이라고 말했다. 나는 봉투에서 종이 한 장을 꺼내어 "콰트로"가 첫 번째로 발표한다고 발하였다. 그 모둠의 학생은 후안이 발표할 것이라고 말하고, 모둠원 전체(마리아, 칼로스, 제니퍼, 후안, 마크)가 교실 앞으로 이동하였다. 평소 나는 학생들이 그 프로젝트에 주인의식을 갖게 하기 어려웠었다. 그런데 학생들이 후안을 돕기 위해 같이 나오자 감동을 받았다. 학급 학생들에게 다른 사람의 발표를 잘 듣고 이해하려고 노력해야 한다고 설명하였다

후안은 자기 모둠에서는 좋아하는 TV 프로그램을 조사하였다고 말하고, 그래프에 있는 프로그램의 이름을 나열하였다. 그 프로그램들은 보니하니, 심슨, 음악세계, 닌자거북(그림 9.2)이다.

나는 후안이 모둠 조사에서 알아낸 것을 말하기를 기대했다. 하지만 후안의 모둠은 교실 앞에서 원형으로 서서 작은 목소리로 속삭였다. 학생들에게 준비할 시간을 충분히 주었다고 생각했기 때문에 나는 약간 당황하였다. 후안의 모둠이 앞에서 무엇을 발표할지 논의하는 동안에 다른 학생들은 매우 조용히 기다려 주었다. 3분 후에 나는 토의가 끝난 것처럼 보여 발표를 계속할 수 있는지를 물었다. 나는 학생들을 통제하거나

[그림 9.2] 후안이네 모둠의 그래프(좋아하는 TV 프로그램)

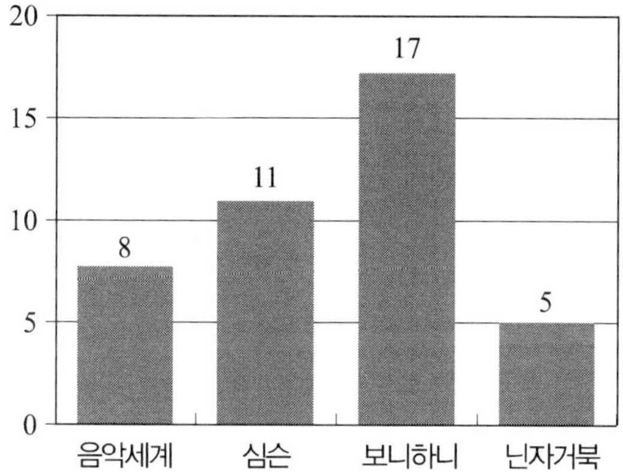

지시하지 않고 지원만 하면서, 모든 학급의 학생들이 참여하는지 확인하고 싶었다. 후안의 모둠은 도움이 필요해 보였고, 반 학생의 누구라도 그 모둠을 도와줄 수 있다고 말했다. 학급 학생 중 케빈은 후안의 모둠에게 몇 명의 학생이 각 TV프로그램에 투표했는지 말해달라고 하였다. 후안은 그래프의 수를 읽으며 답했다. 후안과 모둠원들이 앞에서 계속 속삭이고 있었기 때문에 다른 학생들에게 후안의 모둠의 그래프에 대해 질문하게 하라고 제안하였다. 학생들이 공개적으로 토의하면서, 내가 논의하고자 하였던 중요한 아이디어(예. 왜 막대그래프를 이용하여 자료를 표현하였는가, 이 설문조사를 통해 무엇을 설명하고 싶었는가, 표본은 어떻게 선택하였는가, 그들이 사용한 비율과 각 항목의 응답자의 관계는 무엇인가)에 대한 의견을 제시하기를 기대했다.

많은 학생들이 손을 들었고 후안은 학생들을 호명하기 시작하였다. 나는 학생들이 적극적으로 참여하는 것을 흐뭇하게 바라보았다. 학생들은 "어떻게 음악세계를 포함시켰는가!", "그래프를 그리는 데 시간이 얼마나 걸렸는가?", "누가 조사를 했는가?" 하고 질문하였다. 후안은 처음에는 주저하였지만 나중에서 자신감에 차서 쏟아지는 질문에 답하였다. 동시에 후안은 활동에 참여한 모둠의 다른 학생을 언급하였다. 후안의 모둠은 의기양양하였다. 나는 학생들이 열심히 하는 것을 보고 기뻤다. 하지만 발표 자료의 디자인과 발표 자료 만드는 과정에 집중하고 수학에 충분히 집중하지 못했다고 생각했다. 후안에게 그래프를 보고 가장 선호하는 프로그램이 무엇인지 어떻게 알 수 있는지 물었다. 후안은 그래프의 막대 위에 있는 수를 보면 알 수 있다고 답하였다. 나는 막대의 높이와 응답의 빈도를 관련짓게 하고 싶었기 때문에 그 수가 직사각형과 대응되느냐고 질문하였다. 모둠은 추가 설명 없이 일제히 "예!" 하고 답하였다. 나는 이 사항에 대해 충분히 다루려고 노력했다고 판단했고, 다음으로 진행하기로 했다. 그 모둠에게 발표해주어서 고맙다고 말했다. 첫 번째 모둠이 자리에 앉자 박수가 터져 나오는 것을 보고 감동하였다. 학생들에게 매우 어려웠던 것이고, 학생들은 발표를 마친 후에 의기양양했다.

수업이 30분이 흘렀다. 첫 번째 발표는 예상했던 것보다 시간이 많이 걸렸다. 하지만 한 모둠의 발표를 더 할 수 있는 시간이 있었다. 나는 당첨 봉투에서 다음 모둠을 선택하였다. 첫 번째 모둠처럼, 두 번째 모둠도 모두(수전, 후애니타, 데이비드, 미겔, 에드워도)가 교실 앞에 나왔다. 수전이 모둠원 대표로 발표하였다. 6학년의 하위 집단인 빨간, 파란, 초록 지역에서 4개의 영화(로보캅, 다이하드, 리썰웨폰, 닌자거북) 중 가장 좋아하는 것을 물었다고 설명하였다(그림 9.3)

[그림 9.3] 수전 모둠의 그래프(좋아하는 영화)

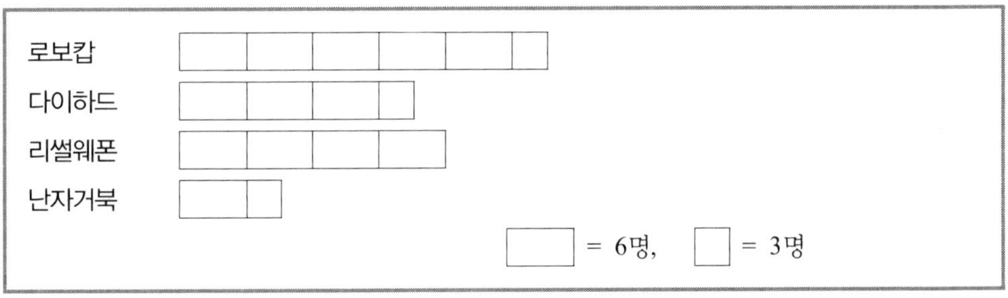

수전은 그래프의 작은 직사각형은 여섯 명을 나타내고 그 절반은 세 명을 나타낸다고 말하였다. 첫 번째 발표한 모둠의 칼로스가 어떻게 이런 아이디어를 내었는지를 질문하였다. 수전은 에드워도가 제안하였다고 답한다. 에드워도는 수전이 자신이 이 활동에서 기여했다는 것을 말해주자 미소를 지었다. 논쟁은 없었고, 수전이 질문이 있는지 학급 학생들에게 물었다. 나는 수전이 질문이 있는지를 물어봐주어서 기뻤다. 마르티나는 모두 몇 명이 그래프에 있는지 물어보았다. 수전이 직사각형 하나는 여섯 명을 나타내고, 로보캅은 33명, 다이하드는 21명, 리썰웨폰은 24명, 닌자거북은 9명이 선택하였다고 말하였다. 마르티나는 수전이 자기의 질문에 제대로 답하지 못하자 다른 방식으로 질문하였다. 마르티나는 "전체 몇 명인가"라고 물었다. 수전은 모둠의 다른 학

생을 바라보았고 모둠원들이 이구동성으로 "87명"이라고 답하였다.

학급 학생들은 그 모둠에게 질문을 이어나갔다. 대부분의 질문은 수학적인 것이 아니었다. 예를 들어 라몬은 각 영화를 나타내는 데 어떻게 색을 사용할 생각을 했는지 물었다. 수전은 모둠에서 영화와 색을 연결지으려 했다고 설명하였다. 닌자거북의 주인공이 빨간색 셔츠를 입었고 따라서 닌자거북은 빨간색 직사각형으로 나타내었다고 하였다. 나는 학생들이 그래프의 표면적인 특성 이상의 것에 초점을 두기 원했지만, 학생들에게 이의를 제기하거나 그래프를 비판하기 싫었다. 나는 학생들이 더 유능하고 수학적으로 행하기를 바라지만, 더 강하게 밀어붙인다고 도움이 될 것이라는 생각하지 않았다. 대화를 잠깐 놓쳤다는 생각이 들어, 시계를 보았다. 시간이 다 흘러갔다. 나는 학생들이 논의에 참여한 것과 서로를 존중한 점이 좋게 느껴졌다. 학생들은 발전했으며 스스로 뿌듯해 하였다.

토의할 문제

1. 니콜 선생님의 수업을 어떻게 평가하는가?
   a. 그녀의 관점에 동의하는가?
   b. 이 교실에서는 어떤 일이 있었는가?
   c. 니콜 선생님의 학생들이 학습한 것은 무엇일까?
   d. 어떤 수학을 학습하였을까?

2. 니콜 선생님이 학생들을 발표시킨 목적은 무엇일까?
   a. 이 목표는 가치가 있다고 생각하는가?
   b. 니콜 선생님의 목표는 달성되었는가?
   c. 니콜 선생님은 정의적 목표와 인지적 목표의 "균형"을 어떻게 맞추었는가?

3. 수업에서 발생한 일과 발생하지 않은 일에 영향을 미친 교실 내의 요인은 무엇인가?
   a. 학생들이 과제에 참여하도록 영향을 미친 교사의 행동은 무엇인가?
   b. 학생들이 과제에 참여하도록 영향을 미친 학생의 행동은 무엇인가?

4. 다음 수업에서 남은 모둠의 발표를 진행해야 한다고 생각하는가?

수업 노트

니콜 선생님은 수학 학습과 자아존중감이라는 두 가지 서로 연관된 목표를 지향한다. 니콜 선생님은 자아존중감을 매우 중요시했다. 왜냐하면 자아존중감이 없는 학생에게는 기회도 없다고 생각했기 때문이다. 따라서 니콜 교사는 학생들이 발표하고 서로 질문할 때 안정된 분위기를 느끼게 하려고 매우 노력하였다.

이 수업에서 니콜 교사가 다루려던 내용(자료 수집과 분석)은 최근의 중학교 교육과정에 포함시키도록 제안되었던 것이다. **학교수학을 위한 교육과정과 평가 규준**(NCTM, 1989)에 따르면 "사회에서 예측과 의사결정을 위한 자료를 많이 다루기 때문에, 학생들이 자료 분석의 개념과 과정을 이해하는 것은 매우 중요하다"(p.105). 그뿐 아니라, 니콜 선생님이 의사소통을 강조한 것도 학생들이 수학을 이해하는 과정에 대한 동향과도 일치하는 것이다.

따라서 내용, 과정, 정의적 측면을 강조하는 니콜 선생님의 수업 목표는 아주 적절하다. 그러나 사례를 보면 니콜 선생님은 딜레마에 봉착했다. 학생들은 말하고 있지만 대부분 수학에 대한 것이 아니다. 니콜 교사는 학생들의 예민한 자존심에 부정적인 영향을 주게 될까봐 학생들을 수학에 내모는 것을 두려워한다. 하지만 학생들이 덜 수학적인 안전지대에 머물러 있다면, 의도한 바를 학습할 기회를 갖지 못하게 될 것이다. 니콜 교사는 학생들을 압박하지 않기로 마음먹고, 학생들은 수학적인 활동을 적게 한다.

인지 수준

이 사례의 과제의 핵심은 다양한 모둠이 여러 날 동안 준비한 다양한 그래프를 다른 사람에게 발표하는 것이다. 교사는 모둠에게 "그래프에 대해 발표하고 싶은 가장 중요한 수학적 아이디어를 결정하라고" 지시하였다. 우리는 설정 단계의 과제를 **수학 행하기** 수준으로 판단한다. 과제는 개방형이기 때문에 복잡하다. 접근법이나 해결 방법을 예측하기 어렵고 교사가 시범을 보이지도 않았다. 교사는 학생들이 그래프와 서로의 질문을 조사하기 위해 어떤 내용을 발표해야 하는지 일부러 분명히 가르쳐주지 않았다. 학생들이 중요한 수학적 아이디어가 무엇인지 결정하여야 하였다.

대부분의 학생들이 수업 전반에 적극적으로 참여하였지만, 수학적인 활동을 하지 않았다. 우리는 과제의 실행 수준을 **비수학적 활동** 수준이라고 생각한다. 표와 그래프에서 수학과 관련 없는 부분이나 누가 발표할 것인지와 같은 활동조직의 문제에 초점을 두어 발표와 논의가 이루어졌다. 표의 수학적 부분에 대한 언급이 몇 번 있었지만(예. 첫 번째 발표에서 후안에게 선호하는 프로그램을 어떻게 알 수 있냐고 교사가 물었을 때, 두 번째 발표에서 마르티나가 표에 모두 몇 명이 있는지를 물었을 때), 학습기회를 포착하지 못했다. 그 다음의 질문은 눈금 잡기의 중요성을 언급할 수 있는 것이었다. 눈금을 어떻게 선택하였고 그 눈금이 적절한지, 그리고 그 표와 그래프에서 눈금이 어떠한지에 관한 것이었다.

"놓친 기회"는 더 있다. 어떻게 "선호하는" 항목을 선택하였는지(즉, 그래프에 나타낸 프로그램들이 학생들에게 조사한 결과인지 미리 선택한 네 개의 프로그램의 순위를 매긴 것인지), 표집에서 제공한 정보가 어느 정도의 모집단까지에 적용되는지, 왜 막대그래프를 선택하였는지에 대해 발표자, 교사, 학급의 다른 학생도 논의하지 않았다. 과제는 학생들이 수학적으로 참여할 수 있는 것이었지만, 과제를 실행하는 동안 과제의 가능성이 실현되지 않았다.

요인

수업을 실행하면서 과제의 수준이 낮아진다면, 인지적 요구를 변화시키는 교실 요인을 알아보는 것이 중요하다. 이러한 요인의 유무에 따라 의도한 대로 과제를 실행할 수도 있고 아니면 학생의 높은 사고 수준을 불러일으키지 못하는 형태로 바뀔 수도 있다. **사례에 대해서 논의할 때 요인들을 반드시 생각해 보아야 한다.**

과제의 요구가 분명치 않았다. 이 상황에서, 학생이 적절한 사고를 할 수 있을 만큼 과제에서 기대하는 바가 분명하지 않았던 것 같다. 교사가 제시한 과제의 지시사항이 지나치게 열려 있었다. 교사는 모둠과 모둠을 다니면서 이를 알게 되었을 것이며 학생들이 발표할 내용보다 누가 발표할지에 더 관심이 있는지도 알게 되었을 것이다. 교사는 학생들에게 많은 지시를 내리고 싶어 하지 않았지만, 안내를 더 해주었다면 학생들이 좀 더 수학적으로 사고할 수 있게 도울 수 있었을 것이다.

학생에게 고차원적인 산출물이나 과정에 대한 책임이 없었다. 처음에는 과제를 설정한 대로 "가장 중요한 수학 아이디어"에 초점을 두어 발표해야 한다고 말해주었지만, 학생들이 발표하고 논의하는 동안 이를 강조하지 않았다. 교사가 모둠 활동을 하는 동안 그래프의 수학적 측면에 초점을 두도록 했을 것이라 예상되지만, 수업에서 분명히 드러나지 않았다. 아마 교사가 학생들에게 수학적인 질문을 했겠지만, 학생들은 이 미묘한 단서를 알아채지 못했던 것 같다. 그래프에 대해 흥미로운 질문을 많이 했지만, 그 수업의 목표는 과제에 포함된 중요한 수학 아이디어에 관한 **수학적** 질문에 초점을 두는 것이었다.

높은 수준의 수행 시범 보이기. 높은 수준의 수행에 대한 시범을 보이지 않았기 때문에, 과제를 설정하는 단계보다 실행 단계에서 수준이 하락하였다. 학생들은 그래프를 디자인하거나 작성하는 데 관한 질문을 하기 시작했으며 교실의 어느 누구도(교사, 학생, 발표자) 그에 대해서 이의를 제기하기 않았기 때문에, 비수학적인 질문은 낮은 수준의 수행을 이끌었던 것 같다. 학생들이 **수학적인** 질문을 하지 못했다면, 교사가 높은 수준의 수행을 시범 보여서 과제의 인지 수준을 높였어야 했다. 예를 들어서, 그래프를 보고 선호하는 프로그램이 무엇인지 말하는 방법에 대해 교사가 제기한 질문은 "수학적"으로 사고하는 기폭제가 될 수도 있었다. 만일 교사가 학생들에게 너무 강요하는 것이 아닌가 하고 우려된다면, 교사가 관찰한 것을 지적하거나, 그래프에 대한 질문을 제기하며 "지도"하는 것도 좋다.

학생 사고를 스캐폴딩하기. 이 수업에서는 학생의 사고를 지원하지 않았고 계획했던 것보다 과제의 수준이 낮아지게 되었다. 니콜 선생님이 그래프를 수학적으로 설명하는 이 수업의 목표를 지속적으로 염두에 두고 학생들을 도왔다면 목표를 달성할 수 있었을 것이다. 첫 번째 모둠이 발표할 때 교사는 학생들에게 정보를 표현하는 방법을 어떻게 정했는지를 질문하였다. 학생들이 답을 자세히 하지 않았지만, 교사는 학생들이 설명을 더 잘할 수 있도록 돕지 않았다. 교사가 학생들에게 다른 표현 방법을 고려해 보았는지, 장점과 단점은 무엇인지, 막대그래프의 어떤 특징이 유용한지에 대해서 질문하였다면 목표를 달성할 수 있었을 것이다.

기타

이 사례의 또 다른 이슈는 학생의 자기 효능감이 중요하다는 것이다. 교사가 수학적 목표는 달성하지 못하였다 할지라도, 학생들이 서로의 아이디어를 존중하고 수학적 과제와 관련된 논의에 참여하는 분위기를 만드는 데 성공하였다. 교실 토론을 그와 같은 방식으로 지속함으로써, 교사는 수학 수업에서 서로에 대한 신뢰감과 안정감을 조성하였다. 수학적 탐구를 심층적으로 하지는 못했지만 말이다.

신뢰감과 안정감 조성은 단기적인 목표로 적합하며, 장기적으로는 수학적 아이디어를 공식적으로 탐구하는 것을 목표로 하여야 한다. 교사는 대화 속에서 수학을 빠뜨리지 않도록 해주어야 한다. 수업에서 공동체에 대한 신뢰를 형성하는 것뿐 아니라 수학적으로 유능한 학생들을 만들어가야 한다. 학생들이 수업 중 토의에 안정적으로 참여하게 되면, 수학적으로도 인정받고 적극적으로 참여하여 지속적으로 자신감을 향상시켜가도록 하는 것이 중요하다.

10 문제해결하기

[그림 10.1] 제롬 선생님의 사례를 읽기 전 도입 활동

다음 문제를 해결하시오.

1. 한 남자가 7명의 파수꾼들이 지키고 있는 과수원에 들어가 몇 개의 사과를 땄다. 그는 떠나면서 첫 번째 파수꾼에게 그가 가진 사과의 반과 하나의 사과를 더 주었다. 두 번째 파수꾼에게 그는 남은 사과의 반과 하나의 사과를 더 주었다. 그는 남은 다섯 명의 파수꾼들에게 똑같은 방식으로 사과를 주었고, 과수원을 떠날 때 그에게 남은 사과는 하나였다. 그가 처음에 가지고 있던 사과는 모두 몇 개인가? 어떻게 문제를 해결하였는지 설명하시오.
2. 계산기를 사용하지 말고 1부터 25까지의 수를 더하시오. 문제를 어떻게 해결하였는지를 설명하시오.
3. 5달러짜리, 10달러짜리, 20달러짜리 지폐 세 뭉치가 있다. 전체 금액은 1000달러이고, 어느 두 지폐 뭉치의 지폐 장수도 같지 않다고 가정할 때, 각 뭉치의 지폐는 몇 장인가? 풀이가 타당한 이유를 설명하시오.

제롬 선생님의 사례

제롬 선생님은 서스턴 중학교의 교사이다. 서스턴 중학교는 대도시 부근에 있으며 재정 문제로 어려움에 처해 있다. 이 학교는 교사의 이직률은 높고, 학생의 출석율과 성취가 낮으며 학부모의 교육지원은 제한적이고, 자료가 부족하여(낡은 교과서, 부족한 계산기와 컴퓨터) 수년간 그 지역 학교들 중 환경이 가장 열악한 학교로 알려져왔다. 교사들은 학생들에게 큰 기대를 갖고 있지 않으며, 학생들의 기초학력도 매우 부족했다. 서스턴 지역이 수준 높고 뛰어난 학생들을 양성하는 교육구가 아니라는 인식 때문에, 대부분의 교사들은 그 지역을 선호하지 않았고, 환경이 더 좋은 다른 지역을

선호하였다.

그러나 제롬 선생님은 달랐다. 그는 서스턴의 교육환경을 바꾸고, 서스턴에 수학 과학 센터를 세우고자 하는 비전을 가진 교장선생님 및 수학 교사들과 함께 활동하기 위해 4년 전에 이곳으로 왔다. 제롬 선생님과 그의 동료 교사들은 서스턴 학생들이 도시 생활의 일상적 요구에 대처하는 그러나 현재의 수학 프로그램으로 개발되지 않는 문제해결 능력이 있다고 믿었다. 그들은 수학 수업의 초점을 반복 연습으로부터 개념 이해와 문제해결의 개발로 바꾸면, 학생들의 학업성취도가 높아질 것으로 생각했다.

제롬 선생님은 유아와 중등수학 교사 자격증을 소지하고 있고 교육경력이 15년이며, 초등교육학 석사학위를 취득한 베테랑 교사이다. 그가 4년 동안 서스턴 중학교에서 수학을 가르쳤지만, 그 이전에는 전 과목을 가르치던 초등학교 담임교사였다. 그는 학력과 경험을 토대로, 수학에 열정적일 뿐 아니라 학생들을 심층적으로 이해하려고 노력했다. 그는 자신의 노력과 학생들과의 호흡을 통해 학생들 삶에 변화를 일으키고 기회를 많이 가져다주고 싶은 마음이 간절했다.

제롬 선생님의 수업 이야기

나는 학생들이 유능하고 자신감 있는 수학 문제해결자가 되기를 원한다. 절차를 적용하고 사실을 기억하는 것으로는 충분치 않다. 학생들은 교실뿐만 아니라 사회에서 부딪히는 새로운 상황을 대처해 나가기 위해 생각하고 판단할 수 있어야 한다. 학생들은 수학을 지루한 반복 연습 이상의 것으로 생각하여 한다. 학기 초에 7학년 학생들은 수학을 잘해본 적이 없다고 말했다. 나는 학생들에게 6년 동안 산수만 했지, 수학을 해본 적이 없다고 말했다. 나는 그들에게 수학이 무엇인지를 보여줄 것이라고 말했다.

나는 문제해결이 수학을 가르치는 여러 목표 중의 하나가 아니라, 수학을 가르치는 **유일한 이유**라고 생각을 고치게 되었다. 학생들은 한 가지 이상의 풀이를 요구하는 열린 문제, 한 단계 이상을 포함하는 문제, 다양한 전략을 이용하는 문제를 해결하는 활동을 할 필요가 있다. 해결과정이 단순하지 않고 절차를 적용해도 해결되지 않는 문제들을 경험할 필요가 있다. 학생들은 날마다 근거를 가지고 생각하고 추론해야 한다. 장기적으로 볼 때, 이러한 것들이 학생들에게 도움이 될 최고의 기능이다.

5년 전 중등수학 교사 자격증을 취득하기 위해 공부를 하던 즈음, 문제해결 관련 강의를 듣게 되었다. 그 강의에서 문제해결과 문제해결 전략을 활발하게 논의하였다. 폴리아(1985)의 문제해결 네 단계는 나에게 많은 도움을 주었으며, 지금도 수업에서 그 문제해결 전략을 사용하고 있다. 우리 반 교실에는 **생각하라, 계획하라, 해결하라, 되돌아보라**는 포스터가 붙어 있으며, 학생들은 이 포스터를 보고 폴리아의 문제해결 4단계를 생각한다.

7학년의 교과과정이 매우 빡빡하다는 것이 걱정된다. 1월과 6월에 시행되는 시 학력평가의 범위 때문에 10개의 단원을 가르쳐야 한다. 시험 성적이 특별 프로그램(예. 영재교육, 1장)과 고등학교 수학 교육 과정에 참여할 수 있는 자격 요건의 역할을 하기 때문에, 학생들은 이 시험에 대한 관심이 대단하다. 그렇기 때문에 다른 모든 것과 더불어 문제해결 역시 가르쳐야 한다. 설상가상으로 올해 사용하고 있는 교재는 문제해결 방법을 제대로 다루지 않고 있다. 그래서 나는 학생들에게 시험 준비를 시켜야 할지, 아니면 문제해결을 적극적으로 다뤄야 할지를 놓고 매우 많은 고민을 하게 되었다. 결국 나는 월요일 수업 전체를 문제해결력 배양에 할애하였고, 화요일에서 금요일 수업의 전반부에서 문제해결을 위한 워밍업 수준의 가벼운 활동을 시키기로 하였다.

오늘은 화요일이기 때문에, 먼저 워밍업 수준의 가벼운 문제들을 풀고 난 후 본격적인 수업으로 들어가게 될 것이다. 오늘의 수업은 음수에 대해 배우고, 그 음수를 수직선에 표시하는 것이었다. 워밍업 문제가 꼭 본 수업과 관련되어 있을 필요는 없지만, 항상 근거를 가지고 문제를 선택한다. 이전에 논의했던 문제의 단순화, 도표 그리기, 패턴 찾기, 그리고 거꾸로 풀기 등의 다양한 전략들을 생각하며, 오늘 학습할 문제들(그림 10.1의 첫 두 문제)에 대해 문제해결의 "계획" 단계에 임하도록 하였다. 제시한 문제들은 예측하거나 알고리즘으로는 해결하기 어려운 것들이다. 따라서 학생들은 이 문제들을 해결하기 위해 많은 노력을 기울여야 한다.

과제 설정

학생들이 교실에 들어오면 가장 먼저 [그림 10.1]에 나와 있는 두 개의 문제를 발견하게 된다. 학생들은 의자에 앉자마자 그 문제들을 풀어야 한다는 사실을 알고 있는 상태이다.

과제 실행

나 역시 교실에 들어와 각 모둠을 살펴보면서, 학생들이 어떠한 해답을 찾았는지 점검한다. 점검한 후 학생들에게 정답을 가르쳐주고 다음 모둠으로 이동한다. 나는 되도록 학생들의 토의를 방해하지 않지만, 제대로 된 풀이 과정을 따르고 있는지는 알려주려 하는 편이다. 학생들은 이러한 피드백을 고맙게 생각한다. 오답이 "나쁜 것"이 아니고 단지 생각을 좀 더 할 필요가 있는 것으로 생각하도록 주의를 기울였다.

나는 시계를 본 후 학생들에게 8분이 지났다는 것을 알려준다. 그리 긴 시간은 아니지만, 수업시간에 해야 할 것이 많다. 나도 내가 42분이라는 수업시간에 너무 많은 것들을 가르치려 한다는 것을 안다. 하지만 어쩌겠는가? 그 짧은 시간에 해야 할 일들이 너무도 많은 것을!

나는 학생들에게 첫 번째 문제의 답을 찾은 사람이 있는지 물어본다. 매우 열정적인 학생인 타미카는 정답이 사과 8개라고 주장했다. 하지만 이 답은 내가 바라던 답이 아니다. 나는 타미카에게 어떤 풀이 전략을 사용했는지 물어보았다. 타미카는 "예상하고 확인하기" 과정을 활용했다고 한다. 나는 타미카에게 그 전략으로는 답을 찾기 어렵다고 말하였다. 다음에 다시 학생들에게 다른 풀이 전략을 찾아낸 사람이 있는지 물어본다. 학생들은 "패턴 찾기"나 "표 만들기"와 같은 전략들을 말하기 시작한다. 하지만 아직도 가장 효과적이고 적절한 풀이 방법이 나오지는 않은 상태이다. 마지막으로 자말은 "거꾸로 풀기" 전략이라고 말하였다. 나는 이 전략이 가장 효과적이라는 사실에 동의했고, 그 전략이 "표 만들기" 전략과 상당한 연관성을 가지고 있다는 사실도 알고 있다. 그래서 학생들이 파수꾼과 사과 문제를 풀 때 이용할 수 있도록 [그림 10.2]의 표를 제시하였다.

우리는 첫 번째 행을 함께 풀었다. 문제에서 파수꾼에게 사과를 준 후 남은 사과의 개수가 하나라는 사실을 설명했다. 그리고 "후"열의 첫 번째 칸에 1이라고 썼다. 이어서 "사과 개수를 반으로 나눈 후 1을 더한 만큼의 사과를 7번째 파수꾼에게 주었기 때문에" 남은 사과의 개수와 파수꾼에게 더 준 사과 1개를 더한 것이 총 사과 개수의 반이라고 설명하였다. 따라서 사과 개수의 반은 2개가 된다. 그래서 2에다 2를 곱하면 7번째 파수꾼에게 사과를 주기 전에 몇 개의 사과를 가지고 있었는지를 알 수 있게 된다. 우리는 이러한 계산 과정을 "거꾸로 풀기"열에 추가시켰고, "전"열에 4라고 썼다. 그리고 다음 행으로 넘어갔다. 학생들에게 "후"열에 어떤 숫자가 들어가야 하는지

[그림 10.2] 파수꾼과 사과 문제해결 표

파수꾼	후	거꾸로 풀기	전
7	1	(1+1)×2	4
6	4	(4+1)×2	10
5			
4			
3			
2			
1			

를 물어보았다. 그들은 "4입니다."라고 열정적으로 대답했다. 다시 그 다음에는 어떻게 해야 하는지 물었다. 마이클은 7번째 파수꾼의 사과를 계산할 때처럼 1을 더한 후 2를 다시 곱해주어야 한다고 설명했다. 마이클은 "거꾸로 풀기"열에 6번째 파수꾼이 가지게 될 사과는 4+1=5와 5×2=10이라는 계산 과정이 들어가야 하며, "후"열에 들어갈 숫자는 10이라고 했다. 이제 15분 정도가 지났기 때문에, 좀 더 속도를 내어 음수를 다루게 될 다음 문제로 넘어갈 준비를 해야 했다. 학생들에게 남은 빈칸은 숙제로 내 주었다.

그 후, 학생들에게 두 번째 문제의 답을 찾았는지 물어보았다. 아무도 곧바로 대답을 하지 않았기 때문에, 앞으로 나가 1부터 25까지의 수를 위에서 아래로 쭉 나열해 놓았다. 나는 1과 25를 연결하는 선을 그린 후, 학생들에게 이 두 수의 합은 무엇인지 물어보았다. 학생들은 "26"이라고 대답하였고, 나는 2와 24, 3과 23 등의 숫자를 계속 연결하여 각 수들의 합을 학생들에게 물어보았다(그림 10.3).

내가 두 수의 합이 26이 되는 선을 계속 연결하자, 하산은 어떻게 답을 찾아내야 할지 알게 되었고 흥분된 표정으로 손을 들었다. 그는 합이 26이 되는 수들의 쌍이 몇 개인지를 찾아낸 후, 그 수만큼 26을 더하면 1에서 25의 총합이 얼마인지를 알 수 있다고 설명했다. 나는 옳다고 대답한 후, 더할 수도 있지만 곱할 수도 있다고 설명했다. 시계를 다시 본 후, 이 문제의 나머지를 숙제로 내주면 1~2분 정도의 시간이 생기고 남은 시간에 어제 내주었던 숙제를 확인할 수 있겠다고 생각했다.

나는 학생들에게 숙제로 해결해온 지폐 뭉치 문제를 꺼내보라고 했다(5달러짜리,

[그림 10.3] 교사의 그림

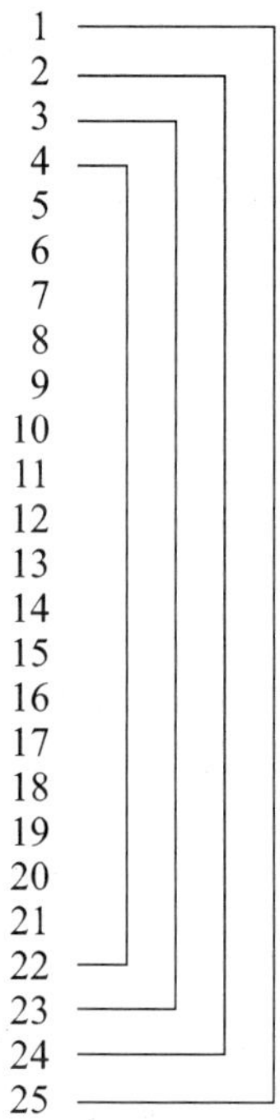

10달러짜리, 20달러짜리 지폐 세 뭉치가 있다. 전체 금액은 1000달러이고, 어느 두 지폐 뭉치의 지폐 장수도 같지 않다고 가정할 때, 각 뭉치의 지폐는 몇 장인가?). 이 문제를 선택한 이유는 문제해결 방법이 다양하기 때문이다. 표 만들기, 예상하고 확인하기, 패턴 찾기 등 우리가 지금까지 논의한 모든 전략들을 사용할 수 있다. 전 시간에 학생들은 여러 오답을 제시했고 별다른 진척을 보이지는 못한 상태였다. 답을 찾아낸 학생이 있는지 물어보았다. 앤서니는 5달러짜리 13장, 10달러짜리 13장, 20달리짜리 40장이라고 대답했다. 5달러짜리와 10달러짜리의 수가 같기 때문에 답이 될 수 없다고 이야기해 주었다. 이러한 과정을 통해 학생들이 답을 얻어낸 과정을 되돌아보고, 문제의 조건에 위배되지 않는지 확인하게 하였다. 그러자 키리는 5달러짜리 4장, 10달러짜리 2장, 20달러짜리 49장이라고 말했다. 간단한 암산 과정을 거친 후 키리에게 계산 과정의 오류가 있으니 답을 다시 검토해보라고 말했다.

이 시점에서, 나는 다시 시간을 확인했다. 벌써 20분이 지났지만 아직 본 수업에 들어가지도 못한 상태였다. 지폐 뭉치 문제에 대한 다른 답이 나올 가능성이 없다고 판단하고 이 문제를 다시 숙제로 내 주었다.

그런 후에야 나는 본 수업을 위한 준비를 마칠 수 있었다. 문제해결은 너무 중요하기 때문에 이 정도의 시간을 소비할 만한 가치가 있다. 그러나 학생들은 집에서 문제해결의 노력을 별로 하지 않는다. 매우 실망스럽다. 여기에 대해서는 어쩔 수 없다. 음 수나 알아보자!

토의할 문제

1. 제롬 선생님은 자기 수업을 어떻게 평가하고 있는가?
   a. 당신은 그의 관점에 동의하는가?
   b. 그의 교실에서는 무슨 일이 일어나고 있는가?
   c. 당신은 제롬 선생님의 학생들은 무엇을 배우게 될 것이라고 생각하는가?
2. 문제해결에 대한 제롬 선생님의 관점은 어떠한가?
   a. 제롬 선생님의 행동 중 문제해결에 대한 그의 신념에 반하는 부분과 부합하는 부분은 어떤 점인가?
   b. 문제해결에 대한 제롬 선생님의 관점 중 NCTM(1989)의 권고 사항과 일치하는 부분과 일치하지 않는 부분은 무엇인가?
3. 당신은 제롬 선생님의 학생들이 수학적 문제해결과정을 제대로 거치고 있다고 생각하는가?
   a. 학생들의 문제해결능력 함양에 도움을 주는 요소와 방해되는 요소는 무엇인가?
   b. 제롬 선생님은 자신이 설정한 문제해결 목표를 학생들이 달성했는지 어떻게 판단했는가?
   c. 만약 제롬 선생님의 학생들이 문제해결력을 제대로 신장시키지 못했다면, 접근법을 어떻게 바꿔야 할까?

수업 노트

제롬 선생님은 학문적 배경이 훌륭하고 학생들을 헌신적으로 가르치고자 하는 열정적인 베테랑 교사이다. 제롬 선생님과 그의 동료들은, 학생들이 학교 내에서 문제해결 능력과 추론 능력을 향상시키기 위해 학교 밖의 문제해결 기능과 지식을 이용하게 하자는 것을 목표로 개혁 운동에 참여하였다. 제롬 선생님은 문제해결은 수학을 가르치는 유일한 이유라고 주장했다. 제롬 선생님은 자기가 수학을 공부하면서 유용하다고 깨닫게 된 폴리아의 문제해결 모델(생각하기, 계획하기, 해결하기, 되돌아보기)과 단순화하기, 표 그리기, 거꾸로 풀기와 같은 유용한 발견술들을 학생들도 사용할 수 있게 하기 위해 노력했다.

학생들의 문제해결 능력과 추론 기술을 향상시키자는 제롬 선생님의 목표는, NCTM 규준(1989)에 반영된 개혁에 대한 요구의 핵심 부분이기도 하다. 문제해결은 NCTM 규준의 모든 내용 영역과 모든 학년 수준에서 요구되는 4가지 수학적 과정 중 하나이다. 규준에 따르면, 학생들에게 "전형적이지 않으면서도 여러 단계의 과정을 필요로 하는 문제를 해결하기 위해 다양한 전략을 적용하고 개발할 수 있는 기회"가 주어져야 한다(p.75).

제롬 선생님의 사례를 읽기 전에 도입 활동 문제를 탐구해보기 바란다. 세 문제는 중학교나 고등학교 교과서의 문제들과 상당히 유사하다. 이 장의 후반부에 각 문제의 문제해결 전략을 설명할 것이다. 이러한 전략을 탐구하는 것은 사례의 맥락을 이해하는 데도 도움을 주고, 학생들의 문제해결 능력과 추론 능력을 향상시키는 목표와 관련된 여러 가지의 문제들을 이해하는 데 유용하다.

인지 수준

과제 설정 단계에서, 우리는 이 과제를 **수학 행하기** 수준이라고 판단했다. 제롬 선생님의 사례에서 학생들은 어떤 내용 영역이 아니라 수학적 과정에 집중하였다. 과제는 특정한 풀이 과정이나 알고리즘이 존재하지 않으며, 다양한 방법으로 해결될 수 있다. 문제를 해결하기 위해, 학생들은 문제 상황을 생각해보고 답을 찾기 위한 적절한 전략을 찾아야 한다.

그러나 수업 중에 과제의 인지 수준은 **수학 행하기**의 수준으로 유지되지 못하는 것 같다. 학생들은 문제의 상황을 탐구하지 않고 다양한 해결 전략을 찾지 않았다. 그 대신 교사가 가장 적절하고 옳다고 생각하는 문제해결 전략을 학생들에게 가르치는 데 집중한다. 따라서 이 과제를 실행하는 과정은 **연결성 없는 절차**의 수준에 있다고 볼 수 있다.

요인

제롬 선생님의 수업에서 문제와 문제해결의 발표가 진행되면서 과제의 인지 수준이 높게 유지되지 못하였다. 기실 학생이 아니라 교사가 문제에 관한 대부분을 설명하였기 때문에 학생들이 문제를 어떻게 해결하였고, 문제에 대해 어떻게 생각했는지에 관한 증거를 찾기 어렵다. 설정된 과제보다 실행된 과제의 인지 요구 수준이 쇠퇴할 경우 인지 요구 수준의 변화에 영향을 주는 요인들을 살펴보는 것이 중요하다. 이러한 요인의 존재 여부는, 과제가 의도대로 실행되는가 아니면 학생들이 높은 인지 수준의 과정에 참여할 가능성이 줄어드는가의 차이를 만든다. 이러한 부분을 충분히 고려하는 방향으로 사례에 대해 논의하여야 한다.

정답과 절차에 대한 강조. 제롬 선생님과 학생들은 상호작용할 때 주로 정답에 집중하고 있는 경우가 많았다. 모둠과 상호작용하면서 제롬 선생님은 학생들의 해결 전략에 대해 언급하지 않고 답이 옳은지를 알아보았다. 사과와 파수꾼 문제에 대해 토의하면서 타미카가 틀린 답을 말하였고, 교사는 해결 전략이 옳지 않을 것이라고 예상하고 타미카에게 설명할 기회를 주지 않았다. 타미카는 답이 틀렸기 때문에 나머지 논의에서도 자연스럽게 배제되었다. 교사는 학생들이 문제해결에 가장 적절한 해결 전략을 제시하지 못하자 과정을 하나하나 차례대로 설명해주었다. 문제를 해결하기 위한 다른 전략은 아예 논의되지 않았다. 제롬 선생님은 평상시 학생들이 해결 과정을 설명하는 과정에서 다른 학생들과 토의하여 오류를 찾아내게 하지 않고, 교사가 학생의 오류를 재빠르게 지적하는 경향이 있었다.

시간. 제롬 선생님은 첫 두 문제를 푸는 데 걸린 시간에 매우 신경을 썼다. 이 문제들을 워밍업 수준의 가벼운 문제라고 생각했기 때문이었다. 비정형 문제 두 개를 해결하는 데 8분은 너무 짧다. 학생들이 문제를 깊게 탐구해 본 후 하나 이상의 해결 전략을 생각해내는 데에는 턱없이 부족한 시간이다.

높은 수준의 인지과정과 산출물을 내야 할 책임이 없는 학생들. 교사는 문제해결 방법을 대부분 직접 설명하였다. 문제해결 전략을 학생들에게 설명하였기 때문에 교사가 학생들 대신 과제를 한 셈이 되었다. 교사는 학생들에게 문제해결 전략과 문제에 대해 사고한 것을 설명하게 하지 않았다. 문제를 논의하는 과정에서 "거꾸로 풀기", "패턴 찾기", 혹은 "표 그리기" 등과 같이 가장 적절한 특정 전략만 설명하고 적용하게 하였다. 다른 문제를 해결하는 예에서 제롬 선생님은 학생들에게 교사의 전략을 단순히 따르거나, 교사가 제시한 표의 빈칸을 채우는 과정에서 필요한 간단한 답만을 요구하였다.

추가적인 해석 요인

제롬 선생님의 사례의 또 다른 이슈는 학생들의 수학학습에서 문제해결의 역할이 무엇인가에 관한 것이다. NCTM의 규준(1989)에 따르면 문제해결은 모든 내용 영역에 영향을 미치는 네 가지 수학적 과정 중 하나이다. 중학교 수준에서 "수학 내용을 조사하고 이해"하기 위해, 학생들이 수학을 유의미하게 활용하는 방법을 학습할 수 있게 도와주는 수단으로 문제해결 접근법을 활용할 것을 권장하고 있다(p.23). 이는 문제해결이 각각의 개별적인 수학적 기능이나 주제보다는 전체 수학 교육과정에 중요한 과정이라는 사실을 보여준다. 문제해결에 관한 제롬 선생님의 신념은 문제해결이 수학적 과정의 중심이라는 생각과 일치한다. 그러나 제롬 선생님이 "문제해결은 수학을 가르치는 유일한 이유"라는 자신의 신념에 걸맞게 문제해결을 지도하는 데에는 현실적인 어려움이 많다. 제롬 선생님은 학생들이 특별 프로그램에 참여하도록 그리고 고등학교 수학 과목 결정에 중요한 시도 학력고사에 대비하도록 도와주어야 한다는 현실적인 압박감을 가지고 있다. 근무 학교의 교육과정에 문제해결이 제대로 반영되어 있지 않기 때문에, 제롬 선생님은 수업시간마다 문제해결을 위한 워밍업 연습을 하고 주당 1시간씩 문제해결을 가르치기로 했다.

가능한 풀이 전략

문제 1

한 남자가 7명의 파수꾼들이 지키고 있는 과수원에 들어가 몇 개의 사과를 땄다. 그는 떠나면서 첫 번째 파수꾼에게 그가 가진 사과의 반과 하나의 사과를 더 주었다. 두 번째 파수꾼에게 그는 남은 사과의 반과 하나의 사과를 더 주었다. 그는 남은 다섯 명의 파수꾼들에게 똑같은 방식으로 사과를 주었고, 과수원을 떠날 때 그에게 남은 사과는 하나였다. 그가 처음에 가지고 있던 사과는 모두 몇 개인가? 어떻게 문제를 해결하였는지 설명하시오.

해결 A (그림 10.4). 나는 표의 가장 아랫부분에서 시작하여 위로 올라가는 방식을 택하였다. 파수꾼들에게 사과를 모두 나눠준 후 남은 사과가 하나였기 때문에, '남은 사과의 개수'열의 파수꾼 7행에 1이라고 썼다. "일곱 번째 파수꾼에게 사과의 절반과 하나의 사과를 더 주었기 때문에" 남은 사과에 하나의 사과를 더하면 절반의 사과가

[그림 10.4] 문제 1의 해결 A

	파수꾼에게 준 사과의 개수	남은 사과의 개수
파수꾼 1	남은 사과의 $\frac{1}{2}+1$	190
파수꾼 2	남은 사과의 $\frac{1}{2}+1$	94
파수꾼 3	남은 사과의 $\frac{1}{2}+1$	46
파수꾼 4	남은 사과의 $\frac{1}{2}+1$	22
파수꾼 5	남은 사과의 $\frac{1}{2}+1$	10
파수꾼 6	남은 사과의 $\frac{1}{2}+1$	4
파수꾼 7	남은 사과의 $\frac{1}{2}+1$	1

몇 개인지를 알 수 있다. 따라서 1+1이 절반의 사과라면, 여섯 번째 파수꾼에게 주고 남은 사과의 개수는 4개가 되어야 할 것이다. 그래서 나는 표를 거슬러 올라가면서 파수꾼들에게 추가적으로 준 사과 하나에 남은 사과를 더한 후, 그것에 2를 곱했다. 그래서 여섯 번째 파수꾼의 경우, 4개의 사과에 1을 더하면 5개의 사과가 된다. 때문에 다섯 번째 파수꾼에게 주고 남은 사과의 개수는 2×5 즉 10개이다.

첫 번째 파수꾼에게 주고 남은 사과가 190개라는 사실을 알 수 있고, 따라서 처음에 그 남자가 가지고 있던 총 사과의 개수는 (190+1)×2, 즉 382개라는 것을 알 수 있다.

해결 B (그림 10.5). 나는 남겨진 사과의 개수에 주목하여 패턴을 찾기로 하였다. 각각의 경우 "사과를 준" 후에 남은 사과의 개수에 1을 더한 것이 사과들의 절반과 같아야 한다는 것을 알아내었다. 따라서 남은 사과의 개수에 1을 더한 후 두 배를 하면 그 이전 단계의 "사과를 준" 후에 남은 사과 개수를 구할 수 있다. 그래서 만약 마지막에 나에게 1이 남았다면 그 사과의 절반은 2이다. 따라서 여섯 번째 파수꾼에게 사과를 준 후 남은 사과의 개수는 4가 된다.

같은 방법으로 4에 1을 더한 후 2를 곱하여 5번째 파수꾼에게 사과를 준 후 남은 사과의 개수를 구했고, 다시 4번째 파수꾼 이후에 남은 사과 개수를 (10+1)×2를 계산하여 구하였다. 이러한 방법을 계속하는 대신 계산 패턴을 찾기로 했다. 표 아래쪽부터 연속된 두 명의 파수꾼들이 사과를 받고 나서 남은 사과 수의 차이를 기록했

[그림 10.5] 문제 1의 해결 B

	남은 사과의 개수	현재 파수꾼과 이전 파수꾼 이후에 남은 사과 개수의 차
파수꾼 1	190	192
파수꾼 2	94	96
파수꾼 3	46	48
파수꾼 4	22	24
파수꾼 5	10	12
파수꾼 6	4	6
파수꾼 7	1	3

다. 파수꾼 6에게 사과를 주고 난 후 4개의 사과가 남았으며, 파수꾼 7에게 사과를 주고난 후 남은 사과가 1개이기 때문에 그 차는 3이 된다. 같은 방법으로 파수꾼 5에게 사과를 주고 난 후 10개의 사과가 남고 파수꾼 6에게 사과를 주고난 후 남은 사과가 4개이기 때문에 그 차는 6이 된다. 같은 방법으로 파수꾼 4에게 사과를 주고 난 후 22개의 사과가 남고 파수꾼 5에게 사과를 주고 난 후 남은 사과가 10개이기 때문에 그 차는 12가 된다. 다음에 나는 이전 파수꾼에게 주고 남은 사과의 개수에 사과 수 차이를 더함으로써 남은 사과 수를 계산해 냈다. 예를 들어 파수꾼 4 이후에 남은 사과의 개수 22에, 파수꾼 3과 파수꾼 4 이후에 남은 사과 개수의 차이 24를 더하면, 파수꾼3 이후에 남은 사과의 개수는 46이 된다. 마지막으로 190과 192를 더해서 사과의 개수 382를 구했다.

해결 C (그림 10.6). 내가 문제를 푼 방법은 "거꾸로 풀기"이다. 나는 7번째 파수꾼부터 살펴보았다. 마지막에 한 개의 사과를 가지고 있었기 때문에, 1을 더한 다음, 그 수에 2를 곱했다. 즉 2×2=4가 된다. 그리고 나는 6번째 파수꾼을 살펴보았다. 같은 방법으로 파수꾼 6에게 준 후 남은 사과는 4개이므로 $4+1=5$이고 $5\times2=10$이다.

[그림 10.6] 문제 1의 해결 C

파수꾼	남은 사과의 개수	거꾸로 풀기	주기 전의 사과 개수
7	1	$(1+1)\times2$	4
6	4	$(4+1)\times2$	10
5	10	$(10+1)\times2$	22
4	22	$(22+1)\times2$	46
3	46	$(46+1)\times2$	94
2	94	$(94+1)\times2$	190
1	190	$(190+1)\times2$	382

해결 D. 파수꾼에게 주기 전의 사과의 개수를 x라고 하자. 그러면 파수꾼에게 준 사과의 개수는 $\frac{1}{2}x+1$이다. 그리고 $\frac{1}{2}x-1$은 남아 있는 사과의 개수이다. 7번째 파수꾼에게 사과를 주고 난 후 한 개의 사과가 남았기 때문에 방정식은 $\frac{1}{2}x-1=1$이

다. 방정식을 풀면, $\frac{1}{2}x=2$, $x=4$가 된다. 6번째 파수꾼에게 주고 남은 사과의 개수는 4개이다. 같은 방법으로 6번째 파수꾼에게 주기 전의 사과의 개수를 x라 놓으면 $\frac{1}{2}x-1=4$ 즉 $x=10$이 되고 10은 5번째 파수꾼에게 주고 남은 사과의 개수가 된다. 이러한 방법으로 7번 방정식을 풀면 문제의 답을 구할 수 있다.

문제 2

1부터 25까지 연속되는 수들의 합을 구하시오.

해결 A (그림 10.7).

[그림 10.7] 문제 2의 해결 A

$$\begin{array}{r}
1+2+3+4+\cdots+22+23+24+25=N \\
25+24+23+22+\cdots+4+3+2+1=N \\ \hline
26+26+26+26+\cdots+26+26+26+26=2N \\
26(25)=2N \\
\dfrac{26(25)}{2}=2N \\
13(25)=N \\
325=N
\end{array}$$

해결 B (그림 10.8). 더해서 26이 되는 12개의 숫자 쌍이 있다. 따라서 12×26이 되고 추가로 쌍을 이루지 못한 한 숫자 13이 남아 있다. 따라서 $12(26)+13=325$가 된다.

해결 C (그림 10.9). 더 단순한 문제를 생각해 보자. 먼저 1부터 5까지의 합을 구해 본다. 1부터 5까지 나열된 수를 보여주기 위해 계단 모형을 만들었다(맨 왼쪽 그림). 다음에 모형 위에 비슷한 계단모형을 포개어 직사각형을 만들었다(중간 그림). 그 후 첫 번째 계단의 넓이는 두 번째 직사각형의 넓이의 $\frac{1}{2}$인 것을 알 수 있었다. 새로운

[그림 10.8] 문제 2의 해결 B

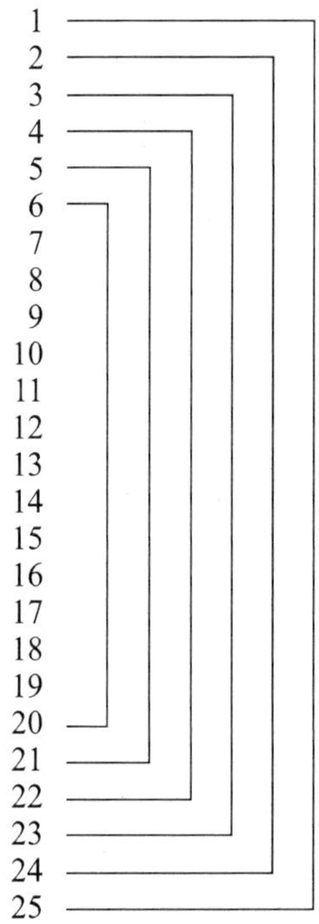

직사각형은 5×6, 넓이가 30이기 때문에, 반에 해당하는 계단의 넓이는 15가 된다. 따라서 1부터 5까지 수를 더하면 15가 된다. 같은 방법으로 1부터 25까지 수들을 적용시키면 1부터 25까지의 계단모형을 가질 것이고, 해당하는 직사각형의 계산은 25×26이다. 이 직사각형의 넓이는 650이 될 것이다. 따라서 1부터 25까지 더한 수들의 합은 650의 $\frac{1}{2}$ 이고 325가 된다.

[그림 10.9] 문제 2의 해결 C

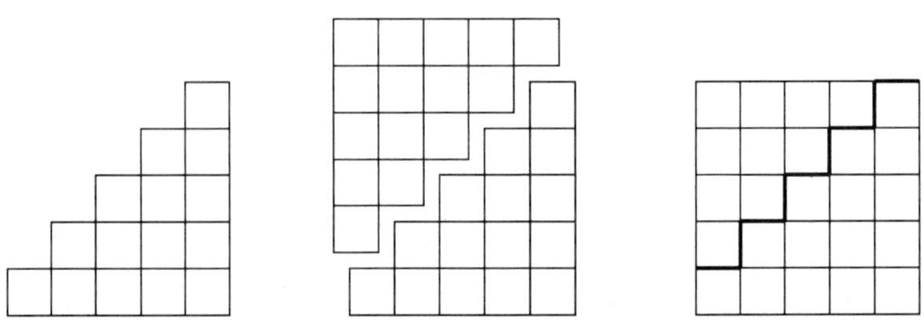

계단 모형 / 두 계단을 합하여 직사각형 만들기 / 계단의 넓이는 직사각형 넓이의 반

해결 D (그림 10.10). 1부터 n까지의 연속적인 자연수의 합을 구하는 [그림 10.10]의 공식을 알고 있다. n에 25를 대입하면 $\frac{25(25+1)}{2}=\frac{650}{2}=325$가 된다.

[그림 10.10] 문제 2의 해결 D

$$\sum_{1}^{n} k=\frac{n(n+1)}{2}$$

해결 E (그림 10.11). 표를 만들어서 연속적인 자연수의 합을 구하는 규칙을 찾아보았다. 1부터 더해지는 자연수들을 표시한 열을 하나 만들고 그 수의 합을 나타내는 또 하나의 열을 만들었다. 1부터 10까지의 합을 이용하여 패턴을 찾아 보았다. 더해지는 "수들의 개수"와 그 수들의 합 사이에 어떤 패턴을 찾을 수 있는지를 알아보았다. 몇 번의 시행착오를 거친 후 1부터 8까지 자연수의 합이 $(8\times9)\div2$가 된다는 것을 알게 되었다. 1부터 x까지의 자연수의 합은 x에 $(x+1)$을 곱한 후 2로 나누면 구할 수 있음을 알았다. 이것을 다른 열에 적용해 본 후 이 공식이 성립한다는 것을 알아내었다. 이 규칙을 적용하여 $\frac{25\times26}{2}=325$를 계산하여 1부터 25까지의 자연수의 합을 구할 수 있었다.

[그림 10.11] 문제 2의 해결 E

더해지는 수들의 개수	더한 수들	수의 합
1	1	1
2	1+2	3
3	1+2+3	6
4	1+2+3+4	10
5	1+2+3+4+5	15
6	1+2+3+4+5+6	21
7	1+2+3+4+5+6+7	28
8	1+2+3+4+5+6+7+8	36
9	1+2+3+4+5+6+7+8+9	45
10	1+2+3+4+5+6+7+8+9+10	55

문제 3 (그림 10.12).

5달러짜리, 10달러짜리, 20달러짜리 지폐 세 뭉치가 있다. 전체 금액은 1000달러이고, 어느 두 지폐 뭉치의 지폐 장수도 같지 않다고 가정할 때, 각 뭉치의 지폐는 몇 장인가?

문제에서 발견한 것들

- 10달러짜리와 20달러짜리의 지폐 뭉치의 금액의 합은 항상 10의 배수이기 때문에, 5달러 지폐의 장수는 짝수이다.
- 5달러 지폐 뭉치의 총 금액과 10달러 지폐 뭉치의 총 금액의 합은 항상 20의 배수이다. 5달러짜리 지폐의 장수가 4의 배수이면 10달러짜리 지폐의 장수는 짝수이고, 5달러짜리 지폐의 개수가 4의 배수가 아니면 10달러짜리 지폐의 장수는 홀수이다.
- 5달러짜리 지폐의 최대 장수는 192이다. 5달러짜리 지폐가 192장이면 10달러짜리 지폐는 2장이고 20달러짜리 지폐는 1장이다.
- 이 문제의 해결 방법은 많지만, 해결 방법에 규칙이 있다. [그림 10.12]의 표와 같이 계속하면 모든 답을 찾을 수 있을 것이다.[11)]

[그림 10.12] 문제 4 해결을 위한 표

5달러 지폐(장) (금액 $5\times a$)	10달러 지폐(장) (금액 $10\times b$)	20달러 지폐(장) (금액 $20\times c$)	전체 금액
2	1	49	10+10+980
2	3	48	10+30+960
2	5	47	10+50+940
2	7	46	10+70+920
4	2	48	20+20+960
4*	**4**	**47**	**20+40+940**
4	6	46	20+60+920
4	8	45	20+80+900

* 5달러 지폐와 10달러 지폐의 장수가 같기 때문에 해가 아니다.

11) 역자 주: 5달러 지폐를 x장, 10달러 지폐를 y장, 20달러 지폐를 z장이라고 하면 $5x+10y+20z=1000$이라는 부정방정식이 된다(단 x, y, z는 자연수).

III 사례 활용하기

11 교사의 학습 지원하기

교수법(teaching)은 교사가 배울 수 있는 일련의 핵심 실천 사항으로 이해되어야 한다(Grossman & MacDonald, 2008). 그러면 핵심 실천 사항을 실천할 수 있도록 교사교육을 하면 된다. 그 핵심 실천 목록에 양질의 수업 과제를 전략적으로 선택하여 기술적으로 수행하는 것이 포함될 것이다. 이 장에서 우리는 이러한 수업 실천 목록이 전문성 개발에 타당함을 설명하고, 이 책을 활용하여 높은 인지 요구 수준의 과제를 선택하고 실행하는 전문성 개발 프로그램을 위한 실제적인 지침을 제공하고자 한다.

수학 과제의 선택과 실행에 초점을 둔 교사의 전문성 교육에 초점을 두어야 하는 이유는 다음과 같다. 첫째, 수업이 수학 과제를 중심으로 조직되고 만들어지기 때문이다. 학생은 일상 수학 수업에서 과제, 활동, 문제를 가지고 작업한다. 예를 들어, TIMMS에서 8학년 100개의 수업을 분석한 결과 수업 내용의 전달은 "주로 문제를 통하여 이루어졌다"(NCES, 2003, p.144). 따라서 수학 과제의 선택과 활용은 교사 업무의 중심이 되고 교사교육의 핵심이 되어야 한다.

둘째, 학생이 해결하는 과제는 학생이 수학을 학습할 기회를 제공한다. Doyle(1983, p.161)에 따르면 "과제는 수업 내용과 정보를 처리하는 방법의 측면에서 학습자에게 영향을 미친다". 앞 장에서 논의한 바와 같이 학습자에게 반복적으로 암기된 절차를 수행하도록 하는 과제는 한 가지 유형으로 사고하게 한다. 개념을 생각하고 연결 짓도록 하는 과제를 통해서, 학생은 다양하게 사고할 수 있다. 그러므로 "교사는 학생들의 학습 기회에 큰 영향을 미치며, 수학 수업의 과제를 선택하고 제작하는 것만큼 교사에게 중요한 의사결정은 없다"(Lappan & Briars, 1995, p.138). 따라서 교사가 학생의 사고와 추론을 증진시키는 수업 목표를 세웠다면, 그 목표를 달성하기 위해 활용할 과제를 정하는 방법을 아는 것이야 말로 가장 중요한 수업의 첫걸음이 된다.

셋째, TIMMS 1999의 비디오 연구를 보면, 수업 중 인지 요구 수준이 높은 과제를 지속하는 국가의 학생들은, 미국처럼 학생들의 수준이 낮고 교사가 높은 인지 수준을 요구하지 않는 나라에 비해서 높은 수학 능력을 보였다(NCES, 2003; Stigler & Hiebert, 2004). 저자들은 미국의 8학년 학생이 수업 시간에 과제의 본질과 무관한 절차를 수행한다고 생각한다. 미국 학생이 다른 나라의 학생들처럼 고차원적인 학습의 기회를 갖게 하려면, 높은 수준의 과제로 사고하고 추론할 기회를 가지도록 학생을 지도하는 교사의 능력을 신장시켜야 한다.

높은 수준의 과제를 잘 선택하고 활용하려면 교사에게 전문성 개발의 기회를 제공하여야 한다. 오랫동안 걸쳐 형성된 수학 교수학습에 대한 신념의 **변화**를 도모할 수 있는 교사 전문성 개발 프로그램이 필요하다(Thompson & Zeuli, 1999). 무엇보다 교사가 수학을 알고 이해하는 것의 의미, 학생이 해결해야 하는 과제의 유형, 학생의 학습을 지원하는 방법 등을 조사하고 실제 수업에서 변화시킬 있는 기회가 필요하다. 다음에서는 교사의 학습 즉, 전문성 개발이 어떻게 이루어질 수 있는지를 다룰 것이다.

변혁적 전문성 개발

최근 10년 동안 우리는 예비교사와 현직교사의 전문성을 신장시키는 데 수학과제틀(MTF)과 이 책에 있는 자료를 사용하였다. 우리의 학생과 동료뿐 아니라 초중고등학교의 수학교사를 준비 중인 교사와 이미 교사자격증을 받은 교사에게 이 자료를 활용하였다. 교사준비 프로그램에서 이 책은 수학 교재연구와 교수법 과정에 활용되었다. 우리는 도시와 시골의 교사, 대규모 학교와 소규모 학교의 교사, 경력교사와 초임교사, 개혁적인 수업을 하는 교사와 전통적인 수업을 하는 교사들이 참가한 전문성 개발 프로젝트에서 수학과제틀(MTF)을 적용하였다.

우리의 노력은 그동안 유리되어 왔던 전문성 개발과 현장 개선의 연결이라고 특징지을 수 있다. 교사들은 전문성 개발 프로그램을 통해 새로운 아이디어와 현장에 대해서 배우지만, 자신의 교실에 돌아가서 적용하는 데 실패한다. 십중팔구 그 이유는 새로운 아이디어를 자신 수업의 맥락에 언제 활용해야 하는지를 모르거나, 목적을 이해하는데 실패하기 때문이다. 우리의 전문성 개발 모델은 이를 극복하기 위해 다음의 세 가지를 특징으로 한다. (a) 모든 전문성 개발 프로그램의 내용은 실제 현장 기반의 지도 활동으로 상세화되어 있다. (b) 현장 예와 수학 교수학습이 수학과제틀(MTF)을 통해 서로 연결되어 있다. (c) 교실에 전문성 개발의 아이디어와 원리를 적용하기 위하여 교사에게 안내된 현장 실습(Scaffolded Field Experiences; SFE)을 적용한다. 다음 절에서 이 세 부분에 대해 자세히 논의할 것이다.

현장 중심의 전문성 개발

세미나에서 Ball과 Cohen(1999, p.6)은 현장의 과제, 질문, 문제에 기초한 전문성 향상을 위한 교육과정을 개발함으로써 "교사의 일상 업무는 구성주의적인 전문성 개발 프로그램의 재료가 될 수 있다"고 주장한다. Ball과 Cohen은 교사의 수업 실제가 전문성 학습을 위한 장면이자 현장 탐구를 위한 자극제가 된다고 제안한다. 이러한 목표를 달성하기 위해, 현장의 실제를 기록(교육과정 자료, 수업 계획을 위한 대화와 녹화자료 및 그 요약, 수업 녹음과 녹화자료와 그 요약, 학생 작업의 샘플)하여 교사가 지속적으로 탐구하고 조사하게 함으로써 전문성 학습의 중심축으로 삼을 수 있다.

이처럼 우리는 "실제 현장의 기록"을 중심으로 전문성 개발 세션의 활동을 구상하였다(Smith, 2001, p.7). 이 책의 수학 과제와 사례는 현장의 자료들이다. 이 자료들은 도시의 중학교에 근무하는 교사의 실제 사례에서 가져온 것이며, 따라서 생생한 교실 상황의 이미지를 제공한다.

이 자료들은 내용과 교수법에 관련된 추상적인 아이디어의 보물창고이며, 교사가 "분석하고 문제를 해결하는 기술을 발전시키고, 교수법의 레퍼토리를 많이 만들어가고, 반성의 위력을 극대화하고, 학습공동체에 대한 긍정적인 경험을 하도록" 돕는다(Merseth, 1999, pp.xi-xii). 아직 전문성 학습 접근법의 효용성에 대한 추가 연구가 이루어져야 하지만(Silver, 2009), 이 접근법이 잠재력이 있다는 주장에 대한 근거가 많이 있다.

수학과제틀(MTF)을 통한 일반적 이론과 세부 사항 연결

수학 과제에 관한 연구에서 도출된 수학 교수학습에 관한 세 가지 아이디어는 전문성 발달 프로그램의 근간이 된다. 그 세 가지 아이디어는 다음과 같다. (1) 인지적으로 도전적인 수학 과제는 학생이 수학을 이용하여, 그리고 수학에 대하여 사고하고 추론하는 역량을 신장시킬 수 있는 중요한 기회를 제공한다. (2) 인지적으로 도전적인 과제가 수업 시간 동안 인지 요구가 감소하는 결과로 전개되는 경우가 종종 있다(예. 도전적인 과제를 제시하였지만, 수업 동안에 다소 딱딱한 연습으로 변형되는 경우). (3) 일련의 교실 수업 관련 요인들이 결합하여 과제의 인지 수준이 유지되거나 퇴보한다. 그리고 교실의 활동과 상호작용은 학생이 높은 수준으로 사고하면서 도전적인 과제를 해결하게 하는 데 매우 중요하다(Stein, Grover, & Henningsen, 1996; Henningsen & Stein, 1997).

수학과제틀(MTF)에 이러한 아이디어가 잘 녹아 있다. 수학과제틀(MTF)은 수업을 검토하는 렌즈 역할을 하며 어떤 교실 사례를 더 일반적인 수학 교수학습 아이디어와 연결하는 수단을 제공한다. 예를 들어, 6장의 프랜 선생님과 케빈 선생님의 사례에서, 프랜 선생님은 수업 중 패턴블록을 어떻게 사용해야 하는지 혼란스러워하는 학생들을 접한다. 프랜 선생님은 처음부터 학생을 도와주어 정답을 낼 수 있는 단계에 따라 지도하였다. 프랜 선생님의 수업 사례를 읽고 교사들은, 학생들이 패턴블록 사용에 대해서만 학습하고 오히려 분수의 곱셈을 개념적으로 이해하지 못하는 것을 알게 된다. 이러한 깨달음은 이 사례와 유사한 상황을 생각할 때 유용한다. 하지만 이 사례를 수학과제틀(MTF)로 바라보게 되면 과제의 인지 요구와 인지 수준의 측면에서 모든 수업을 생각할 수 있게 된다. 즉, 처음에 과제를 높은 인지 수준(연결성 있는 절차)으로 구성하였더라도 교사가 과제를 실행하면서 높은 수준의 사고를 간과하고 학생들에게 해결 방법을 이야기해주면 과제의 인지 요구가 줄어든다는 점을 명백히 알 수 있게 된다. 우리가 3장에서 주장한 바와 같이, 사건을 더 포괄적이고 일반화 가능한 것의 예로서 인식한다면, 지식이 축적되고 "학습한 수업"은 교사 자신의 수업 실제를 변화시키는 촉매제가 될 수 있다. 이 책의 이론과 아이디어는 실제가 일어나기 전이나 실제의 외부에서 습득된 것이 아니라, 특정한 수업의 산출물을 검토하여 추상화한 것이다.

안내된 현장 실습(Scaffolded Field Experiences; SFE)

교사는 안내된 현장 실습(SFE)을 통해 "지원을 받으면서 수업 혁신을 하는 교수실험(Borasi & Fonzi, 2002, p.91)"을 할 기회를 얻는다. 우리의 작업에서 안내된 현장 실습(SFE)은 전문성 개발 장면에서 일어나는 학습과 실제 교실 수업의 괴리를 연결하는 교량의 역할을 한다. 안내된 현장 실습(SFE)은 예비 교사 교육에서 많이 사용하지만, 우리는 현장교사의 교육에도 적용하려고 한다. 우리의 작업에 참여한 현장교사는 두 전문성 개발 세션 사이에 자신의 교실에서 무엇인가를 실행하고, 다음 세션에서 서면 반성기록 및 증거 또는 산출물(예 : 학생 결과물, 수업 계획, 전사자료, 비디오 또는 오디오 녹화자료)을 통해 새로운 아이디어가 어떻게 진행됐는지 이야기할 수 있다.

우리의 안내된 현장 실습(SFE)은 교사가 자신의 교실에서 새로운 아이디어를 시험해보기 위한 도구이다. National Academy of Education(1999, p.35)에 따르면 "학생 평가, 교육과정 및 전문성 개발 자료, 소프트웨어 프로그램, 공동체 태도 검사지, 수업 관찰 또는 전문 회의 관찰 프로토콜 등은 이론과 지식의 운반체이다". 교사가 자기 수업 실천을 위해 신중하게 설계한 도구는, 교육 실제를 변화시키는 강력한 수단이 될 수 있다. 도구는 교사가 할 수 없던 일을 할 수 있도록 하는 스캐폴딩을 제공한다. 이렇게 도구는 수업 실제를 개선해 나가는 교사들을 지원한다.

우리 작업의 핵심 도구는 이 책에서 설명한 수학 과제에 대한 연구를 기반으로 하며 앞에서 논의된 수학과제틀(MTF)과 관련되어 있다. 과제분석지침(TAG, 그림 1.2)은 네 가지 인지 요구 수준의 수학 과제의 특징 목록을 제공하며, 학생들의 사고와 사고를 지원하는 과제의 잠재력을 분석하는 데 사용된다. 수업 동안 과제가 전개되는 방식을 설명하는 교실 기반 요소를 정확히 찾아내는 데 인지 요구의 유지와 퇴보의 요인(그림 2.1)이 사용된다. 이 도구를 사용하여 이 책에서 다루는 과제와 사례를 분석할 수 있다. 이 도구의 더 중요한 가치는 교사가 자신의 교실에서 더 많은 통찰력을 얻을 수 있도록 융통성 있게 사용할 수 있다는 데 있다.

최근 연구의 핵심이며 수학과제틀(MTF)과 관련된 또 하나의 도구는 [그림 11.1]의 수업생각하기 프로토콜(Thinking Through a Lesson Protocol; TTLP)이다. 수업생각하기 프로토콜(TTLP, Smith, Bill, & Hughes, 2008)은 높은 수준의 과제를 보다 "지적으로 통제할 수 있게 만들어(Stein & Kim, 근간)" 성공적인 수업을 할 수 있게 하기 위한 것이다. 교사가 수업의 핵심적인 측면(예. 과제 해결을 위해 사용할 수 있는 방법의 범위, 학생들이 저지를 수 있는 오류 및 실수, 교사가 학생의 사고를 평가하고 발전시키기 위해 묻는 질문)을 수업 전에 생각해 봄으로써, 수업 동안 과제의 인지 요구를 유지하고 학생의 다양한 사고 방식을 핵심 아이디어와 연결할 수 있다.

수업생각하기 프로토콜(TTLP)은 수학과제틀(MTF)의 주요 측면을 예와 함께 설명하여, 전문성 개발 과정에서 학습한 아이디어를 안내된 현장 실습(SFE)에 참여하면서 교사의 교실로 가져오게 하는 역할을 한다. 예를 들어, 처음에 안내된 현장 실습(SFE)에서 교사들에게 과제분석지침(TAG)을 사용하여 다음 몇 주 내에 사용할 과제의 인

[그림 11.1] 수업생각하기 프로토콜(Thinking Through a Lesson Protocol; TTLP)

1부: 수학 과제를 선택하고 설정하기

- 이 수업의 수학적 목표는 무엇인가(즉, 이 수업의 결과로 학생들이 수학에 대해 알고 이해했으면 하는 것은 무엇인가)?
- 학생의 사전 지식, 경험 및 문화에 과제가 어떻게 연결되는가? 과제로 학습하기 위해서 학생들이 알아야 할 정의, 개념, 아이디어는 무엇인가? 학생들의 사전 지식과 생활, 문화적 경험에 접근하기 위해 무엇을 물어볼 것인가?
- 과제를 해결할 수 있는 모든 방법은 무엇인가?
  → 위의 방법 중 학생들이 사용할 것 같은 방법은 무엇인가?
  → 학생들은 어떤 오개념을 가질 수 있는가?
  → 학생들은 어떤 오류를 범할 수 있는가?
- 과제는 영어학습자(English Language Learners) 또는 어려움을 겪고 있는 학생들에게 어떤 도전을 주는가? 이러한 문제를 어떻게 다룰 것인가?
- 학생들이 이 과제를 수행할 때 기대하는 바는 무엇인가?
  → 학생들이 과제에 입문하고 추론하려면 어떤 자원이나 도구를 사용해야 하는가?
  → 학생들은 어떻게(개별, 모둠, 짝활동) 이 과제를 탐구할 것인가? 개별, 모둠, 짝활동을 얼마나 오래 하게 할 것인가? 어떠한 방식으로 짝을 정할 것인가?
  → 학생들은 어떻게 자신의 일을 기록하고 보고하는가?
- 과제의 인지 요구를 유지하면서 모든 학생들이 접근할 수 있도록 하기 위해, 학생들에게 어떻게 활동을 소개할 것인가? 학생들이 문제의 맥락을 이해한다는 것을 어떻게 확인할 것인가? 과제가 요구하는 바를 학생들이 이해하고 있음을 무엇을 듣고 알 수 있을까?

2부: 학생들의 과제 탐구 지원하기

- 학생들이 개별적으로 또는 모둠으로 일할 때:
  → 모둠이 작업을 시작하거나 진행하는 데 도움이 되는 질문은 무엇인가?
  → 과제에서 중요한 수학적 아이디어로 학생들의 생각을 집중시키기 위해 어떤 질문을 할 것인가?
  → 주요 수학적 아이디어, 문제해결 전략 또는 표현에 대한 학생들의 이해를 평가하기 위해 어떤 질문을 할 것인가?
  → 수학적 아이디어에 대한 이해를 높이기 위해 어떤 질문을 할 것인가?
  → 모든 학생들이 자신의 생각을 다른 사람들과 공유하고 동료의 아이디어에 대해 평가하도록 격려하기 위해 어떤 질문을 할 것인가?
- 학생들이 과제에 계속 참여하도록 어떻게 보장할 것인가?
  → 당황하거나 과제 해결에 더 많은 지침과 안내를 요구하는 학생(또는 모둠)에게 어떤 도움을 주거나 어떤 질문을 제기하겠는가?
  → 학생(또는 모둠)이 과제를 거의 즉시 완료하면 어떻게 할 것인가?
  → 추가 과제를 제공하기 위해 과제를 어떻게 확장할 것인가?
  → 학생(또는 모둠)이 활동의 비수학적 측면에 집중한다면(예. 대부분의 시간을 자신의 작품 포스터 만들기에 소비) 어떻게 할 것인가?

3부: 과제 공유 및 토론하기

- 수학적 목표를 달성하기 위해 수업 토론을 어떻게 조정할 것인가? 구체적으로:
  → 수업 토론 중에 어떤 해결 경로를 공유하고 싶은가? 어떤 순서로 해결을 발표하게 할 것인가? 그 이유는?
  → 해결책이 제시되는 순서는 학생들이 수업의 중심인 수학적 아이디어를 이해하는 데 어떻게 도움이 되는가?
  → 다음을 위해 학생들에게 어떤 질문을 할 것인가?
  * 수학적 아이디어를 학생들이 이해할 수 있도록
  * 공유되고 있는 해결법을 확장하고, 논의하고, 질문할 수 있도록
  * 제시되는 다른 전략들을 서로 연결하도록
  * 규칙을 발견하도록
  * 일반화하도록
- 시간이 지남에 따라 각 학생은 자신의 사고와 추론을 친구들과 공유할 수 있는 기회를 어떻게 갖게 되는가?
- 수업 중에 가르치려 했던 수학적 개념을 모든 학생들이 이해했다는 것을 무엇을 보고 들어서 알 수 있을까?
- 이 수업에 터하여 내일 무엇을 할 것인가?

(NCTM의 *Mathematics Teaching in the Middle School*(2008)에서 허가를 받아 인용함)

지 요구를 분석하게 하였다. 이 안내된 현장 실습(SFE)을 통하여 교사는 전문성 발달에서 배운 아이디어(즉, 과제는 인지 요구 수준으로 특징지을 수 있으며, 모든 과제가 학생들에게 동일한 학습 기회를 제공하지는 않는다)를 취하여, 과제분석지침(TAG)의 도움으로 과제의 인지 요구에 관하여 자신의 교육과정 자료를 분석할 수 있게 된다. 시간이 지남에 따라, 교수학습 활동(예. 계획, 교수학습, 수업의 반성)의 전체 사이클을 포함하도록 안내된 현장 실습(SFE)을 확장한다. 전문성 개발 세션 중에 교사는 안내된 현장 실습(SFE)의 결과를 동료들과 공유하고 피드백을 받는 기회가 필요하다(이 과정에 대한 자세한 내용은 Hughes, Smith, Hogel, & Boston을 참조하시오). 이러한 대화에서 과제분석지침(TAG) 같은 도구는 교수학습에 대한 논의의 공통 언어가 된다.

우리의 전문성 개발 모델은 [그림 11.2]에 나와 있다. 안내된 현장 실습(SFE, 상단 화살표)과 안내된 현장 실습(SFE)의 결과인 교실 활동 결과물은(하단 화살표) 전문성 개발 상황과 교실을 연결하는 역할을 한다. 전문성 개발 상황에서 새로운 아이디어를 학습하며, 교실에서 새로운 아이디어를 적용한다.

[그림 11.2] 현장 개선을 지원하는 전문성 개발 모델

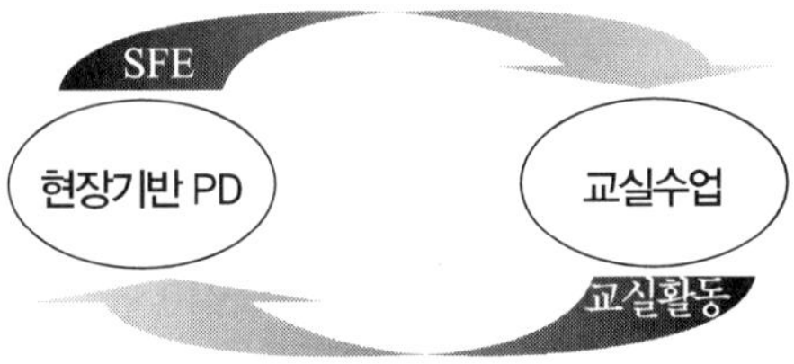

수학 과제와 관련된 핵심 전문성 개발 활동

교사의 전문성 개발 경험을 중심으로 볼 때, 과제와 관련된 세 가지 주요 활동이 있다. 수학 과제가 인지 요구 수준에 따라 다르다는 것을 인식하는 활동, 도전적인 수학적 과제를 탐구하는 활동, 그리고 수업을 분석하고 반성하는 활동이 있다. 이 절에서는 각 유형의 과제 관련 활동을 설명하고, 사례를 제공하고, 이들이 현장 개선을 지원하는 방법을 다룬다.

과제의 인지 수준의 다양성 인식하기

높은 인지 수준의 과제와 낮은 인지 수준의 과제 간의 차이점을 인식함으로써, 교사는 다양한 수학 과제에 대해 학생의 사고의 종류 및 수준에 대해 생각하는 능력을 향상시킬 수 있다. 1장에서 논한 바와 같이, 이 책의 목표는, 다른 모든 것보다 높은 수준의 과제에 특권을 부여하는 것이 아니며 특정 과제가 모든 학생들을 대상으로 항상 어떤 특정한 인지 수준의 과제라고 결정하는 것도 아니다. 교사가 수업 목표에 도달할 잠재성이 있는 과제로 수업하여 수업 목표를 달성하게 하는 것이다.

두 가지 과제 비교. 우리는 일반적으로 교사에게 두 가지 과제를 제시하고 각 과제를 먼저 풀어본 다음 두 과제가 어떻게 같은지와 어떻게 다른지를 생각해보게 하면서 작업을 시작한다. 비교를 위해 선택된 과제는 표면적으로 수준이 유사하지만, 문제해결의 수준과 종류, 해결 방법의 범위, 사전 지식과 경험에 따른 접근성 등에서 차이가 있어야 한다.

카펫 과제와 울타리 과제(그림 I.1 및 I.2)는 좋은 예시이다. 두 과제 모두 직사각형 넓이를 구하는 내용을 포함하지만, 넓이 공식이 사용되는 방식, 문제를 해결할 수 있

는 방법의 수, 일반화의 필요성 측면에서 다르다. 우리는 또한 [그림 11.3]과 같이 두 개의 패턴 과제도 적절하다고 생각한다(정사각형 패턴 과제는 [그림 1.3]의 과제 분류 활동에 포함된 과제이다).

[그림 11.3] 표면적 수준이 유사하지만 인지 요구가 다른 두 과제

정사각형 패턴 과제	정육각형 패턴 과제
정사각형 패턴블록의 한 변을 단위로 하여, 아래 표시된 패턴블록 그림에서 각 열차의 둘레를 구하시오. [정사각형의 한 변의 길이는 1이다.] 	아래의 패턴을 보고, 네 번째 열차의 둘레를 계산하고, 열 번째 열차를 구성하지 않고 둘레를 구한 다음, 규칙에 따라 열차를 만들 때 둘레를 계산하는 방법을 설명하시오. [정육각형의 한 변의 길이는 1이다.] 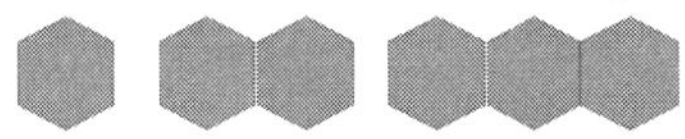

(정육각형 패턴 과제는 Math Learning Center, *www.mathlearningcenter.org*에서 인용함)

과제 세트 분석. 교사가 두 과제의 인지 요구를 비교하고 나면, 우리는 여러 가지 과제를 높은 인지 수준과 낮은 인지 수준에 따라 두 가지 범주로 분류하고 각 범주의 구분 기준을 설명하게 한다. 이 과정은 1장에서 자세히 설명하였고, 12장에서 더 자세하게 논의할 것이다(이 활동에 대한 세부 사항과 과제 분류를 위한 초·중·고등학교급의 수학 과제를 Smith, Stein, Arbaugh, Brown, & Mossgrove, 2004에서 찾을 수 있다. 또한 중학교의 과제 분류를 *http://www.tcpress.com*에서 찾을 수 있다).

교사가 일반적인 수준에서 높은 수준 과제와 낮은 수준 과제의 특성을 고려할 수 있는 기회를 가지고 나면(예. 연결성 있는 절차 과제와 수학 행하기 과제는 높은 수준의 과제임), 과제분석을 위한 도구로 과제분석지침(TAG)을 도입한다. 교사는 과제분석지침(TAG)을 보고, 자기가 확인한 특징과 동일하거나 유사한 특성이 무엇인지, 확인하지 못한 특징에 동의하는지 여부의 질문을 받는다. 이를 통하여 교사들은 과제분석지침(TAG)을 그들에게 부과된 정해진 틀이 아니라, 자신의 생각을 반영하는 도구로 여기게 될 것이다.

이러한 활동은 두 가지 핵심 아이디어를 강조하기 위한 것이다. (1) 모든 과제는 동일하게 만들어지는 것이 아니며, 서로 다른 과제는 서로 다른 수준과 종류의 학생 사

고를 촉진한다. (2) 학생들이 참여하는 사고의 수준과 종류는 학생이 학습한 것을 결정한다(Hiebert et al., 1997). 폴리아(1973/1945)는 다음과 같이 말했다.

> 수학 교사는 많은 기회를 가지고 있다. 학생들을 훈련시키면서 흥미를 잃게 하고 지적 발달을 방해하며, 자신에게 주어진 기회를 남용하기도 한다. 그러나 학생들의 지식에 맞게 문제를 제기함으로써 학생들의 호기심을 돋우고 지적 호기심을 자극하는 질문으로 문제를 해결할 수 있도록 돕는다면, 어떤 의미에서 그는 학생들에게 독립적으로 사고할 과제를 제공하는 것이다(p. v).

수업에 사용한 과제 분석. 우리의 목표는, 교사가 학생들이 참여할 과제에 관한 결정을 내리면서 자신에게 제공된 많은 기회를 깨닫게 하는 것이다. 이를 위해 일반적인 과제의 특성을 알아보는 활동에서 교사의 교육과정의 일부(또는 일부가 될 수 있는) 과제를 분석하게 하는 것이 중요하다. 이를 달성하기 위해 하나 이상의 안내된 현장실습(SFE)(TAG와 함께 사용)이 중요하다. 예를 들어, 1장에서 제안한 바와 같이, 교사는 일정 기간 동안 교실 수업에서 사용된 과제를 수집하고, 과제분석틀(TAG)을 사용하여 과제를 분류하고, 학생들이 높은 수준의 사고와 추론에 참여하고 절차의 연습을 할 수 있는 충분한 기회가 주어진 정도를 결정하도록 요청받을 수 있다. 또는 교사는 수업에 사용될 수 있는 많은 자료들 중에서 높은 수준의 과제를 식별하고, 높은 수준 과제의 특징에 맞는지 분석하고, 식별된 과제를 이전에 동일한 내용을 가르치기 위해 사용한 과제들과 대조하도록 요청받을 수 있다. 도전적인 수학 과제를 찾고 있는 선생님에게 인기 있는 웹 사이트는 NCTM(*http://illuminations.nctm.org*)과 Ohio Resource Center(*http://www.ohiorc.org*)이다. 배정된 SFE와 관계없이, 교사는 수집한 과제를 후속 전문성 개발 세션에 가져와 동료와 논의해야 한다.

도전적인 수학 과제 탐구하기

교사는 수학 학습자, 학생들의 수학적 활동 결과물의 분석자 및 해석자, 수학 활동 계획자 등 세 가지 수준에서 수학 과제를 탐구하게 된다. 이런 방식으로 교사는 학습을 촉진하고 지원하는 수학 교육의 형식을 직접적으로 경험할 수 있으며, 학습 상황에서 학생 학습을 생각하고, 학습을 촉진하기 위한 수업을 계획할 수 있다.

수학 행위자와 학습자로서의 교사. 교사가 수학 과제를 탐구하는 것은 수학이 무엇이며 어떻게 이루어지는지에 대해 자신의 이해를 구축하고 재구성할 수 있는 기회를 제공한다. "수학에 대한 교사의 이해는 수학 지도에서 교수학적 가능성의 영역을 구성하는 중요한 자원이기 때문에"(Ball, 1991, p.38), 교사가 이 자원을 개발하도록 돕는 것은 중요하다.

이 책의 사례에 있는 과제는 여러 가지 이유로 수학 활동에 교사를 참여시키는 풍부한 자원을 제공한다. 첫째, 연결성 있는 절차(예. 6장의 패턴블록을 활용한 분수 곱셈)와 수학 행하기(예. 5장의 분수, 소수, 백분율 연결) 유형의 높은 인지 수준의 과제이다. 이것은 교사들에게 제약이 많은 과제(연결성 있는 절차)와 제약이 적은 과제(수학 행하기)를 경험하게 하고, 학생들의 수학적 숙련도 개발을 돕기 위해 두 유형의 과제에 대해 논의할 기회를 제공한다.

둘째, 이 책의 과제들에는 다양한 표현과 도구가 사용되었으며, 그중 일부는 교사에게 익숙하지 않을 수 있다. 예컨대, 우리는 많은 교사들이 패턴블록(6장) 또는 대수 막대(8장)에 대한 사전 경험이 없음을 발견했다. 교사가 특정 과제를 해결하기 위해 이 자료를 사용하도록 유도하면 학생들이 알고리즘을 이해하는 데 조작물이 어떻게 도움이 되고 상황이 어떻게 작동하는지 더 깊이 이해할 수 있도록 도와준다. 그러므로 교사가 이러한 자료를 생산적으로 사용하는 데 필요한 배경 지식과 경험을 갖추고 있는지 확인하는 것이 중요하다. 예를 들어, 모니크 선생님(8장)의 이항식의 곱셈 과제의 설정에 대해 읽기 전에 대수막대와 십진블록을 사용하여 정수의 곱셈을 영역 모델로 알아보는 준비 활동(그림 11.4)을 제시하였다. 교사는 미리 과제해결의 경험을 통해

[그림 11.4] 이항식의 곱셈을 위한 준비 활동

아래의 식을 사용 가능한 자료를 이용하여 모델로 나타내시오.

3×4

$3 \times n$

6×13

$6 \times (n+3)$

26×12

$(2x+6) \times (x+2)$

사용 가능한 자료: 정사각형 타일, 십진블록, 대수막대, 모눈종이

곱셈과 넓이, 실수 곱셈과 식의 곱셈을 연결해보게 된다. 이 책의 자료, 그리고 이와 유사한 자료로 수학을 배우는 교사의 사례를 더 보려면 Silver, Clark, Ghousseini, Charlambous, & Sealy(2007)를 참조하라.

마지막으로, 사례에 사용된 과제를 해결하고 나서 사례를 반성하게 되면, 사례에 대한 논의가 더 풍부해지고 성공적으로 논의할 수 있다. 수학 과제를 이해하고 나면, 교사는 사례에 대해 더 많이 관심을 가지며 사례를 이해하는 데 자신감을 갖게 된다. 또한 과제를 해결하다가 교사 자신의 오개념을 드러낼 수도 있다. 또한 교사들은 학생들이 제시한 여러 해결 전략을 인식할 "준비"를 갖추게 된다. 문제해결의 여러 경로에 대한 교사의 이해가 강화되고 학생 사고에 대한 인식이 보다 명확해진다. Steele(2008)은, 과제를 해결해보고 나면 교사는 수학에 대한 지식을 교수법 지식과 통합하고 "두 가지 활동을 각각 할 때보다 더 강력한 학습 경험을 창출할 수 있는"(p.15) 기회를 얻는다고 주장한다.

수학 과제에 관한 우리의 작업은 세 단계로 진행된다. 가장 먼저 우리는 교사가 개인적으로 과제에 대해 생각하도록 5분을 준다. 이를 통해 교사는 상황을 이해하고 가능한 해결 경로를 생각해본다. 과제해결을 완료하기보다 이어지는 소규모 그룹 토론에서 논의할 사항을 결정한다. 다음으로, 교사들은 소그룹에서 아이디어와 전략을 공유하고 결국 어떤 경로를 추구할 것인지를 결정한다. 마지막으로 우리는 포스터, OHP, ppt 등으로 해결법을 공유하고 전체 그룹 토론을 진행한다(촉진자가 수학 과제에 대한 효과적인 논의를 조율하는 더 자세한 방법은 Stein, Engle, Smith, & Hughes, 근간 참조). 그러나 여러 가지 해결 방법을 신중하게 선택하여 순서를 정하고 논의하는 효과적인 토론에 참여한 교사라도 자신의 교실에서 이렇게 실행하기는 어렵다. 교사를 토론 참가자에서 토론 촉진자로 전환하게 하려면 많은 지원이 필요하며, 전문성 개발 세션에서 명시적으로 다루어야 할 필요가 있다(이 측면에서 교육 실습에 포함된 과제 및 이러한 문제를 해결하기 위해 현장 기반 전문성 개발 프로그램을 활용하는 방법에 대한 자세한 내용은 Silver, Ghousseini, Gosen, Charalambous, & Strawhun, 2005 참조, 교사가 효과적인 논의를 조율하는 데 대한 내용은 Smith, Hughes, Engle, & Stein, 근간 참조).

분석가 및 해석가로서의 교사. 교사는 과제 자체를 해결할 뿐만 아니라, (자신이 해결한) 도전적인 수학 과제에 대한 학생의 결과물들을 이해하는 기회가 필요하다. 학생들의 결과물을 검토할 때, 학생들의 반응을 통해 드러나는 그들의 사고를 보며 교사는 자기만의 생각에서 벗어나 과제를 폭넓게 이해하게 된다. 이 과정을 통해 직관이 아니라 증거를 가지고 학생 결과물에 대한 근거 있는 해석 즉, 전문적 판단(*professional judgement*, Moon, 1997)을 하게 된다.

이 책에서 우리는 여러 가지 다른 자료(예. Parke, Lane, Silver, & Magone, 2003; Brown & Clark, 2006) 속의 학생 응답, 이 책에 실린 학생들의 실제 결과물(예. 6장에서 프랜 선생님의 수업에서 안토니오의 해결), 그뿐 아니라 우리와 협력한 교사가 수집한 이 책에 나온 과제에 대한 응답을 사용한다. 예를 들어, [그림 11.5]에 론 선생님(5장)의 사례 속의 분수, 소수, 백분율 과제에 대한 학생의 반응을 생각해 보자. 학생의 반응들을 보면 절차적 유창성(학생 A)과 개념적 이해(학생 B)의 차이에 대해 몇 가지 질문이 제기된다. 정답이 이해를 의미하는가(예. 학생 A), 학생 오개념(예. 학생 D)을 어떻게 해석하고 교정해야 하는가의 질문이 있을 수 있다. 또한 학생들의 반응을 통해 교사는, 각 학생들이 현재 이해하고 있는 것에 대한 추가적인 통찰을 얻고 현재의 이해를 넘어서도록 돕는 질문을 고려할 기회를 얻게 된다.

[그림 11.5] 론 선생님 사례의 과제에 대한 학생의 반응

학생 A

분수, 소수, 백분율 연결하기

아래 그림에서 6칸을 칠하시오.

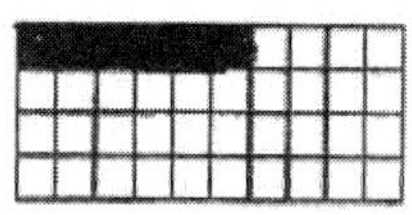

위의 그림을 이용해서 다음을 어떻게 구했는지 설명하시오.
(a) 칠해진 부분의 백분율
(b) 칠해진 부분의 소수
(c) 칠해진 부분의 분수

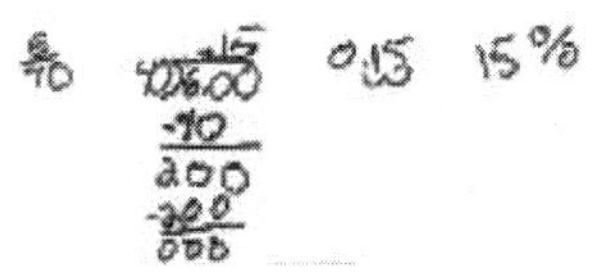

A. 색칠한 부분의 넓이의 비율을 구하기 위해 분수 $\frac{6}{40}$을 구하였다. 그러고 나서 위 나누기 아래 즉, 6 나누기 40을 했다. 0.15를 얻었다. 그러고 나서 나는 소수점을 두 자리 이동하여 15를 구하였다. 따라서 색칠한 부분의 넓이의 백분율은 15%이다.

B. 색칠한 부분의 소수 부분은 0.15이다. 나는 이를 6 나누기 40 즉, $\frac{6}{40}$의 윗부분 나누기 아랫부분을 해서 얻었다. 나눗셈을 하여 얻은 답은 0.15이다.

C. 색칠한 부분의 분수 부분은 $\frac{6}{40}$이다. 나는 직사각형에 있는 모든 정사각형을 세어 40을 얻었다. 그리고 색칠한 정사각형을 세어 6을 얻었다. 나는 40분의 6 즉, $\frac{6}{40}$을 얻었다.

학생 B

분수, 소수, 백분율 연결하기

아래 그림에서 6칸을 칠하시오.

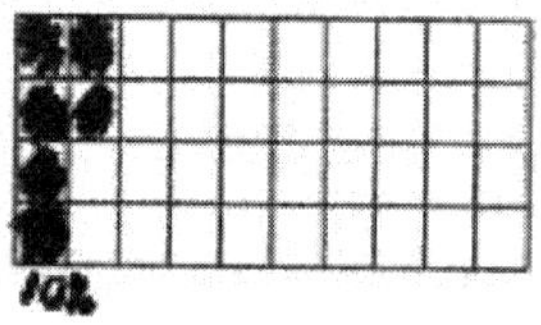

위의 그림을 이용해서 다음을 어떻게 구했는지 설명하시오.

(a) 칠해진 부분의 백분율

(b) 칠해진 부분의 소수

(c) 칠해진 부분의 분수

a) 6개의 정사각형을 채우고, 전체의 정사각형을 세니 40개였다. 이것이 100%이어야 한다. 우선 가로 줄 하나에 10칸이 있고, 세로에 있는 정사각형 4개가 10%이다. 정사각형이 2개 더 있으므로, 10%+5%=15%가 된다.

b) 소수 부분은 0.15이다. 나는 15%에서 소수점을 이동해서 구했다.

c) 분수 부분은 $\frac{3}{20}$ 이다. 나는 $\frac{6}{40}$ 을 약분하여 $\frac{3}{20}$ 을 구하였다.

학생 C

분수, 소수, 백분율 연결하기

아래 그림에서 6칸을 칠하시오.

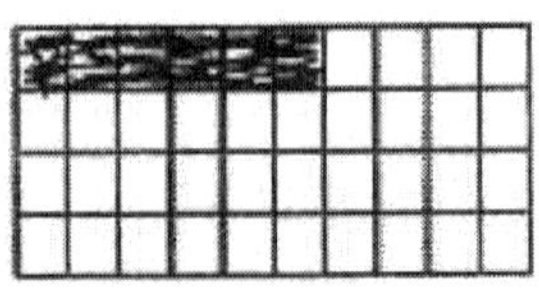

위의 그림을 이용해서 다음을 어떻게 구했는지 설명하시오.
(a) 칠해진 부분의 백분율
(b) 칠해진 부분의 소수
(c) 칠해진 부분의 분수

A) 모두 40개의 정사각형이 있고 색칠한 직사각형에는 6개의 정사각형이 있다. 나는 직사각형 =100%임을 안다. 나는 가로 줄을 세었다. 가로 줄 한 줄=25%, 하지만 가로 줄에 정사각형이 10개이다. 정사각형 하나=2.5%

정사각형 6개=2.5%×6=15%

B) 위와 같이 하여 가로 한 줄=0.25

정사각형 하나=2.5 정사각형 6개=2.5×6=1.5

C) 위와 같다. 하지만 $\frac{\text{색칠한 정사각형}}{\text{전체 정사각형}}=\frac{6}{40}=\frac{3}{20}$

학생 D

분수, 소수, 백분율 연결하기

아래 그림에서 6칸을 칠하시오.

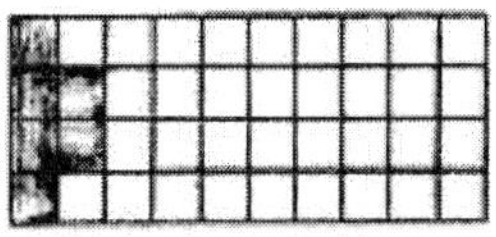

위의 그림을 이용해서 다음을 어떻게 구했는지 설명하시오.
(a) 칠해진 부분의 백분율
(b) 칠해진 부분의 소수
(c) 칠해진 부분의 분수

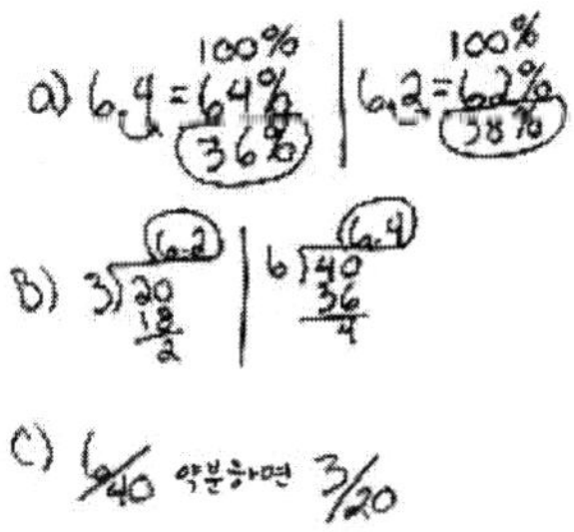

우리는 C를 해결하고 B를 구하고 나서 A를 구하였다. C를 해결하기 위하여 색칠한 부분과 모든 정사각형의 수를 세었다. 그리고 약분하였다. 그리고 분자를 분모로 나누었다. 그리고 A를 구하기 위하여 소수점을 이동하였다. 그리고 100%에서 빼어 답을 구하였다.

수학 활동 계획자로서의 교사. 이 활동의 목표는, 교사가 인지적으로 도전적인 수학 과제의 잠재력과 이러한 과제에 대한 학생 사고를 인식하여, 자신의 수업에서 더 도전적인 과제를 사용하려고 노력하게 만드는 것이다. 이를 위해 교사가 참여하는 SFE는 높은 수준의 과제를 활용하는 수업을 공동으로 계획하는 데 중점을 둔다. 교사가 전문성 개발 과제 중 하나(예. 이항식의 곱셈; 분수, 소수, 백분율 연결하기)를 자신의 학생에게 적용할 수 있지만, 우리는 교사들이 수업 계획과 관련하여 그들이 완성한 안내된 현장 실습(SFE)을 기초로 자신의 교육과정 자료에서 과제를 선택하고 조정하기를 권한다.

이전에 논의된 [그림 11.1]의 수업생각하기 프로토콜(TTLP)은 수업계획 과정의 핵심이다. 수업생각하기 프로토콜(TTLP)은 학생들에게 초점을 맞춘 일련의 질문(예. 지금 그들이 무엇을 알고 있는가? 무엇을 할 것인가, 무엇을 배우게 될 것인가, 그들이 무엇을 배우는지 어떻게 알 것인가?)과 어떻게 학습이 지원될 수 있는지(학생의 오개념에 대해 어떻게 처치할 것인가? 일찍 끝내는 학생들에 어떻게 대처할 것인가? 시작하지 못하는 학생들을 위해 무엇을 할 것인가? 학생들이 작업하는 동안 어떻게 지원할 것인가?)의 질문을 통해 교사를 안내한다. 비록 교사가 학생들에게 인지 요구가 많은 과제를 충분히 제공할 수 있는 교육과정 자료를 많이 보유하고 있더라도, 이러한 과제에 효과적으로 대처하는 데 어려움이 많으며, 수업생각하기 프로토콜(TTLP)은 수업의 계획과 보고에 도움이 되는 유용한 도구가 될 수 있다. (인지 요구가 높은 과제의 교육과정 기반 수업과 관련된 어려움의 예와 전문성 개발자 및 교사가 이 어려움을 해결하는 데 수업생각하기 프로토콜(TTLP)을 활용한 방법은 Silver, Ghousseini, Charlambous, & Mills, 2009를 참조하시오.)

각 전문성 개발 세션에서, 공동의 수업 계획을 위한 시간은 적절하게 조정된다. 마찬가지로 차후 세션에서 교사는 공동 수업 계획안으로 수업하면서 발생한 일에 대해 보고하고, 동료와 함께 수집한 산출물을 공유할 시간을 갖는다. 일반적으로, 우리는 교사에게 수업생각하기 프로토콜(TTLP)의 하위 질문들에 초점을 맞추어 소개하고, 시간이 지남에 따라 전체 프로토콜을 포함하도록 진행한다. Smith, Bill, Hughes(2008)는 수업생각하기 프로토콜(TTLP)을 공동 수업 계획에 어떻게 활용할 수 있는지 설명하였다. Silver, Mills, Castro, Ghousseini(2006)는 공동 수업설계에 대한 사례를 분석하고 논의하며, 전문성 개발 프로그램의 일반적인 기대 효과와 특수한 예를 제시한다.

우리와 함께 활동한 교사들은 수업생각하기 프로토콜(TTLP)을 주기적으로 (그리고 협력적으로) 수업을 준비하는 데 사용하여, 나중에는 신중하게 설계하여 수업을 하였다. 또한 교사가 수업생각하기 프로토콜(TTLP)을 더 많이 알게 되면, 수업 계획에서 프로토콜을 명시적으로 참고하지 않고 프로토콜 속의 질문을 생각한다. 한 중학교 선생님의 말에서 이러한 현상을 읽을 수 있다.

> 나는 프로토콜 없이 책상에 앉아서, 그 내용을 일일이 가리키지 않고도, 다음을 생각합니다. 오개념은 무엇인가? 어떻게 활동을 조직할 것인가? 어떤 질문을 할까? 이것은 수업을 계획할 때 내가 생각하는 수업생각하기 프로트콜(TTLP)의 중요한 사항 세 가지입니다. 아니오, 이 사항들을 일일이 맞추지는 않지만, 이 세 가지 개념은 본질적으로 거의 모든 수업에 있습니다(Smith, Bill, & Hughes, 2008, p. 137).

수업을 분석하고 반성하기

학교 수학을 위한 원리와 규준(NCTM, 2000)에 따라 교수법을 개선하기 위해 교사는, 자신의 수업에서의 행동과 상호작용을 분석하고 이러한 행동이 학생들의 학습 기회에 어떻게 영향을 미치는지 고려할 수 있어야 한다. 우리의 작업에는 교사가 수업을 반성하여 학습하는 능력을 개발하는 데 도움이 되는 세 가지 방법이 있다. 그것은 학습자로서의 경험 반영하기, 다른 사람들의 수업 분석하기, 자신의 수업 분석하고 반성하기이다.

학습자로서의 경험 반성하기. 학습자로서 과제에 대해 논의하고 나서, 교사는 다음과 같은 질문을 고려해 보아야 한다. 촉진자의 어떤 행동이 수학 학습을 돕거나 방해했는가? 이 질문을 통해 교사는 자신의 학습과 촉진자가 학습에 어떤 방식으로든 영향을 미쳤던 특정 교수학적 조치를 반성하게 된다. 질문의 의도는 자주 간과했던 것(촉진자가 한 일과 그 이유)에 주목하여 교수법을 탐구의 대상으로 삼기 위한 것이다. 처음에는 질문을 제시하고, 논의에서 나온 "조치"들을 큰 종이에 정리한다. 세션에 한 명 이상의 촉진자가 있는 경우, 세션을 주도하지 않는 촉진자는 종종 "그림자"의 역할을 맡아 교사가 과제를 할 때 리더 촉진자의 행동과 말을 메모한다. 만일 "그림자" 역할의 촉진자는 교사가 빠뜨린 사항이 있으면, 그 조치를 안건으로 제안하고 교사들이 적절하다고 생각하면 목록에 추가한다. 그러고 나서 인지 수준의 유지와 쇠퇴 요인(그림 2.1)을 도입하여, 이 요인들에 비추어 목록을 분석한다. 인지 수준의 유지와 쇠퇴 요인 도구(그림 2.1)는 다양한 수업 상황에서 수업의 조치를 일반화하는 데 도움이 된다.

다른 사람들의 수업 분석하기. 사례 비디오나 대화의 기록을 통해 다른 사람들의 수업을 분석하면서, 교사는 중요한 수학적 아이디어를 탐구하고, 교실에서 교사의 행동과 상호 작용을 분석하고 비판적으로 반성하고, 다른 여러 가지 행동을 고려할 수 있게 된다. "혼란스럽고 복잡한 상황"을 분석하는 방법을 배우면 교사는 자신의 수업에서 정보에 입각한 결정을 내릴 수 있다(Barnett & Ramirez, 1996, p.11). 이런 목적에서 이 책의 내용은 귀중한 자료가 된다. 각 사례는 수학 교수학습의 경험적 패턴과 학생들의 학습 기회에 영향을 미치는 관련 요인을 구체화한다. [그림 11.6]에 각 사례에 강조된 패턴이 나타나 있다. 따라서 각각의 사례는 수학과제틀(MTF)을 통해 교사가 자신의 교실에 궁극적으로 적용할 수 있는 더 많은 아이디어로 연결된다.

[그림 11.6] 각 장의 과제 설정과 과제 실행의 패턴

장	교사	과제 설정	과제 실행
5	론 - 두 번째 반	수학 행하기	연결성 없는 절차
	론 - 여섯 번째 반	수학 행하기	수학 행하기
6	프랜	연결성 있는 절차	연결성 없는 절차
	케빈	연결성 있는 절차	연결성 있는 절차
7	트리나	수학 행하기	수학 행하기
	우르줄라	수학 행하기	비체계적인 탐구
8	모니크	연결성 있는 절차	연결성 없는 절차
9	니콜	수학 행하기	비수학적 활동
10	제롬	수학 행하기	연결성 없는 절차

(음영은 과제의 인지 요구가 유지되는 경우)

우리는 일반적으로 5장의 론 선생님의 사례에서 탐구를 시작한다. 론 선생님의 두 사례는 같은 교사의 두 수업이 어떻게 전개되는지를 비교할 수 있기 때문에 좋은 출발점이 된다. 우리가 이 분석(동일 교사의 두 수업 사례 분석)을 안내하는 데 사용한

세 질문은 다음과 같다. (1) 두 수업은 어떻게 같으며 어떻게 다른가? (2) 그 차이점은 중요한가? (3) 수학과제틀(MTF)의 관점에서 론 선생님의 수업은 어느 경우인가? 첫 번째 질문에 답하기 위해 교사는 한 수업에서 발생하는 특정 사건을 파악하고 다른 수업의 사건과 비교해야 한다. 이 경우, 론 선생님이 학생들의 혼란을 처리하는 방식(즉, 두 번째 반 수업에서 c로 시작한다는 제안과 여섯 번째 반 수업에서 10×4 모눈종이를 보고 어떻게 사용할 수 있는지 생각하자는 제안)에서 핵심적인 차이가 드러난다. 이것은 두 번째 질문인 차이점에 대한 논의로 이어지는데, 교수법과 학생의 학습 기회의 관계를 고려하게 된다. 그것은 두 번째 반 수업에서 과제 해결의 경로를 제안하여 학생은 절차만 수행하고 사고와 추론을 할 수 있는 기회가 없어지게 된 것이다.

론 선생님의 사례가 구체적인 세부사항을 제공하지만, 세부사항 그 이상을 알아보는 것이 중요하다. 이를 위해 마지막 질문(이 사례는 어느 경우인가?)이 중요하다. 특정 사례를 수학과제틀(MTF)의 과제 설정과 과제 실행의 일반적인 패턴으로 연결하기 때문이다. 사례의 특수한 사건에서 일반적인 패턴으로 이동하기 위해, 촉진자는 교사들이 "사례의 기억할 만한 특수성과 원리 및 이론의 강력한 일반화·단순화 사이를 상하좌우로 왔다 갔다 하게 자극해야 한다"(Shulman, 1996, p.201). 이 책의 사례와 함께, 과제분석틀(MTF, 그림 1.3), 인지 수준의 유지와 쇠퇴 요인(그림 2.1), 과제 설정과 실행의 패턴(그림 2.2)을 사용하여 사례와 원리를 일관되게 알아보는 것이 중요하다. 특별한 전문성 개발의 목표를 달성하기 위해 사례를 전략적으로 선택하는 방법에 대한 논의는 Silver, Clark, Mills(2008)을 보라.

자신의 수업 분석하고 반성하기. 수업 사례를 조사하는 과정은 분석적이어서 교수법의 연관성을 잃을 수 있다. 분석의 목표는 분석 기술 자체가 아니라, 실제 수업에서 의사결정 능력을 향상시킬 수 있도록 교수법 지식을 개발하도록 돕는 데 있다. 그러므로 교사가 사례 분석에 도움이 되는 틀과 도구를 사용하여 수업을 하고 수업을 반성하게 하는 것은 중요하다.

첫 번째 사례인 론 선생님의 사례를 분석한 직후에 교사 자신의 수업을 반성하는 과정을 시작한다. 론 선생님 사례에 대한 논의를 통해 교사는 교실에서 학생들의 학습 기회에 영향을 미치는 요소와 교실 내 교사의 행동으로 학생들의 학습에 큰 영향을 미치는 방법을 알게 된다. 우리는 교사에게 사례 속의 이슈와 교사 자신의 실천에서 탐구하고자 하는 이슈를 확인하도록 요청한다.

교사들에게 (그림 2.1의 목록에서) 일 년 중 자신의 교실에서 일어났으면 하는 요인을 선택하게 했던 적이 있다. 교사들이 선택하는 요인은 학생 사고 스캐폴딩하기, 작업의 복잡성을 줄이기이다. 이 선택은 놀랍지 않다. 왜냐하면 이 요인들은 론 선생님의 여섯 번째 수업과 두 번째 수업의 차이를 설명하며, 수업의 성공과 실패에 중요하기 때문이다. (높은 수준의 과제가 포함된 수업의 계획, 교수학습, 반성에 초점을 둔) 안내된 현장 실습(SFE)은, 교사가 자신의 수업에서 나타난 요인이 무엇이며 어떻게 확인했는지에서 시작하여, 이어서 그 요인의 진행 상황을 설명하게 하고 나서, 교사가 앞으로 노력해야 하는 영역에 대한 논의로 결론을 맺는다.

전문성 개발 프로그램의 후반기에, 교사에게 자기 수업의 다양한 양상(예. 질문하기, 토론 조정하기)에 초점을 맞추어, 자신의 교실 활동의 본질에 대해 통찰할 수 있는 결과물을 가져와 동료와 공유하게 한다.

결론

2003년 TIMSS 및 PISA에 참가한 12개국 학생의 수행을 분석한 최근 American Institutes for Research(Ginsburg, Cooke, Leinwand, Noell, & Pollock, 2005)의 보고서는, 미국 학생들이 성취수준이 높은 국가만큼 성취도를 높이기 위해서는 인지 요구가 높은 기술(예. 추론)을 사용하고 사실과 절차를 적용하는 능력을 향상시켜야 한다고 제안한다. 더 높은 수준의 인지 활동에 참여하도록 학생의 능력을 향상시키기 위해서, 미국의 교실에서 선택하고 사용하는 과제의 본질이 바뀌어야 한다. 학생들은 수학을 추론하고 이해할 수 있게 하는 수학 과제로 수업할 수 있는 기회를 더 많이 가져야 한다.

여기에 설명된 수학 과제 중심의 전문성 개발 모델은, 교사가 자신의 수업에서 도전적인 과제를 선택하고 활용하기 위해 필요한 지식과 기술을 개발하는 데 도움이 된다. 수학 과제를 변화의 축으로 활용하면, 교수법 개선 노력의 초점을 연구에서 보여준 가장 중요한 사항, 즉 아동이 수학적 활동의 본질에 참여하는 쪽으로 좁힐 수 있다.

지난 몇 년 동안, 우리는 이 접근법의 효과를 알아보기 위한 연구들을 수행해왔다. 예를 들어 Boston과 Smith(근간)는 연례 워크샵(9월과 5월 사이 6시간짜리 세션 6회)

이후에 중학교 교사 참가자가 다음의 능력이 크게 향상되었음을 보고하였다. (1) 인지 요구 수준에 근거하여 과제를 식별하는 능력 (2) 자신의 수업에 사용된 주요 수업 과제(일 년 동안 일주일씩 3회 제출된 과제에 나타남)의 인지 요구 수준 (3) 높은 수준의 인지 요구를 유지할 수 있는 능력(수집된 학생 작업 샘플에 나타남). 그리고 전문성 개발 워크숍에 참여하지 않은 중등 수학 교사 중 한 그룹과 비교했을 때, 전문성 개발 워크숍에 참여한 교사는 교실관찰 연구에서 과제 설정과 실행 수준의 평균 점수가 상당히 높았다. 이 연구를 확장한 Arbaugh와 Brown(2005)의 연구 결과를 보면, 고등학교 교사들이 인지 요구 수준에 대해 배우는 데 참여함으로써 학년 교육과정의 과제 선택에 영향을 받았고 그에 따라 수업 실제가 변화하였다.

12 교장의 학습과 전문적 실천 지원하기

지난 십여 년간 수업에서의 리더십에 대한 요구는 더 커졌다. 그러나 수업에서의 리더십이 무엇이며 실제로 어떻게 실행되는지는 여전히 모호하다. 교장 연수에서 활용되는 대부분의 교재에는 이제 수업에서의 리더십을 다루는 장들이 여럿 포함되어 있다. 그러나 가장 대중적인 교재조차도 수업을 어떻게 향상시킬 것인지에 대한 조언에 수업의 내용에 대해 주의를 기울여야 한다는 것이 포함되어 있지 않음을 알 수 있다. 이 장에서는 수학과제틀(MTF)과 다양한 인지 요구 수준이 높은 과제의 실행 사례가 수학 수업의 리더가 되고자 하는 교장 선생님에게 어떻게 내실 있는 기초를 제공해 줄 수 있는지를 보여주고자 한다.

우리의 접근 방법은, 효과적인 리더십에서 내용이 중요하다고 인식하는 수업에서의 리더십의 관점을 바탕으로 한다. 수학 교실은 국어 교실과는 다르다. 목표가 다르고 쉽게 관찰할 수 있는 학생들의 사고와 추론 유형도 다르며 교사가 직면하게 되는 개선을 위한 도전 역시 같지 않다(Stein & Nelson, 2003). "수업에서의 리더십"을 갖춘 교장이라면 이런 차이를 인식해야 한다. 수학에서는 학생들이 학습해야 하는 중요한 아이디어와 이런 아이디어의 학습을 지원하기 위한 보편적인 수업전략 및 이런 수업전략을 실행하면서 교사가 직면하게 되는 도전을 인식하고 있어야만 한다. 또 학생들이 중요하고 가치로운 수학을 학습할 수 있는 교육과정 자료를 선택할 수 있도록 안내해야 하며 교사의 적절한 전문성 개발을 지원해야 한다. 더불어 학부모와 학교위원회의 위원들을 포함하는 다양한 후원자들에게 자신의 이러한 수학적 선택을 정당화해야만 한다.

그런데 왜 교장은 수학 수업의 과제에 초점을 맞추어야 하는가? 자신이 속한 조직의 리더로서 교장은 학생들의 성취도에 대해서도 책임을 져야만 한다. 학생들의 성취도 향상을 위해서는 교실에서 사용되는 수업 과제의 유형을 결정하는 것 이상의 효과적인 방법은 없다(Lappan & Briars, 1995). 학생들에게 제공하는 과제와 그 과제에 학생들이 참여하는 방식이 학생들의 학습기회를 결정한다(Doyle, 1983; Hiebert & Wearne, 1996; Stein & Lane, 1996). 어떻게 생각하고 추론하며 개념적인 연결성을 찾는지를 학생들이 학습하기를 원한다면 교장은 이런 종류의 학습을 지원하는 인지적으로 도전이 되는 높은 수준의 과제를 선택할 수 있도록 격려하고 지원해야만 한다.

최근의 국제비교를 보면 미국의 교장들은 학생들의 높은 수준의 사고와 추론능력의 개발에 초점을 맞추어야만 한다고 제안한다. 국제비교를 보면, 미국 학생들은 경제규모가 비슷한 다른 나라 학생들만큼 잘하지 못하며(Lemke, Sen, Pahike, Partelow, Miller, Williams, Kastberg, & Jocelyn, 2004; Mullis, Martin, Gonzalez, & Chrostowski, 2004) 높은 인지 수준의 과제를 수행하는 정도가 다른 국가에 비해 매우 낮다(Ginsburg et al., 2005)는 것을 알 수 있다.

교사가 높은 수준의 과제를 선택하도록 보장하는 것이 이 분야에서 학생들의 한계를 극복하도록 하는 첫걸음이다. 그러나 연구 결과를 보면 단지 첫걸음일 뿐이다. 예를 들면, TIMSS의 비디오 연구(NCES, 2003; Stigler & Hiebert, 2004)에서는 수업 중에 과제의 엄밀성을 유지하는 데 미국 교사들이 어려움을 겪고 있음을 강조하였다. 미국의 경우, 교사가 활용한 과제의 17%가 인지 요구 수준이 높은 과제(연결성 만들기)라고 판단할 수 있었지만 의도한 대로 실행된 것은 하나도 없었으며, 대부분의 연결성 만들기 과제는 절차적인 연습문제로 변질되었다. 따라서 인지 요구 수준이 높은 과제를 활용하는 교실의 수업 실제에 초점을 맞추는 것이 수학에서 사고하고 추론하는 학생들의 능력을 향상시키도록 돕는 데 매우 중요하다.

전문성 개발은 교사들의 수업 실천을 향상시키는 데 핵심적인 역할을 하며, 수학 교수 학습의 핵심적인 이슈에 초점을 맞춘 양질의 전문성 개발을 위한 시간과 예산을 제공하는 데 교장의 역할이 중요하다. 연구에 따르면, 교사들이 전문성 개발 프로그램에서 학습한 교수법을 실천하기 위해서는 관리자의 지원이 필요하다. 교사들은 전문성 개발 프로그램에서 학습한 것과 반대되는 수업을 실천하면 안 되며, 새로운 수업을 실행할 책임이 있다. 더불어 교장은 교사가 인지 요구 수준이 높은 과제를 실행할 수 있도록 지원하는 방향으로 자신들의 관찰 접근법을 활용해야만 한다. 대개 교장들의 수업 관찰은 짧을 뿐만 아니라 실제로 조작해 보는 활동에 학생들이 참여하는지의 여부와 같은 피상적인 수업의 특징들에만 초점을 맞춘다. 교사들은 초점이 맞춰지는 것이 중요한 것이라 생각하고 우호적으로 평가받을 수 있다고 여겨지는 방식으로 자신들의 수업을 각색한다.

교장은 또 학교에서 교사와 학생들이 인지 요구 수준이 높은 과제를 활용해서 학습하는 데 도움이 되는 조건을 만들 수 있다. 이런 조건에는 복잡한 사고와 추론에 초점을 맞출 수 있도록 자원을 조정하여 지원하는 것도 포함된다. 예를 들면, 인지 요구 수준이 높은 과제로 특화된 교육과정을 선정하고, 인지 요구 수준이 높은 과제를 실행하는 도전적인 일을 해결하기 위해 교사와 함께하며, 학부모와 지역사회 구성원들뿐만 고위의 관리책임자들이 이사회에 포함되어 학생들의 사고와 추론 능력을 개발하는데 초점을 맞출 수 있도록 교장이 책임을 져야 한다.

지난 10년간 우리는 교장들에게 수학과제틀(MTF)을 소개하면서 수학 수업에서 활용하는 과제에 초점을 맞추도록 하는 방법들을 제안해왔다. 교사와 마찬가지로 수학과제와 학생들의 학습 및 교수학적 관행에 대해 교장들이 이해하는 것 역시 중요하다는 것을 알 수 있었다. 더불어 교사들이 인지 요구 수준이 높은 과제를 활용할 때 직면하게 되는 도전이 무엇인지를 이해하고 이런 도전을 대처하는 교사들을 돕기 위해서 학교 차원에서 어떤 지원을 해 주어야 하는지를 교장들이 이해하는 것 또한 중요하다.

이 장에서는 교장들이 인지 요구 수준이 높은 과제와 씨름하는 교사를 어떻게 지원해야 하는지를 학습할 수 있도록 방법을 기술하려고 한다. 특히 우리는 (a) 교실을 관찰하고 그에 맞게 전문성을 개발하도록 조정하는 것, (b) 교사의 지속적인 전문성 개발을 위해 학교 단위의 자원을 제공하는 것에 초점을 맞춘다.

이 장은 교장이나 교장을 가르치고자 하는 사람들에게 좋은 자원이 될 수 있다. 훈련된 조력자가 없어도 교장 스스로 이 장을 읽고 제안 내용을 실행함으로써 도움을 받을 수 있을 것이다. 이 장에서 논의한 아이디어를 도시 지역 교육청의 교장을 위한 전문성 개발 워크숍과 대학에서 실시하는 교장 예비 프로그램에 등록한 개인에게 사용했었다.

관찰과 전문성 개발을 위한 조정

수업 리더십의 핵심은 교실 관찰을 자주 하는 것이다. 효과적인 교실 관찰을 위해 가장 중요한 점은 어떤 수업이 좋은 수업인지를 보고 알 수 있으며 좋은 수업이 아닐 때 그것을 확인하고 격려할 줄 알아야 한다는 점이다. 이를 위해서 교장들은 11장에서 논의되었던 여러 가지 도구들(예. 과제분석지침, 요인 등)을 활용할 수 있다. 사실 우리는 교장들이 수학 수업 과제와 관련된 교사들의 전문성 개발을 지켜보도록 권한다. 이렇게 하면 교사들이 전문성 개발 세션에서 안내된 현장 실습(SFE)을 해야 한다는 책임감을 많이 느끼게 할 수 있다.

많은 교장들이 교사들의 전문성 개발을 지켜보는 것은 유용하다고 생각한다. 그러나 교장 역시 인지 요구 수준이 높은 과제의 실행을 학습하는 교사들을 위해 수업 지도자로서의 역할을 하면서 직면하는 구체적인 문제들을 준비하는 것이 중요하다. 이런 문제들 중에는 인지 요구 수준이 높은 수업과 피상적으로는 인지 요구 수준이 높아 보이지만 실제로 학생들에게 사고와 추론할 기회를 전혀 제공하지 않는 수업을 구별하는 것을 배우는 것이 포함된다.

수업의 수준이 높은지, 낮은지 구별하는 능력은 인지 요구 수준이 높은 과제와 그렇지 않은 과제를 구별하는 교장의 능력에 달려 있다. 교사들 역시 이런 능력을 학습해야 하지만 교장들은 교실을 떠나 있었고 수학의 전문가가 아니었기 때문에 특히 가파른 학습곡선을 보인다. 따라서 이런 기본적인 능력에 시간을 더 많이 투자하는 것이 필요하다는 것을 알게 되었다.

높은 수준의 과제와 낮은 수준의 과제를 구별하는 방법 학습하기

교장들과 활동을 할 때 우리는 교사들과 마찬가지로 카펫 과제와 울타리 과제(그림 I.1과 I.2)로 활동을 시작한 후 과제분석지침(그림 1.2)을 이용해서 일련의 과제(*http://www.tcpress.com* 참조)를 분류하도록 한다. 여기에 포함된 16개의 중학교 수학 과제(Smith et al., 2004에서도 볼 수 있다)들은 특별히 교장들을 대상으로 활용하기 위한 것으로, 인지 요구 수준이 높은 과제처럼 꾸며진 낮은 수준의 과제와 처음 봤을 때는 교과서에 포함된 전통적인 과제처럼 보이지만 인지 요구 수준이 높은 과제들이 모두 포함되어 있다. 예를 들면, 과제 J(그림 12.1)는 "실생활" 맥락이 없기 때문에 지나치게 추상적이어서 대부분의 교장들이 교과서에 포함된 전형적인 과제라고 생각할 수 있는 인지 요구 수준이 높은 과제이다. 그러나 이 과제는 사고와 추론을 유발하기 때문에 **연결성 있는 절차**라고 생각할 수 있다. 이 문제의 a)를 해결하기 위해서 학생들은 곱셈을 직사각형의 넓이 구하는 것으로 개념화해서 27과 3을 직사각형(27을 20과 7로 분할해서)의 치수로 볼 수 있어야 한다. 그런 후 20과 7을 각각 3과 곱(분할된 두 직사각형의 넓이를 계산하기 위해서)한 후 부분 곱들의 합을 구해서 전체 넓이를 구해야 한다. 이렇게 하면서 학생들은 인수 3을 20과 7에 곱함으로써 분배법칙을 의미 있게 이용한다. 전체적으로 학생들은 기본적으로 넓이와 곱셈의 의미를 생각하지 않고서는 어떤 활동을 통해서 문제를 해결해야 할지를 경험할 수 없다.

반면에 과제 C(그림 12.2)는 세 그림(그림 11.3에서도 볼 수 있다)의 둘레를 알아내기 위해서 학생들이 패턴블록을 이용해야 하기 때문에 많은 교장들이 처음에 인지 요구 수준이 높은 과제라고 생각하는 인지 요구 수준이 낮은 문제이다. 많은 교장들이 교구의 활용이 학생들을 개념적으로 사고하도록 한다고 생각하였다. 일부 교장들은 이 문제에 그림만 제시되어 있을 뿐 기호나 공식이 포함되어 있지 않기 때문에 "비전통적인" 문제처럼 보여서 갈등할 수도 있다. 그러나 이 문제는 학생들에게 둘레의 길이를 알아내기 위해서 타일 하나를 단위 길이로 이용해서 세어 보도록 하는 매우 절차적인 문제이다. 따라서 학생들은 둘레의 길이가 무엇인지, 정사각형의 수와 세 그림의 둘레 사이에 어떤 발전하는 규칙이 있는지, 더 많은 정사각형이 포함되어 있을 때의 규칙의 일반화에 필요한 것들을 인지하지 않고서도 둘레의 길이를 구할 수 있다.

우리의 경험상 교장들은 이런 종류의 피상적인 과제의 특징에 쉽게 현혹된다. 이런 약점은 교장들이 짧은 시간 교실을 방문한 후 수업의 질에 대해서 판단을 내려야 하는 교사 평가자로서의 그들의 역할에서 기인한 것이라고 생각해 볼 수 있다. 대부분의 교장들이 중요한 수학적 아이디어에 대해서 학생들이 깊이 있게 사고하고 추론할 수 있는 기회를 얼마나 제공하는지를 확인하기 위해서 추가적인 노력이나 시간을 투자하기보다는 수업에서 쉽게 파악할 수 있는 특징(예. 학생들이 모둠활동을 하는지의 여부, 교구를 활용하는지의 여부 등)에 초점을 맞추는 것을 학습하였다.

과제의 인지 수준을 분류하는 과제는 교장들이 가진 약점을 해결하는 데 특히 유용하다. 과제를 올바로 분류하기 위해서 교장들은 각 과제를 주의 깊게 읽은 후 흔히 인지 요구 수준이 높은 과제와 관련된 "핵심어"나 "소품"에 의지할 것이 아니라 과제를 해결하는 데 어떤 종류의 사고가 필요한지를 생각해야만 한다. 대부분의 교장들은 자신들이 많은 과제들을 잘못 분류했다는 것에 놀라고 인지 요구 수준의 높고 낮음을

[그림 12.1] 인지 요구 수준이 낮아 보이지만 인지 요구 수준이 높은 과제

과제 J

필요한 조작물 및 도구: 없음

다음 그림은 34×7을 암산하는 한 가지 방법이다:

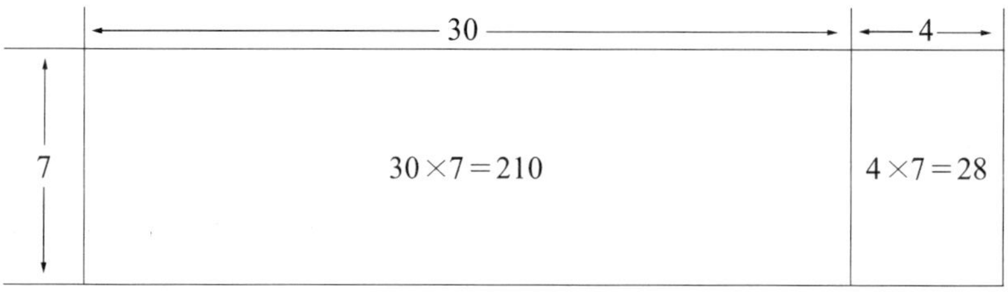

다음을 암산으로 계산하시오. 그런 후 자신의 계산방법을 그림으로 각각 나타내시오.

a) 27×3 b) 325×4

(*Visual Mathematics Course I*, Lesson 37, Focus Teacher Activity, pp.457-463에서 번안)

[그림 12.2] 인지 요구 수준이 높아 보이지만 인지 요구 수준이 낮은 과제

과제 C

필요한 조작물 및 도구: 정사각형 패턴블록

정사각형 패턴블록의 한 변의 길이를 기본 단위로 할 때, 아래 그림에 제시된 패턴블록 기차들의 둘레의 길이를 구하여라.

의미 있게 구분 짓기 위해서 자신들의 노력을 배가한다. (과제의 올바른 분류와 각 과제의 표면적인 특성을 확인하려면 *http://www.tcpress.com*을 참고하라.)

인지 요구 수준이 높은 과제의 실행 구분하기

교장들이 과제를 분류하는 데 익숙해지고 나면 다음은 교실 과제 실행의 인지 요구 수준을 구별하는 것을 배운다. 도입 활동으로 우리는 교장들에게 교실에서 인지 요구 수준이 높은 과제의 실행과 관련된 짧은 한 문장짜리 시나리오(*http://www.tcpress.com*

참조)를 여섯 개 읽고 분석하게 하였다. 이 시나리오들은 2장에서 상술한 과제구성과 실행의 패턴에 대해서 설명한다. 사실 시나리오 중 네 개는 2장에서 제시된 울타리 과제(그림 I.2)를 어떻게 실행(이 시나리오들 중 하나가 그림 12.3에 제시됨)해야 하는지에 대해 일반적인 설명을 좀 더 상술한 것이다. 두 시간짜리 수업에서 이 시나리오들을 읽고 분석한다.

[그림 12.3] 교실 활동 패턴을 보여주는 시나리오의 예

파간 선생님은 다음 문제를 칠판에 제시하였다. 학생들이 교실에 도착하자 짝과 함께 문제를 풀기 시작한다.

> "브라운 선생님 반에서는 봄에 개최되는 과학박람회를 대비해서 토끼를 키우려고 해요. 직사각형 모양의 토끼 우리를 짓기 위한 울타리가 24피트 있어요. 브라운 선생님 반 학생들은 가능하면 넓은 토끼 우리를 지으려고 해요. 그렇다면 직사각형 토끼 우리의 변의 길이는 얼마가 되어야 할까요?"

파간 선생님은 40분 수업의 $\frac{1}{3}$이 지났는데도 학생들의 문제해결에 진전이 없음을 알게 된다. 그래서 파간 선생님은 칠판에 다음의 표를 그린 후 학생들에게 표를 완성하게 한다.

	가로	세로	둘레 2(가로+세로)	넓이 가로×세로
11×1				
10×2				
9×3				
8×4				
7×5				
6×6				
5×7				
4×8				
3×9				
2×10				
1×11				

학생들은 이제야 자신들이 무엇을 해야 할지를 안다는 것에 안도하면서 바쁘게 표를 완성한다. 수업시간이 10분 남았을 때, 파간 선생님은 한 팀의 학생들에게 앞으로 나와서 자신들의 답을 설명하게 한다.

[그림 12.3]의 시나리오를 [그림 2.2]에서 확인한 패턴에 비추어서 검토해 보면 파간 선생님은 처음에 **수학 행하기** 과제로 시작했지만 학생들에게 표를 제공해 줌으로써 학생들이 해야 할 모든 사고를 대신해 문제를 절차적인 것으로 퇴보(**연결성 없는 절차**로 과제의 인지 수준이 퇴보됨)시켰음을 교장들이 알게 된다. 학생들이 하도록 남겨둔 것은 "빈칸 채우기"뿐이고 그런 후 어떤 구성에서 넓이가 최대가 되는지를 확인한다. 학생들은 정답을 구할 수 있지만 여전히 왜 그것이 옳은지를 이해하지 못하며 나아가 다른 비슷한 문제에 적용할 수 있도록 일반화하지 못한다.

이런 시나리오의 첫 번째 목표는 인지 요구 수준이 높은 과제를 확인하고 만드는 것은 단지 시작일 뿐임을 확신하게 하는 것이다. 시나리오에서 기술하고 있는 여섯 개의 실행 가운데 두 개만이 수업 내내 높은 수준의 인지 요구를 유지하고 있다는 사실을 보면 수업시간 내내 인지 요구 수준을 유지하는 것은 정말 어려운 일이다.

시나리오의 두 번째 목표는 인지 요구 수준이 높은 과제를 실행하는 방법이 다양하다는 것을 보여주는 것과 교실에서 접하게 될 이런 다양성을 교장선생님들이 예상 가능하도록 돕는 것이다. 이 목표를 달성하기 위해서, 수학과제틀(MTF)과 수업 중에 인지 요구 수준이 높은 과제가 실행되는 6가지 전형적인 방법을 보여주는 [그림 2.2]의 관점에서 시나리오들을 읽고 분석한다. 교장들은 각각의 시나리오를 읽고 표에 제시된 여섯 가지 패턴 중 어떤 것에 해당하는지를 결정한다. 이런 활동을 통해서 교장들은 가능한 실행 변수를 빨리 파악하고 시나리오에서 제시된 퇴보들 중 상당수가 그들의 학교에서도 일어나고 있다는 것을 인식함으로써 자신들이 무엇인가를 해야 한다는 동기 의식을 갖게 된다.

최소한 하나의 시나리오에 대해 깊이 있게 분석한 후 가능한 실행 방법에 대해 개략적으로 알고 나면 교장들은 [그림 2.2]를 자신의 학교에서 교사들의 수업관찰 도구로 활용할 수 있다. 이 표를 이용하면 교장들은 수업 중에 실제로 학생들이 어떤 사고를 하는지, 학생들의 사고가 가치로운 수학적 활동을 반영하는지에 자신들이 초점을 맞출 수 있다는 것을 알게 될 것이다. 또 이 표를 보면 퇴보 및 유지와 관련된 전형적인 요인([그림 2.2]의 세 번째 열 참조)들을 열거해 놓고 있다. 어떤 교장들은 실제로 처음에는 이런 요인들을 찾는 것을 선호한다. 왜냐하면 이런 요인들이 패턴을 확인하는 데 도움이 되기 때문이다. 이 요인들은 또한 개선을 위한 노력의 초점이 된다는 점에서도 중요하다.

맞춤형 전문성 개발을 위해 조정하기

[그림 2.2]를 이용해서 자기 학교 교사들의 수업을 몇 번씩 관찰한 후 교장은 교사들을 자연스럽게 몇 개의 부류로 나눈다. 어떤 교사들은 **연결성 있는 절차** 과제로 구성된 수업에서 "의미와 연결성 결여" 때문에 고군분투한다. 어떤 교사들은 빈번하게 **수학 행하기** 과제를 체계성이 결여된 비생산적인 탐구로 퇴보시킨다. 이런 분류는 개별 교사의 필요에 맞는 전문성 개발을 위한 조정에 활용할 수 있다. 같은 학교에 수업지도자가 있다면 교장은 자신이 분류한 결과를 수업지도자와 논의해서 (a) 자신들의 생각과 같은지, (b) 다르다면 이런 차이를 해소하기 위한 출발점은 무엇인지를 얻을 수 있다. 일단 어떤 교사들이 잘하고 있으며 어떤 교사들이 비슷한 어려움을 겪고 있는지에 대해서 교장과 수업지도자가 의견일치를 보게 되면 교장은 수업지도자가 개별교사들의 필요에 적합한 방식으로 활동을 함께 하도록 조정할 수 있다. 학교에 수업지도자가 없다면, 교장은 다른 관찰자들(예를 들면, 학년부장이나 수학 장학사 등)에게 자신의 학교교사들의 수업을 관찰하도록 한 후 평가결과를 논의한다. 그런 후 교장이 확신이 들면, 개별 교사나 비슷한 어려움을 겪고 있는 교사들 집단을 자신이 직접 돕거나 같은 어려움을 겪고 있거나 극복해낸 교사와 짝을 이루도록 조정할 수 있다. 짝을 잘 만나서 활동이 잘 이뤄지면 두 사람 모두 상당한 성장을 할 수 있다.

선택된 사례를 심화하기

사례의 깊이 있는 고찰의 이면에는 수업에서 활용하는 과제를 서로 다르게 실행함으로써 과제에 포함된 수학을 학생들이 학습할 수 있는 기회가 서로 다르다는 것을 교장들이 깊이 있게 이해해야 하는 문제가 내재되어 있다. 인지 요구 수준이 높은 과제에서 요구하는 수학적 사고에 대한 교장들의 인식을 높이기 위해 우리는 교장들에게 론 선생님의 사례와 프랜 및 케빈 선생님의 사례를 깊이 생각할 것을 권한다. 두 사례에는 모두 같은 주제에 대해 서로 상반되는 두 수업의 사례가 포함되어 있다. 따라서 높은 인지 요구 수준을 유지하는 실행과 퇴보를 유발하는 실행을 구분 짓는 중요한 특징들을 강조할 수 있다. 론 선생님의 사례로 먼저 시작하는 것이 좋다. 교사들이 했던 것과 같은 방식(11장 참조)으로 교장들에게도 사례를 분석하게 한다.

프랜 선생님과 케빈 선생님의 사례에서 같은 학교에 근무하는 두 교사는 같은 수업의 과제를 전혀 다른 방식으로 실행했기 때문에 특히 교장들에게는 좋다. 11장에서 논의된 것처럼, 프랜 선생님의 수업에서 "분수 곱셈" 과제의 인지 요구는 학생들이 정답을 얻을 수 있는 일련의 절차를 그저 따라하는 것을 학습함으로써 퇴보된 반면 케빈 선생님의 수업에서는 그대로 유지되었다. 프랜 선생님과 케빈 선생님은 일상적인 협의회 시간을 가졌지만 프랜 선생님의 불만족스런 수업 후에 이뤄진 미팅은 그리 큰 도움이 되지 못했다. 이런 유감스런 결과는 교장이 단순히 교사들이 협력할 수 있는 시간을 제공해 주는 것뿐만 아니라 그 시간을 어떻게 활용할 것인지에 대해서도 나름의 목표를 설정해 줄 책임이 있음을 말해준다.

프랜 선생님과 케빈 선생님의 사례에 대한 논의에 참여했던 교장들에게 협의회 시간이 프랜 선생님에게 더 유용하기 위해서는 어떻게 했어야 했는지를 가정해 보게 함으로써 궁극적으로는 협의회의 구조(교사가 단순히 수업에 대해서 보고할 것인가), 협의회의 규준(비평과 수업에서의 지적인 모험을 격려하고 지원할 것인가), 책무성(협의회 결과로 교장은 교실에서 어떤 모습이 나타나기를 바라는가) 등에 대한 논의를 이끌어 낼 수 있었다. 어떻게 하면 협의회 시간을 효율적으로 활용하게 수 있는지에 대해 다음에서 좀 더 깊이 논의한다.

지속적인 교사의 발전을 위한 학교 단위의 자원 제공

교사의 발전을 지원하는 학교 단위의 환경은 교사의 효과적인 수업 실행을 촉진하는 도양의 역할을 한다. 연구를 보면 교사학습공동체(teacher professional community; Elmore, Peterson, & McCarthey, 1996)의 존재로부터 양질의 교육과정 자료의 효과적인 배분(Stein & Kaufman, 2008)에 이르기까지 다양한 조건들은 교사들이 수업 실행에 큰 차이를 만들어낸다. 이 절에서는 교사가 인지 요구 수준이 높은 과제를 실행하도록 돕기 위해서 교장이 할 수 있는 세 가지 역할을 논의하고, 이 절에 포함된 자료들이 교장들의 이런 역할 수행에 어떤 도움을 줄 수 있는지를 논의하고자 한다.

시간 제공

위에서 살펴본 것처럼, 수업에서 인지 요구 수준을 향상시키려고 노력하는 교사들에게 있어서 중요한 자원 중 하나가 시간이다. 일정 관리는 교장의 권한이므로, 시간을 제공하는 것은 개선된 수업을 지원하기 위해 교장이 택할 수 있는 직접적인 방법이다. 많은 학교에서 한 학년이나 인접 학년의 수학을 지도하는 교사들을 위해서 매일 또는 주별로 수업 계획 시간을 공유해 왔다. 그러나 시간을 제공하는 것만으로는 효과가 없다. 교장은 학교에서 전문적 학습 문화와 교사 협의회의 내용과 운영에 대한 목표를 설정해야 한다.

학습 문화를 확립하는 데 한 가지 장애는 대부분의 교사들이 자신의 수업을 동료에게 공개하기를 꺼린다는 점이다. 프랜 선생님과 케빈 선생님 학교의 교사들은 자신들의 수업을 공유하였으나 단지 유인물을 나눠주고 말로 설명하는 것으로 그쳤다. 이것은 학생들의 활동 자료 견본과 수업을 담은 비디오자료와 같은 확실한 자료를 공유하는 것보다 편하기는 하지만 효과적이지 못하다. 교사들이 수업 실제를 공개하게 되면 목표에 맞춘 피드백과 비평 등 좀 더 유용한 형태의 도움을 받을 수 있다.

교장들은 우리가 제공한 자료를 두 가지 방법으로 이용함으로써 교사들이 자신의 수업을 공개하는 것을 도울 수 있음을 알게 되었다. 첫 번째, 자신의 수업을 공개할 준비가 되어 있지 않은 교사가 있다면 자신의 수업에 대해 동료들과 논의할 때 교장은 11장에서 논의했던 도구를 교사들이 이용하도록 격려할 수 있다. 예를 들면, 교장들은 수업생각하기 프로토콜(TTLP; Smith, Bill, & Hughes, 2008)을 이용해서 교사들이 수업 계획을 함께 세우고 수업에 대해서 반성하도록 격려할 수 있다. 수업생각하기 프로토콜(TTLP)은 교사들의 논의에 구조를 제공해줄 뿐만 아니라 학생들이 교실에서 사고하고 추론할 수 있는 기회에 초점을 맞추도록 교사들을 격려할 수 있다. 같은 맥락에서, 교장이 교사들의 안내된 현장 실습(11장에서 소개된 도구)을 점검한다면 교사들이 더 효과적으로 자신의 수업을 분석하고 개선하고 동료와 얘기하는 것을 도울 수 있을 것이다.

두 번째, 교사들이 자신들의 수업 실제를 담은 비디오테이프를 공유하기 시작하면 교장은 예의 바르고 효과적으로 수업을 비평하는 방법을 모델링할 수 있다. 교장들은 이 책의 사례를 읽은 후에 역할극을 하며 수업 비평을 준비할 수 있다. 한 사람이 사례에 제시된 교사의 역할을 맡으면 다른 사람이 사례에 제시된 수업의 관찰을 막 마친 교장의 역할을 한다. 교장의 역할을 맡은 사람이 비판적이지만 예의 바르게 생산적인 토론을 이끄는 것이 과제이다. 이를 위한 몇 가지 효과적인 방법은 다음과 같다.

- 저는 ~를 알 수 있었어요. (토의를 시작할 때, 주의를 기울였다는 것을 보여주기 위해, 공손한 대화를 시작하기 위해)
- 선생님께서 ~를 했으면 어땠을까 하고 생각해 봅니다. (무엇인가를 다른 방식이나 더 나은 방법으로 했다면 어땠을지에 대한 가능성을 열어두기 위해)
- 저는 선생님이 ~하는 걸 정말 좋아해요. (교사의 수업 실제 중에서 바람직하다고 생각하는 부분을 강조하기 위해)
- 다음에 제가 수업을 관찰할 때, 선생님께서 ~를 하신다면 정말 좋을 것 같습니다. (새로운 수업을 위한 실험을 격려하기 위해)

수업 관찰 후 토의에서 위와 같은 대화를 활용하게 되면, 교사는 수업 및 학생들의 인지적 참여에 초점을 맞추고 다른 실천 방안을 생각해 봄으로써 수업에 대해서 문제해결적인 관점을 유지할 수 있게 된다. 무엇이 잘못 되었는지가 아니라 어떻게 문제를 바로잡을 것인가에 초점을 두어야 한다.

인지 요구 수준이 높은 교육과정의 준비

교사가 지적으로 도전적인 과제로 구성된 교육과정을 활용하여 수업을 시작할 때 학생들에게 사고하고 추론할 수 있는 기회를 제공하는 것이 훨씬 수월해진다. 자신이 운영하는 학교에서 교육과정 선정의 과정을 적극적으로 안내해야 하는 교장들은 교사들에게 인지 요구 수준이 높은 수업관행을 격려하기 위한 기본적인 자원으로 이런 교육과정을 제공할 수 있다.

교장은 수학과제틀(MTF)을 잘 아는 소수의 수석교사들을 초대해서 자신들이 검토하려는 교과서의 인지 요구 수준의 특성에 초점을 맞추도록 교육과정 선정 과정을 설계할 수 있다. 앞에서 과제분석지침(그림 1.2)을 이용해서 검토하고자 하는 교과서의 모든 학년에서 하나의 공통된 주제(예. 비와 비율)만을 검토하는 것이 생산적임을 알 수 있었다. 일단 교육과정 선정 과정이 설계되면, 다른 교사들도 교과서를 평가하는 모임에 동참하도록 한다. 최소한 3명의 교사가 한 종류의 교과서를 평가하도록 함으로써 과제분석틀이 일관성 있게 적용되었는지를 확인할 수 있다.

우리의 경험상, 이런 과정을 통해서 시중에 나와 있는 인기 있는 교육과정 자료들에는 중요한 차이점이 있다는 것을 발견할 수 있다. 예를 들면, 국립과학재단(NSF)이 후원하는 규준에 기반을 둔 교육과정자료는 인지 요구 수준이 높은 과제로 구성된 반면 전통적인 교육과정은 **연결성 없는 절차** 과제가 대부분이다. 그러나 모든 전통적인 교육과정이 이런 종류의 인지 요구 수준이 낮은 과제로 구성된 것은 아니다. 어떤 교과서는 인지 요구 수준이 다양하게 구성되어 있기도 하다. 게다가 규준에 기반을 둔 교육과정들도 모두 같지는 않다. 어떤 것들은 **수학 행하기** 과제가 더 많이 포함된 반면 어떤 것들은 **연결성 있는 절차** 과제가 더 많이 포함되어 있다(Stein & Kim, 근간).

교육과정 자료에 대한 심도 있는 분석에 교장과 교사가 참여하는 것은 매우 중요하다. 왜냐하면 일단 교육과정을 선택하고 나면 이 교육과정자료가 교실에서 활용할 수학 과제를 추출해 낼 가장 중요한 자료가 되기 때문이다. 교장들이 교육과정 선정이나 과제 선정에서 주도적인 역할을 해야 한다면, 그런 선택이 가지는 중요성을 명확히 이해하고 있어야 하며 나아가 자신의 선택을 다른 사람들에게 명확히 설명할 수 있어야 한다.

인지 요구 수준이 높은 과제의 중요성을 관계자들에게 이해시키기

자신의 업무에 최선을 다하기 위해서 교사들은 행정가들과 외부 단체가 배후에서 여러 제도로 자신들의 업무를 지원해 준다는 것을 알 필요가 있다. 특히 인지 요구 수준이 높은 과제를 활용한 학습경험이 부족한 학부모들은 자녀들에게 자신들과는 다른 수학교육을 제공해야 하는 이유를 알지 못하기 때문에 인지 요구 수준이 높은 과제의 중요성을 납득시키는 것이 중요하다. 학교의 이사회 회원들조차도 새로운 교육과정에 회의적이어서 이런 선택이 학생들의 시험성적을 향상시킬 수 있는 방법임을 증명해 보라고 할 수 있다.

교장들은 이런 염려를 불식시킬 수 있도록 준비되어 있어야 한다. 교장들이 관계자들에게 설명하는 데 이용할 수 있는 PPT 자료를 *http://www.tcpress.com*에 준비해 두었다. 이런 설명에는 인지 요구 수준이 높은 과제에 초점을 맞추어야 하는 이론적 근거, 교실에서 과제가 실행되는 방법과 인지 요구 수준이 높은 과제와 학생들의 성취도 향상을 연결 짓는 연구들에 대한 요약이 포함되어 있다. 또 인지 요구 수준이 높은 수학 수업 과제의 활용 및 영향과 관련된 연구에 대한 추가적인 정보와 참고문헌이 제공되어 있다.

결론

우리는 이 장에서 기술한 활동에 참가했던 교장들이 인지 요구 수준이 높은 과제의 중요성을 확신하는 대변자로 변해가는 것을 보아왔다. 이 책에서 제공한 과제로 활동을 해보고, 사례에 대해 읽고 토론해보고, 교실을 관찰하는 데 많은 시간을 투자한 경험을 한 사람들은 자신의 학교나 지역사회에서 가장 열정적으로 수학 수업을 개선해 나갔다.

참고문헌

Arbaugh, F., & Brown, C. A. (2005). Analyzing mathematical tasks: A catalyst for change? *Journal of Mathematics Teacher Education*, 8, 449–536.

Ball, D. L. (1991). Research on teaching mathematics: Making subject matter knowledge part of the equation. In J. Brophy (Ed.), *Advances in research on teaching: Volume 2, Teachers' knowledge of subject matter as it relates to their teaching practices* (pp. 1–48). Greenwich, CT: JAI Press.

Ball, D. L., & Cohen, D. K. (1999). Developing practice, developing practitioners: Towards a practice-based theory of professional education. In L. Darling-Hammond & G. Sykes (Eds.), *Teaching as the learning profession: Handbook of policy and practice* (pp. 3–32). San Francisco: Jossey-Bass.

Barnett, C., Goldenstein, D., Jackson, B. (Eds.). (1994). *Fractions, decimals, ratios, and percents: Hard to teach and hard to learn*. Portsmouth, NH: Heinemann.

Barnett, C., & Ramirez, A. (1996). Fostering critical analysis and reflection through mathematics case discussions. In J. Colbert, K. Trimble, & P. Desberg (Eds.), *The case for education: Contemporary approaches for using case methods* (pp. 1–13). Boston: Allyn & Bacon.

Boaler, J., & Staples, M. (2008). Creating mathematical futures through an equitable teaching approach: The case of Railside School. *Teachers College Record, 110 (3), 608–645.*

Borasi, R., & Fonzi, J. (2002). Engaging in scaffolded instructional innovation. *Foundations: Professional development that supports school reform* (pp. 83–98). Washington, DC: National Science Foundation.

Boston, M. D., 8c Smith, M. S. (in press). Transforming secondary mathematics teaching: Increasing the cognitive demands of instructional tasks used in teachers' classrooms. *Journal for Research in Mathematics Education.*

Brown, C. A., & Clark, L.V. (Eds.). (2006). *Learning from NAEP: Professional development materials for teachers of mathematics*. Reston, VA: National Council of Teachers of Mathematics.

Doyle, W. (1983). Academic work. *Review of Educational Research, 53*(2), 159–199.

Doyle, W. (1988). Work in mathematics classes: The context of students' thinking during instruction. *Educational Psychologist*, 23, 167–180.

Doyle, W., & Carter, K. (1984). Academic tasks in classrooms. *Curriculum Inquiry*, 14, 129–149.

Elmore, R. F., Peterson, P., & McCarthey, S. (1996). *Restructuring in the classroom: Teaching, learning, and school organization*. San Francisco: Jossey-Bass.

Fey, J. T. (1981). *Mathematics teaching today: Perspectives from three national surveys*. Reston, VA: National Council of Teachers of Mathematics.

Ginsburg, A., Cooke, G., Leinwand, S., Noell, J., Pollock, E. (2005). *Reassessing U.S. international mathematics performance: New findings from the 2003 TIMSS and PISA*. Washington, DC: American Institutes for Research.

Grossman, P., & McDonald, M. (2008). Back to the future: Directions for research in teaching and teacher education. *American Education Research Journal, 45*(1), 184-205.

Henningsen, M. A., & Stein, M. K. (1997). Mathematical tasks and student cognition: Classroom-based factors that support and inhibit high-level mathematical thinking and reasoning. *Journal for Research in Mathematics Education, 29*(5), 524-549.

Hiebert, J., Carpenter, T. P., Fennema, E., Fuson, K. C., Wearne, D., Murray, H., Olivier, A., & Human, P. (1997). *Making sense: Teaching and learning mathematics with understanding*. Portsmouth, NH: Heinemann.

Hiebert, J., Gallimore, R., Gamier, H., Givven, K. B., Hollingsworth, H., Jacobs, J., Chui, A. M.-Y., Wearne, D., Smith, M., Manaster, A., Tseng, E., Etterbeek, W., Manaster, C., Gonzales, P., & Stigler, J. W. (2003). *Teaching mathematics in seven countries: Results from the TIMSS 1999 Video Study*. Washington, DC: U.S. Department of Education, National Center for Education Statistics.

Hiebert, J., & Wearne, D. (1996). Instructional tasks, classroom discourse, and students' learning in second-grade arithmetic. *American Educational Research Journal, 30*, 393-425.

Hughes, E. K., Smith, M. S., Hogel, M., & Boston, M. D. (2009). Case stories: Supporting teacher reflection and collaboration on the implementation of cognitively challenging mathematical tasks. In F. Arbaugh & P.M. Taylor (Eds.), *Inquiry into mathematics teacher education* (AMTE Monograph Series No. 5; pp. 71-84). San Diego, CA: Association of Mathematics Teacher Educators.

Lane, S. (1993). The conceptual framework for the development of a mathematics performance assessment instrument. *Educational Measurement: Issues and Practice, 14*(1), 16-23.

Lane, S., & Silver, E. A. (1995). Equity and validity considerations in the design and implementation of a mathematics performance assessment: The experiences of the QUASAR project. In M. Nettles & A. L. Nettles (Eds.), *Equity and excellence in education testing and assessment* (pp. 185-219). Boston: Kluwer.

Lappan, G., & Briars, D. J. (1995). How should mathematics be taught? In I. Carl (Ed.), *75 years of progress: Prospects for school mathematics* (pp. 131-156). Reston, VA: National Council of Teachers of Mathematics.

Lappan, G., Fitzgerald, W., Friel, S., Fey, J., & Phillips, E. (1998). *Connected mathematics*. White Plains, NY: Cuisenaire Dale Seymour Publications.

Lemke, M., Sen, A., Pahike, E., Partelow, L., Miller, D., Williams, T., Kastberg, D., & Jocelyn, L. (2004). *International outcomes of learning in mathematics literacy and problem solving:*

Pisa 2003 results from the U.S. perspective (NCES 2005-003). U.S. Department of Education. Washington, DC: National Center for Education Statistics.

Little, J. W. (1990). The persistence of privacy: Autonomy and initiative in teachers' professional relations. *Teachers College Record, 91*(4), 509–536.

The Mathematics in Context Development Team. (1998). *Mathematics in context*. Chicago: Encyclopedia Britannica Education Corporation.

Merseth, K. K. (1999). A rationale for case-based pedagogy in teacher education. In M. A. Lundeberg, B. B. Levin, & H. Harrington (Eds.), *Who learns what from cases and how? The research base for teaching and learning with cases* (pp. ix–xv). Mahwah, NJ: Lawrence Erlbaum Associates.

Moon, J. (1997). *Developing judgment: Assessing children's work in mathematics*. Portsmouth, NH: Heinemann.

Mullis, I. V. S., Martin, M. O., Gonzalez, E. J., & Chrostowski, S. J. (2004). *TIMSS 2003 International Mathematics Report: Findings from IEA's Trends in International Mathematics and Science Study at the Fourth and Eighth Grades*. Chestnut Hill, MA: Boston College.

National Academy of Education. (1999). *Recommendations regarding research priorities: An advisory report to the National Educational Research Policy and Priorities Board*. National Academy of Education. Available at http://www.naeducation.org/lNAEd_Publications

National Center for Education Statistics. (2003). *Teaching mathematics in seven countries: Result from the TIMSS video study*. Washington, DC: U.S. Department of Education.

National Council of Teachers of Mathematics. (1989). *Curriculum and evaluation standards for school mathematics*. Reston, VA: Author.

National Council of Teachers of Mathematics. (1991). *Professional standards for teaching mathematics*. Reston, VA: Author.

National Council of Teachers of Mathematics. (1995). *Assessment standards for school mathematics*. Reston, VA: Author.

National Council of Teachers of Mathematics. (2000). *Principles and standards for school mathematics*. Reston, VA: Author.

Parke, C. S., Lane, S., Silver, E. A., & Magone, M. (2003). *Using assessment to improve middle-grade mathematics teaching and learning: Suggested activities using QUASAR tasks, scoring criteria, and students' work*. Reston, VA: National Council of Teachers of Mathematics.

Polya, G. (1973/1945). *How to solve it: A new aspect of mathematical method*. Princeton, NJ: Princeton University Press.

Polya, G. (1985). *How to solve it: A new aspect of mathematical method* (2nd ed.). Princeton, NJ: Princeton University Press.

Putnam, R., & Borko, H. (1997). Teacher learning: Implications of new views of cognition. In B. J. Biddle, T. L. Good, & I. F. Goodson (Eds.), *The international handbook of teachers and teaching* (Vol. II) (pp. 1223–1296). Dordrecht, The Netherlands: Kluwer.

Resnick, L.B. (1987). *Education and learning to think*. Washington, DC: National Academy Press.

Richardson, V. (1990). Significant and worthwhile change in teaching practice. *Educational Researcher, 19*(7), 10-18.

Romagnano, L. R. (1994). *Wrestling with change: The dilemmas of teaching real mathematics*. Portsmouth, NH: Heinemann.

Shulman, L. S. (1986). Those who understand: Knowledge growth in teaching. *Educational Researcher, 15*(2), 4-14.

Shulman, L. S. (1992). Toward a pedagogy of cases. In J. Shulman (Ed.), *Case methods in teacher education* (pp. 1-30). New York: Teachers College Press.

Shulman, L. S. (1996). "Just in case": Reflections on learning from experiences. In J. Colbert, K. Trimble, & P. Desberg (Eds.), *The case for education: Contemporary approaches for using case methods* (pp. 197-217). Boston: Allyn & Bacon.

Silver, E. A. (2009). Toward a more complete understanding of practice-based professional development for mathematics teachers. In D. L. Ball & R. Even (Eds.), *The professional education and development of teachers of mathematics* (pp. 245-247). New York: Springer.

Silver, E. A., Clark, L. M., Ghousseini, H. N., Charlambous, C. Y., & Sealy, J. T. (2007). Where is the mathematics? Examining teachers' mathematical learning opportunities in practiced-based professional learning tasks. *Journal of Mathematics Teacher Education, 10,* 261-277.

Silver, E. A., Clark, L., Gosen, D., & Mills, V. (2008). Using narrative cases in mathematics teacher professional development: Strategic selection and facilitation issues. In M. S. Smith & S. Friel (Eds.), *Cases in mathematics teacher education: Tools for developing knowledge needed for teaching* (AMTE Monograph Series No. 4) (pp. 89-101). San Diego, CA: Association of Mathematics Teacher Educators.

Silver, E. A., Ghousseini, H., Gosen, D., Charalambous, C., & Strawhun, B. T. F. (2005). Moving from rhetoric to praxis: Issues faced by teachers in having students consider multiple solutions for problems in the mathematics classroom. *Journal of Mathematical Behavior, 24,* 287-301.

Silver, E. A., & Lane, S. (1993). Assessment in the context of mathematics instruction reform: The design of assessment in the QUASAR project. In M. Niss (Ed.), *Cases of assessment in mathematics education* (pp. 59-69). Dordrecht, The Netherlands: Kluwer.

Silver, E. A., Ghousseini, H., Charlambous, C., & Mills, V. (2009). Exploring the curriculum implementation plateau: An instructional perspective. In J. Remillard, B. Herbel-Eisenmann, & G. Lloyd (Eds.). *Mathematics teachers at work: Connecting curriculum materials and classroom instruction* (pp. 245-265). New York: Routledge.

Silver, E. A., Mills, V., Castro, A., & Ghousseini, H. (2006). Blending elements of lesson study with case analysis and discussion: A promising professional development synergy.

In K. Lynch-Davis & R. L. Ryder (Eds.), *The work of mathematics teacher educators: Continuing the conversation* (AMTE Monograph Series No. 2) (pp. 117–132). San Diego, CA: Association of Mathematics Teacher Educators.

Silver, E. A., & Smith, M. S. (1996). Building discourse communities in mathematics classrooms: A worthwhile but challenging journey. In P. Elliott (Ed.), *Communication in mathematics, K–12 and beyond* (pp. 20–28). Reston, VA: National Council of Teachers of Mathematics.

Silver, E. A., Smith, M. S., & Nelson, B. S. (1995). The QUASAR project: Equity concerns meeting mathematics education reform in the middle school. In W. G. Secada, E. Fennema, & L. B. Adajian (Eds.), *New directions for equity in mathematics education* (pp. 9–56). New York: Cambridge University Press.

Silver, E. A., & Stein, M. K. (1996). The QUASAR Project: The "revolution of the possible" in mathematics instructional reform in urban middle schools. *Urban Education, 30*, 476–521.

Smith, M. S. (2001). *Practice-based professional development for teachers of mathematics.* Reston, VA: National Council of Teachers of Mathematics.

Smith, M. S., Bill, V., & Hughes, E. K. (2008). Thinking through a lesson protocol: A key for successfully implementing high-level tasks. *Mathematics Teaching in the Middle School, 14(3), 132–138.*

Smith, M. S., Hughes, E. K., Engle, R. A., & Stein, M. K. (in press). Orchestrating discussions of challenging tasks: Keeping your eye on the mathematics to be learned. *Mathematics Teaching in the Middle School.*

Smith, M. S., Silver, E. A., & Stein, M. K. with Boston, M., Henningsen, M., & Hillen, A. (2005). *Using cases to transform mathematics teaching and learning (Volume I: Improving instruction in rational numbers and proportionality).* New York: Teachers College Press.

Smith, M. S., Silver, E. A., & Stein, M. K. with Henningsen, M., Boston, M., & Hughes, E. (2005). *Using cases to transform mathematics teaching and learning (Volume 2: Improving instruction in algebra).* New York: Teachers College Press.

Smith, M. S., Silver, E. A., & Stein, M. K. with Boston, M., & Henningsen, M. (2005). *Using cases to transform mathematics teaching and learning (Volume 3: Improving instruction in geometry and measurement).* New York: Teachers College Press.

Smith, M. S., Stein, M. K., Arbaugh, F., Brown, C. A., & Mossgrove, J. (2004). Characterizing the cognitive demands of mathematical tasks: A sorting activity. *Professional development guidebook for perspectives on the teaching of mathematics* (Companion to 2004 yearbook of the National Council of Teachers of Mathematics) (pp. 45–72). Reston, VA: National Council of Teachers of Mathematics.

Smith, M. S., & Stein, M. K. (1998). Selecting and creating mathematical tasks: From research to practice. *Teaching Mathematics in the Middle School, 3(5)*, 344–350.

Steele, M. D. (2008). Building bridges: Cases as catalysts for the integration of mathematical and pedagogical knowledge. In M. S. Smith & S. Friel (Eds.), *Cases in mathematics teacher education: Tools for developing knowledge needed for teaching* (AMTE Monograph Series No. 4) (pp. 57-72). San Diego, CA: Association of Mathematics Teacher Educators.

Stein, M. K., Engle, R. A., Smith, M. S., & Hughes, E. K. (2008). Orchestrating productive mathematical discussions: Helping teachers learn to better incorporate student thinking. *Mathematical Thinking and Learning, 10*(4), 313-340.

Stein, M. K., Grover, B., & Henningsen, M. (1996). Building student capacity for mathematical thinking and reasoning: An analysis of mathematical tasks used in reform classrooms. *American Educational Research Journal, 33*(2), 455-488.

Stein, M. K., & Kaufman, J. (2008). *Examining the relationship between teacher human capital, curriculum use, and quality of implementation.* Paper presented at the annual meeting of the American Educational Research Association, New York.

Stein, M. K., & Kim, G. (2009). The role of mathematics curriculum materials in large-scale urban reform: An analysis of demands and opportunities for teacher learning. In J. Remillard, B. Herbel-Eisenmann, & G. Lloyd (Eds.), *Mathematics teachers at work: Connecting curriculum materials and classroom instruction* (pp. 37-55). New York: Routledge.

Stein, M. K., & Lane, S. (1996). Instructional tasks and the development of student capacity to think and reason: An analysis of the relationship between teaching and learning in a reform mathematics project. *Educational Research and Evaluation, 2*(1), 50-80.

Stein, M. K., Lane, S., & Silver, E. A. (1997). *Classrooms in which students successfully acquire mathematical proficiency: What are the critical features of teachers' instructional practice?* Paper presented at the annual meeting of the American Educational Research Association, New York.

Stein, M. K., & Nelson, B. S. (2003). Leadership content knowledge. *Educational Evaluation and Policy Analysis, 25*(4), 423-448.

Stein, M. K., & Smith, M. S. (1998). Mathematical tasks as a framework for reflection: From research to practice. *Mathematics Teaching in the Middle School, 3(4)*, 268-275.

Stigler, J., & Hiebert, J. (1997). Understanding and improving classroom mathematics instruction: An overview of the TIMSS video study. *Phi Delta Kappan, 79*(1), 14-21.

Stigler, J. W., & Hiebert, J. (2004). Improving mathematics teaching. *Educational Leadership, 61*(5), 12-16.

Stodolsky, S. (1988). *The subject matters: Classroom activity in mathematics and social studies.* Chicago: University of Chicago Press.

Thompson, C. L., & Zeuli, J. S. (1999). The frame and the tapestry: Standards-based reform and professional development. In L. Darling-Hammond & G. Sykes (Eds.), *Teaching as the learning profession: Handbook of policy and practice* (pp. 341-375). San Francisco: Jossey-Bass.

Zulie, M. E. (1988). *Fractions with pattern blocks.* Chicago: Creative Publications.

저자 소개

메리 케이 스타인Mary Kay Stein은 피츠버그 대학의 Learning Sciences and Policy 전공의 교수이자 Learning Research and Development Center의 수석 연구원이다. 스타인은 초기에 교실 기반의 교수 및 학습을 중심으로 효과적인 수학 수업의 본질을 이해하는 데 초점을 두고 연구하였다. 지난 10년 동안 스타인의 연구 관심 분야는 교사 학습 및 전문성 개발에 대한 학교, 교육청, 정책의 맥락으로 확대되었다. 가장 주목할 만한 것은, 샌디에이고 시 전체 학교 수업의 개혁과 뉴욕 시 커뮤니티 스쿨 2지구 전체의 교육구의 학군 정책과 교실 수업 간의 연관성을 연구한 것이다. 현재 IERI 지원 연구인 Scaling Up Mathematics : Human and Social Capital의 공동 연구원이다. 이 연구에서는 두 도시 교육구의 대규모 교육 개혁에서 교육과정(Everyday mathematics와 Investigations)이 주는 교사의 학습에 대한 요구가 교사의 학습에 미치는 영향을 조사한다. 2005년 스턴은 피츠버그 대학의 Learning Policy Center 소장으로 임명되었다.

마거릿 슈완 스미스Margaret Schwan Smith는 피츠버그 대학의 사범대학교 Instruction and Learning 학과의 교수이자 Learning Research and Development Center의 연구원이다. 그녀는 피츠버그 대학의 예비 수학 교사, 교사교육에 관심이 있는 수학교육 박사과정 학생, 지역과 전국의 수학 교사 및 코치와 함께 일한다. 지난 10년 동안, 그녀는 수학교사 전문성 개발에 활용되는 연구 기반의 자료를 개발하고, 전문성 개발프로그램에서 교사들이 학습하는 바에 대하여 연구하여왔다. 스미스는 현재 NSF가 지원하는 CORP 프로젝트의 책임자이며, 수학 교사의 전문성 개발을 위한 추론 및 증명에 중점을 둔 자료를 개발 중이다. NCTM의 이사회의 일원(2006-2009)이다. 2006년, 스미스는 피츠버그 대학교의 우수 교수상을 수상하였다.

마저리 A. 헤닝슨Marjorie A. Henningsen은 레바논, 베이루트의 Wellspring Learning Community의 사립 국제학교의 교감선생님이다. 헤닝슨은 Benedictine College에서 수학과심리학 석사를, 피츠버그 대학 수학교육과에서 교육학 석사와 교육과정과 수업 전공에서 교육학 박사를 취득하였다. 1990년대에 피츠버그 대학에서 연구원, 교사 개발자 및 QUSASR와 CoMET 프로젝트 담당자를 역임하였다. 2000년 베이루트 아메리칸 대학교(AUB)에서 수학 교육 조교수로 임용되어 2007년까지 과학 및 수학 교육 센터(SMEC) 소장을 역임했다. 헤닝슨의 연구 관심 분야는 초등 수학 교실 수업 및 교사 전문성 개발에 사례를 사용하는 것이다. 헤닝슨은 현재 베이루트 아메리칸 대학교에서 강의하면서 미국, 사우디아라비아, 이집트, 카타르 및 레바논의 교사와 행정가의 사례 기반 전문성 개발 프로그램을 고안하고 실행하는 데 적극적으로 참여하고 있다.

에드워드 A. 실버Edward A. Silver는 William A. Brownell Collegiate의 교육학과 교수이자 미시건 대학교의 수학 교수이다. 실버의 연구 관심은 수학적 사고, 특히 수학적 문제해결과 문제 설정, 학생이 지적으로 참여하고 공평한 수학 수업의 설계와 분석, 혁신적인 수학 성취도 평가와 보고의 방법, 수학 교사의 지식 향상을 위한 효과적인 모델 등이다. 1990년대에 Silver는 QUASAR 프로젝트의 연구 책임자로, 도시 중학교에서 수학 수업을 개선하기 위한 노력을 자극하고 연구하였다. 2000년부터 2004년까지 Journal for Research in Mathematics Education의 편집장을 역임했다. 실버는 교육과 현장에 혁혁한 기여를 하여 2004년 AERA에서 수상하였고, 2007년 TODOS로부터 Iris Carl 기념 리더십과 공정성 상을 수상하였다.

역자 소개

김남균 서울 토성초등학교에서 약 10년간 근무하였고 지금은 청주교육대학교 수학교육과에 근무하고 있다. 초등수학교수학습방법, 수학 수업에 테크놀로지 활용, 수학 수업설계 및 성찰 등 초등수학교수법과 교사전문성 개발에 대하여 연구하고 강의하고 있다. 2011년부터 청주교육대학교의 교육연구원에서 현장 교사와 교사학습공동체를 여러 해 동안 실천하였다. 교사학습공동체를 운영하면서 교사의 수학교과 지식에 기반한 전문성 향상에 대해서 고민하였고, 그 과정에서 수학 수업에서 좋은 과제와 과제의 의도대로 수업이 실행되는 것이 중요하다는 것을 재삼 확인하게 되었다. 현재 2015 개정 교육과정 초등수학 교과서를 집필하고 있으며 수학교육과정에 대해 연구하고 있다. 그리고 초등수학 교사학습공동체의 활성화를 위해 지속적으로 노력하고 있다.

조완영 매포중학교 외 5개 중고등학교에서 약 16년간 근무하였고, 지금은 충북대학교 수학교육과에 근무하고 있으며 대한수학교육학회장을 맡고 있다. 수학교육에 관련된 이론, 수학과 교육과정과 교재연구, 수학 수업방법 등을 강의하고 있고, 4차 산업혁명 시대의 수학교육의 방향과 미래형 수학과 교육과정, 수학교사교육프로그램, 통합적 이해와 연결성 중심의 수학과제 개발, 수학을 포기한 학생 또는 수학불안을 치유하기 위한 방법론 등에 대해 연구하고 있다. 2007 개정 및 2009 개정 수학과 교육과정 고등학교 수학을 집필하였고, 대학교육협의회 논술연구회 자문교수를 수년간 역임하였다. 현재 미래 사회에서 요구하는 '학교수학'이란 무엇인가에 대한 고민과 더불어 학생용과 교사용 '학교수학 다시 보기'(가칭)를 집필하고 있으며, 이 책과 '생각 바꾸기' 프로그램을 중심으로 하는 가칭 '수학불안 치유 센터'를 구상 중에 있다.

권성룡 서울미양, 송천, 탑동초등학교에서 약 10년간 근무하였고, 한국교원대학교 교육연구원 특별연구원을 지냈으며, 2002년부터 현재까지 공주교육대학교 수학교육과에서 교수로 근무하고 있다. 초등교사로서의 경험을 바탕으로 초등학생들에게 보다 성공적인 수학학습경험을 제공하기 위한 다양한 고민들을 하고 있으며, 특히 수학교수학습방법, 수학교육공학, 수학교수법 및 수학교사의 전문성 개발 등에 관심을 가지고 연구와 강의를 하고 있다. 공주교육대학교에서는 예비교사들을 대상으로 수학교육사, 수학교육론, 수학교재연구 및 지도법, 수학교육과정론, 수학교육과 컴퓨터, 수학교육심리, 수학교육연구 등을 강의하고 있으며 대학원 수학교육전공, 수학영재교육전공, 수업코칭전공에서 강의를 하고 있다. 2009 개정 수학과 교육과정에 따른 초등학교 수학교과서를 집필했으면 현재는 2015 개정 수학과 교육과정에 따른 초등학교 수학교과서를 집필 중이다.

수학과제가 수학수업을 만났을 때

지은이 메리 케이 스타인 · 마거릿 슈완 스미스
마저리 A. 헤닝슨 · 에드워드 A. 실버
옮긴이 김남균 · 조완영 · 권성룡
펴낸이 조경희
펴낸곳 경문사
펴낸날 2017년 2월 25일 1판 1쇄
등 록 1979년 11월 9일 제313-1979-23호
주 소 04057, 서울특별시 마포구 와우산로 174
전 화 (02)332-2004 팩스 (02)336-5193
이메일 kyungmoon@kyungmoon.com
facebook facebook.com/kyungmoonsa

값 14,000원

ISBN 979-11-6073-045-6

★ 경문사 홈페이지에 오시면 즐거운 일이 생깁니다.
http://www.kyungmoon.com

한국과학기술출판협회 회원사